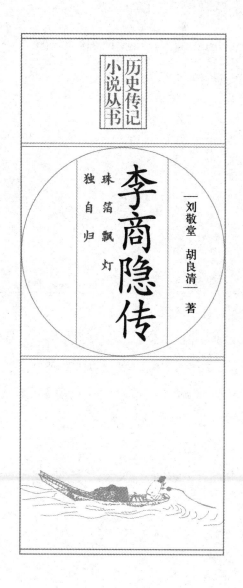

历史传记小说丛书

李商隐传

珠箔飘灯
独自归

刘敬堂　胡良清　著

中国文史出版社

图书在版编目（CIP）数据

珠箔飘灯独自归：李商隐传 / 刘敬堂，胡良清著 . — 北京：中国文史出版社，2016.11

ISBN 978-7-5034-8590-9

Ⅰ.①珠… Ⅱ.①刘… ②胡… Ⅲ.①李商隐（812- 约 858）—传记 Ⅳ.① K825.6

中国版本图书馆 CIP 数据核字（2016）第 272815 号

责任编辑： 徐玉霞

出版发行：中国文史出版社

网　　址：www.chinawenshi.net

社　　址：北京市西城区太平桥大街 23 号　邮编：100811

电　　话：010-66173572 66168268 66192736（发行部）

传　　真：010-66192703

印　　装：北京温林源印刷有限公司

经　　销：全国新华书店

开　　本：16 开

印　　张：15.25

字　　数：251 千字

版　　次：2017 年 3 月北京第 1 版

印　　次：2018 年 3 月第 2 次印刷

定　　价：39.80 元

序

十多年前出版的《漂泊诗人李商隐》，曾遭遇了多次盗版，良清曾向出版社交涉过，但也未能制止。我曾在图书市场上买到过一种盗版书，书名、作者、内容都原封不动，唯在封面上换了李商隐的画像，便堂而皇之地摆在书店里了，让人哭笑不得。

出生在河南沁阳的李商隐，正值大唐由盛渐衰的晚唐时期，诗人不但出身寒微，且十岁丧母，三十岁丧父，四十岁丧妻。生活艰辛，仕途不幸，又身处"特党争"之中，遭受排斥、打击，令他"虚负凌云万丈才，一生襟袍未曾开"。国家不幸诗家幸，赋到沧桑句便工。情场失意、官场坎坷的诗人，却以自己的才华，留下了众多脍炙人口的作品，成为中国诗歌天空上一颗耀眼的明星。他的《夜雨寄北》《嫦娥》《无题·相见时难别亦难》《赠荷花》等作品，文字优美，感情真挚，尤其是那首《锦瑟》，流传至今，仍魅力不减。这正是我们喜爱这位伟大诗人并创作出这部小说的初衷。

在作品再版时，我们除在文字上做出了一些调整之外，又在每一章的题目下面引用了诗人的一首诗。每首诗的背景尽量贴近诗人的生平年谱和经历，以期读者走近书中的主人公。

刘敬堂

2016 年 9 月于青岛 湖光山色

目　录

珠箔飘灯独自归——李商隐传

第一章

初到汴州，16 岁的少年便结识了富二代温庭筠，官二代令狐绹，还遇到了一位叫柳枝的歌姬。

> 八岁偷照镜，长眉已能画。
> 十岁去踏青，芙蓉作裙衩。
> 十二学弹筝，银甲不曾卸。
> 十四藏六亲，悬知犹未嫁。
> 十五泣春风，背面秋千下。
>
> ——《无题》

1

唐文宗大和二年（828 年）暮春，一个瘦弱的身影沿着汴河旁边的一条古驿道，正风尘仆仆地朝汴州城走来，他就是怀州来投师行卷，博取功名的李商隐，字义山，今年刚刚十六岁。

当他赶到汴州北门时，夕阳已经西沉，四垂的暮色已将四周笼罩起来，再晚些时辰，城门便会关闭。于是，他赶紧向前赶了几步，随着进城的人群，匆匆进了汴州城。

进了城之后，李商隐才发现，汴州城不愧是他见过的一座规模最大、人口最多，也是最繁华的古城！此刻，虽然已是酉时，但是大街依然车水马龙，数不清的华灯让人眼花缭乱。长街两边，是望不到头的店铺和商肆，有卖绸缎布匹和金银首饰的大店铺，也有茶叶铺、香烛铺、马具铺、药材铺、典当铺和包子店、面饼店、驴肉店、杂货店等小店铺，不少店铺已开始打烊，而临街的酒楼、客栈、青楼等，刚刚点起灯笼、燃起明烛，古老的大街上，一派兴旺景象。来来往往、行色匆匆的行人中，间或夹杂着一些中亚、波斯、大食等国的外商。异乡的过客，也如宿鸟投林一般，欣欣雀跃地直奔酒楼歌榭而去。

古城到底是古城，从战国时，魏国定都的大梁，到如今的汴州府，多少远行不择吉日的过客，曾在这里走马观花般地走过。李商隐一边感慨，一边寻路。随着晚风送来的饭味，引得他饥肠辘辘。晌午时，他在路边的一家面食店里吃了两个馒头，现在已经有几个时辰没有进食了，想到这里，李商隐急着要找到他要找的地方，一面走在街上，一面急着找人问路。

正好街对面走来一位年龄相仿的少年，他穿着华丽，看上去似是个外乡人，但他却悠闲自得地迈着八字步，一点都没有赶路的意思，一看就知道，这是大户人家的纨绔子弟。

李商隐走上前去，双手一拱："请问……"

穿着华丽的少年倒先笑了起来，他虽然有一袭华丽的衣裳，却长了一副不太雅观的嘴脸：不笑还好，笑起来是三分温媚、七分狰狞，笑得李商隐有些汗毛凛凛的。纨绔少年上上下下看过李商隐，仿佛是审视一个讨饭的乞丐。李商隐不由得低头看了看自己显得有些寒酸的灰布长袍。

"请问小哥可是来汴州投师的？"纨绔少年倒是先开了口，这少年丑倒是有些丑，声音却是出奇的浑厚柔和，略带齐鲁口音的官话，给人一种熨帖的感觉。

李商隐连忙点头。

"可是去投师刺史令狐大人的府邸？"

李商隐有些诧异，对方问的正是他要去的地方。这让李商隐平添了对对方的几分好感。不等李商隐回答，对方却快人快语地说了起来："小哥来得不是时候！"

像是当头泼了一盆冷水，李商隐感到一阵凉意。

"令狐大人可不是那么好见的，来'行卷'的莘莘学子，天底下不知道有多少！令狐大人只有一个，干谒他的人，多则等上一年半载，少则等上十天半月，还不见得能见上一面！我劝你不如趁早打道回府。"

听他这么一说，李商隐一下冷到了心里，热泪同时涌上眼眶。

纨绔少年似乎感到了李商隐的失望，颇善解人意地说："再说，天色已晚，你一路上也劳累了，很有一些疲倦，现在去也不是时候，不如先找个地方住下来，热菜热饭地吃了之后，好好地睡上一觉，再作打算。"

也只好这样了。李商隐想。

见李商隐仍有些踌躇，纨绔少年热心快肠地说道："不瞒小哥，我也是向令狐大人行卷的。白乐天大人说，'相逢何必曾相识'，恰好我嫌一个人孤单，你小哥肯赏脸陪我去饮几盅？"

　　话说到这个份上，李商隐不好推脱了。初到汴州，遇到一个好人，虽说不能以"同是天涯沦落人"而语，却也有了几分亲近感。

　　李商隐只好随纨绔少年的主意，随着他走了。

　　他们找到一家临街的酒肆，择了一个僻静的地方，要了一些酒菜，两人的距离一下就拉近了许多。李商隐此时心情已平静下来，他想到别人关心自己，自己并不知道他姓甚名谁，便连忙站起来施礼。纨绔少年爽朗地笑了："在下温庭筠，字飞卿，名岐，太原人。"

　　李商隐也自报了家门："在下李商隐，字义山，怀州河内人。"

　　李商隐这才知道，这位衣着华丽的少年，叫温庭筠，再谈下去，才发现原来他还比自己小一岁。不过，温庭筠倒是显得老成多了，生相如此。两个弱冠少年更加亲近了一些，借了酒力，不免惺惺相惜。李商隐想到别人帮了半天忙，还没谢过，就恭维了几句："飞卿弟年少有为，终会有金榜题名的一天。"温庭筠听了，哈哈大笑："我朝重科举，推科甲，又有几多是真才实学？大多是为了混个清要之职，免差役赋役，混个'白衣公卿'、'一品白衫'的名声，找一个跻身显宦的捷径，得到贵胄豪门的青睐，领受各科特权的荫庇和仕途上的飞黄腾达。你看我这长相，我这名字——飞卿！是公卿也飞了！再说，先祖温彦博，贵为大唐初年宰相，出相入侯，却是如何？富贵于我如烟云，我来汴州访几位亲友，转道去京都，人生一世，能在帝乡留下些诗名，也不虚此生。"

　　李商隐一边言不由衷地恭维着："飞卿弟出自豪门，风流倜傥，吐属隽雅，自有南宫高捷、为卿为相的那一天。"心里想着自己家境寒微，自少年时代，就要佣书贩春，养家糊口，为了摆脱可怕的贫困，不得已才来到汴州。也许是少年爱面子，李商隐又转了话题说："不过，说起来，我也是王孙之后，高祖李渊是凉武昭王七代孙，我与李唐王朝，乃同源分流，迁徙异地，属籍失编。年幼时学古文，食古不化，今来汴州投令狐大人，习四六骈体文和今体奏章，以便日后致君尧舜上，再使民风淳。"

　　温庭筠听罢，哈哈大笑起来："只怕义山兄还要说出有朝一日，草泽起家，簪绂继世，用自己的忠贞才干，辅佐朝迁，使李唐江山坚若磐石的糊涂话来吧？"

其实，李商隐正是这么想的，虽说他是皇族后嗣，实际上是寒门庶族，焚膏继晷，不就是为了改变麻衣敝冠的寒士命运么？哪里比得上温庭筠，膏粱子弟，宴游崇侈，自然不必像自己这样，投托请谒之门，倾囊尽蠹，鏖战于科场。

温庭筠见李商隐沉默不语，便起身说："义山兄，我看你旅途劳顿，不如趁早去歇息。若依老弟的脾气，恨不得与你对饮至东方既白。"这时，温庭筠已饮了不少酒了，已是二更了，李商隐也怕误了下店，也就起了身。

温庭筠嘱咐店家记了账，带着微醺走了出来，李商隐刚刚开口想讨教一个住处，温庭筠却先开了口："我看，义山兄是初到汴州，人地生疏，一时找店不易，我的住处正好有空，不如与我结伴，风雨对床，岂不是你我两便？"

这正是李商隐求之不得的。

走在回邸店的路上，温庭筠关切地对李商隐说："义山兄，以后晚上出门，可要早些回来，自从敬宗皇帝死了以后，不但是京城夜夜宵禁，汴州也是风声鹤唳、草木皆兵，李唐江山像是夕阳无限，只可惜天近黄昏了。"

李商隐听了，非常紧张，看看街上四下无人，心里感激温庭筠把一个陌生人当作无话不说的朋友，情同倾盖，但是又不能无所顾忌。记得自己来汴州之前，堂叔曾再三告诫自己：交友要择、出语要慎、投师要诚、为人要真。于是他委婉地说："飞卿弟，朝廷的事，不是儿戏。"

温庭筠笑了："儿戏，李湛这个皇帝，不是把朝廷当儿戏了么？"一边走路，温庭筠一边给李商隐说了些李商隐前所未闻、见所未见的事。

敬宗李湛是大唐的第十六位皇帝，继位以后，改年号为"宝历"。当时，内有王守澄、梁守廉等宦官揽权，外有李逢吉、牛僧儒专政，敬宗皇帝名义上是一国之君，其实只是宦官和朝廷的玩偶而已。他不以国家朝政为重，甚至连每天的上朝也不顾，就是上了朝，也常常延迟几个时辰，害得大臣们常常在朝堂久候。他平时爱徒手格斗，常常和宫中的小太监们比试，小太监们常常被他摔得头破臂断；他还将同他比试时不卖力气的人，发配到边远地区去，他们的家属也跟着连坐！他还特别喜欢"夜打猎"，就是在夜半三更去捕捉狐狸，弄得皇宫上下一片惊恐和怨恨之声。承德、幽州、魏博三个藩镇，相继发生叛乱，脱离朝廷，割据一方，敬宗都听而不闻。京城一带的人民，时有反抗发生，他亦无所作为。

长安城里的染坊工人张韶和苏玄明，秘密组织了百余名染工起义；并利用宫中送柴草的机会，将起义人员藏在运输柴草的车辆之中，混进了银台，拔刀将卫兵杀死；其他人也跳下柴车，挥舞着刀枪，呐喊着向朝堂冲去。敬宗皇帝正在清思殿里与太监们玩耍，见状仓皇逃到左神策军营之中。最后，起义军终于被宦官们把持的禁卫军包围，因众寡悬殊，虽然拼命厮杀，但终于全部被杀！

去年（827年）九月辛丑日，敬宗皇帝深夜打猎回宫，与宦官刘克明、许文端、苏佐明、王嘉宪、石从宽等28名文武官员饮酒，饮至一半，敬宗皇帝进内室更衣，刘克明等便把灯烛吹灭，趁此机会，派人黑暗中闯入内室，将敬宗皇帝杀死！

敬宗被害后，宦官们谎称皇上是暴病而亡；又假造圣旨，迎宪宗的儿子——绛王李悟入宫为帝。两天后，王守澄、梁守廉又指挥策军入宫，又杀死李悟，于己巳日立李昂为皇帝，改年号为"大和"。

不知不觉中，已来到了温庭筠的住处，还不到邸店门口，就有丝竹管弦之声。走近了，到处是莺歌燕舞；一进店门，就有不少粉脂佳人围住了温庭筠，左一个温哥，右一个温哥，叫得人耳热心跳。李商隐想退出已经迟了。温庭筠不急不恼，一边周旋一边说："别叫温哥，温哥的李哥今日来了，明日来好生侍候李哥，不枉温哥栽培你们一场。"说罢，拖着李商隐登上楼去。

温庭筠的房间不大，零乱，但不失干净，床上的被子也是浆洗过的，浆汤的馨香，夹着无处不在的脂粉味扑面而来，让初到汴州城的李商隐有些莫名的陌生。

待李商隐洗过之后，温庭筠又接着刚才的话题说了起来——

这李昂王朝，早已不是"贞观之治"的时代了，它身上已经长了两个毒疮：一是内患宦官，一是外患藩镇。内患藏祸心，外患有野心，二患不除，社稷难保。藩镇为患，莫过于"安史之乱"了，此患世人已家喻户晓。内患，在帝王和后宫的身边，其毒尤烈。远的不说，先从"永贞内禅"说起：顺宗时，宦官俱文珍勾结藩镇势力，逼迫顺宗李诵退位；宪宗时，王守澄等太监于夜间潜入后宫，用剑刺入宪宗的腰眼，杀死宪宗李纯；敬宗时，太监刘克明等人派苏佐明将敬宗杀死！敬宗死后，绛王李悟入宫为帝，只两天，太监王守澄又故技重演，指挥神策军入宫，将绛王杀死。现在文帝即位，若不遏制王守澄、仇士良等阉臣的势力，也必无好果子可吃。

宦官敢对当朝皇上下毒手，那么对朝臣就更不放在眼里了。宦官仇士良曾当众辱骂、殴打过监察御史元稹。

有一次，监察御史元稹因公住宿敷水驿站，并按规定住进上厅。夜深时，过往的官员使者都已安息。

这时，监军仇士良也来到驿站投宿，驿官将他安置在偏房安歇，他暴跳如雷，不但斥责驿官，并命元稹马上搬出来，他非要住上厅不可！元稹从床上起来，与仇士良说理，仇士良大怒，开口就骂，动手就打，结果把元稹的头给打破了，鲜血直流。此事轰动了朝野：按朝廷旧章，御史和监军在驿站过夜时，以到达的先后顺序来安排住房——谁先到，谁就住上厅。于是，御史中丞王播，上书奏章给宪宗皇帝：弹劾仇士良无视朝廷法规，殴打御史，应当处置！包括白居易等在内的一批朝臣，也纷纷为元稹打抱不平。但宪宗皇帝受宦官的制约，不但不惩办仇士良，反而以"有失朝廷体统"为由，将元稹罢官，贬为了江陵士曹参军！

李商隐听了，不觉心惊肉跳。心想：这些藩镇和宦官，为何能如此胆大妄为、作恶多端？这两大毒疮为何不能挖掉、铲除？自己若能踏上仕途，成了天子身边的朝臣，就一定要辅佐皇上勤于朝政，要力谏皇上不受阉臣家奴的摆弄。李唐的诸子，也不要再争权夺利，更不可互相仇杀！

楼下的丝竹声似乎彻夜未停，李商隐一半是被这些丝竹乱耳，更多的是被温庭筠的话乱心，到了四更，才好不容易睡着了。

这是李商隐到汴州的第一天。

2

第二天一大早，李商隐就醒了，听见温庭筠鼾声雷动，他只好又假寐了一会儿，但实在睡不踏实，只好先起床了。往日在河内（今河南沁阳）老家，他早已洒扫好庭院，温了半天古文；如今住在店中，不用洒扫了。梳洗之后，他找出行囊中的古文，温习起来。

过了好一会儿，温庭筠在床上说道："义山兄可是想去令狐大人的府上？"

李商隐正是这么想的，不想温庭筠先说了出来。

"只怕刺史大人已不在府中了。"温庭筠带着睡意说。

李商隐千里迢迢而来，就是想急于见到这位刺史大人。

"不如你自己找吧。"温庭筠说。

温庭筠昨天陪了自己一宿，若这时拖他起来，自然说不过去，萍水相逢，能如此帮助，也算是缘分。李商隐想了想，正想起身往外走。听见温庭筠在床上说："不用问路，汴州府最气派的地方就是刺史府，见不着大人，就快回店来。小弟在此等候。"

令狐刺史府果然气派不凡，一到门口，就被两个卫士挡住了："这是刺史大人的官邸，闲杂人员不得靠近！"

"我是河内来的李商隐，带有《才论》、《圣论》和诗赋多篇，是来向刺史大人投师的。"

"管你河内、河外，管你商隐还是伤心，非公莫入！无非是请托经营罢了，这样的人，我们天天见得到。"卫士们不无讥讽地说。

早春的汴州还有寒意，卫士的话却像刀子般的北风。李商隐又气又急，看看四周，已站了不少等候在瑟瑟寒风中的学子，大多像自己一样，被人称为寒士。

中午吃了两块驴肉饼，一直等到太阳西移，仍旧找不到踏进门槛的办法，李商隐只得回去找温庭筠。

汴州城的路倒是好找，东西南北，井然有序，只是温庭筠的住处有些偏僻，找了半天才找到。早上走得匆忙，今天回来一看，温庭筠住的地方也是汴州城的一个好去处，这里堂宇宽静，庭前植有花卉在怪石盆池，整洁干净，是一个风流薮泽。

说到温庭筠的住处是个好地方，有一定的道理。比如京都长安的平康里，虽然住了一大批歌姬舞女，却也寓居了当时的公卿贵胄，如银青光禄大夫、国子祭酒孔颖达、侍中裴光庭、太宗十九女兰陵长公主、霍国夫人王氏，甚至玄宗朝的辅相李林甫，都住在附近。唐朝自开元伊始，政令宽简、富足强盛，无形之中，助长了自上而下的奢靡之风，到李商隐所处的晚唐，社会风气一脉相承，士林风气更是如此，歌姬所居之处，亦是侠少、士子萃集的地方。妓女们风流隽爽的举止、博洽犀利的谈锋、穿云裂帛的歌喉、轻柔曼妙的舞姿、装束时尚动人、眼波顾盼多情。这一切，有不尽的魅力。公卿士夫、文人举子狎游其中，可以饱尝浪漫的情趣。

李商隐却没有心思去顾忌这些。他垂头丧气回来时，温庭筠正神满意得地等着他，仿佛一切都在预料之中。

这一夜，温庭筠撇下独自温习古文的李商隐，独自享乐去了。

一连几天，都是如此。

数日过去，李商隐有些焦躁了。

且不说连令狐大人的面也见不上，每天晚上对着桌上的青灯黄卷，听着外边的杯盘交错、笑语欢歌，李商隐的心里也有些躁动。

所以，当温庭筠再次邀他去冶游时，他便毫不犹豫地答应了。

李商隐虽然来自河内，都市风俗知之甚少，但传说是听过的。远的不说，本朝的房玄龄、白居易等，夫妻关系都不和睦，如君小妾亦有之，唐朝没有禁止职官狎妓的律令，不仅不禁止，相反，连朝廷也专设乐坊，教授歌姬娱乐，以备节会筵宴之需。官吏的一切社交活动，几乎都离不开妓乐歌舞，红裙侑筋。士人大夫可以与歌姬亲昵，成为红袖知己，建立无拘无束的关系，不一定非要发生床笫之事。

再说，像李商隐一样，多少莘莘学子，在浸淫科目、奔走投托的日日夜夜之中，也需要找一个宣泄情感的地方。平康里自然是个好的去处，不啻两京，汴州亦不例外。再则，唐朝开风气之先，金榜题名的举子，成了万人仰慕的社会精英，涉世未深的青年士人，忘乎所以，纵酒狎妓，一掷千金，成了他们竞相夸尚的生活方式。

李商隐也不能脱俗。

让李商隐万万没有想到的是，有一天，到青楼的，不止他与温庭筠，还有一位同龄人，此人不是别人，而是李商隐每天在刺史府门口望眼欲穿的刺史家人——令狐楚的儿子、八郎令狐绹！

看来，令狐绹也是风月场中的老手了。一见面，温庭筠就打趣道："八郎多日不见，寄奴儿不知是否忧心如病。"

刚刚坐定，就蜂飞蝶舞般地围上来一群歌伎，真是红粉结队、绿黛如云，虽说并不是个个国色天香，却也是个个秀气可人，至少年少的李商隐是这么认为的。

温庭筠是随遇而安的人，不多时，就与歌伎们打成了一片，倒是令狐绹显得有些落寞。一问，果然，他钟爱的寄奴儿今天犯病不能来应酬。温庭筠没说什么，李商隐想劝慰，碍于初次见面，不好说什么，加上在这么个地方，李商隐本来就有些内向，歌伎们的开朗，反倒让他更拘谨了。

温庭筠对最后一个进门的女孩说："柳枝，温哥教你的新词，可还记得？"

叫柳枝的姑娘，有十三四岁的样子，纤纤素腰、薄施粉脂，怀中抱着一个看起来很沉的古琴。进门以后，不言不语，似乎有满腹心事，却又无从说起的样子。听到温庭筠叫唤，忙欠欠身，这一欠身，抱在怀中的琴差一点掉到青砖砌成的地上。李商隐忙上去托了一把，姑娘红着脸，略带笑意地回眸，以示谢意；略带忧伤的秋波，让初入青楼的李商隐，早已心旌动荡了……

少年李商隐，无时不带着诗人的情绪。

柳枝姑娘谢过李商隐之后，慢声细气地说："谢温哥教诲，柳枝还记得。"

这话一出口，李商隐的眼泪差点掉下来了，不是为了她的声音莺声燕语，只有李商隐听得出来——柳枝姑娘也是河内人！在异乡漂泊，投师无门的李商隐，无端地生出他乡遇故人的激动。

这种感动，除了李商隐自己，在座的没有一人知道。

"唱来给李哥听一下。"温庭筠吩咐道。

于是，柳枝姑娘将古琴放好，面对着李商隐坐下，无限深情地弹唱起来。琴是早就调好了的，古琴古韵，配上古声古色的中州声调，这一切，仿佛是为李商隐专门准备的。

南园满地堆轻絮，愁闻一霎清明雨。雨后却斜阳，杏华零落香。无言匀睡脸，枕上屏山掩。时节欲黄昏，无憀独倚门。

这一曲《菩萨蛮》，自然是温庭筠所作。只是柳枝这样的姑娘，唱这样一首哀时惜春、忧伤落花、青春将暮的词，唱得如此融情入景、声情并茂，让人听了，难以忘怀。

好像这曲子是特为她写的！

李商隐眼前的柳枝，幻化成了一个倚门等待他的亲人。众人在喝彩的时候，李商隐还在发呆，直到温庭筠叫他评判，他才木木地回过神来。

"肯定是柳枝唱得不好，不然，义山兄为何无动于衷？"温庭筠说。

听了这话，柳枝的眼泪早已落了下来。

李商隐想替柳枝辩白几句，一时又无从说起，只有看着柳枝的眼泪，一滴一滴，无声地落在古琴上。

而柳枝的泪，早已濡湿了李商隐的一大片心田。

柳枝落泪是有她的原因的，歌伎声名地位的黜陟升沉，几乎全要取决于名士举子们的品题捧场。这种藏头露尾的做法，甚至会直接影响到她们的衣食。从柳枝她们的立场来说，温庭筠、李商隐这类人，大多风流倜傥、吐秀隽雅、出手又大方。他们的身份，深浅莫测，有敬畏之感。一旦南宫高捷、仕途亨通，为卿为王亦有可能，总比那些重利轻离别的商人强多了，怎能不叫她们巴结？

令狐绹在一边对温庭筠说："与张祜齐名的崔涯，像温兄一样狂放，但他的诗词作得好，他写一首诗，路人皆知。好的话，门前车水马龙；不好的话，门前冷落。有一回，他戏作一首词，笑妓女李端端睡相不雅，结果，端端忧心如病，跪着求崔涯再题一首。大贾居豪，才闻讯前来，飞卿兄日后一定也能如此。"

温庭筠说："我听说平康北里有位刘泰娘，因居处卑屑，鲜为人知，后来，有人写了一首诗：'寻常凡木最轻樗，今日寻樗桂不如。汉高新破咸阳后，英俊奔波遂吃虚。'从此，生意兴隆。"

两人一唱一和，无非是让柳枝注意毁誉的话。

坐在一旁的李商隐却如坐针毡，想反驳却不敢反驳，只好在心中叫冤：唐世重诗歌，不仅文人雅士能遣词布韵，市井小民也能吟诵。自开元间科场加试诗赋，举子成名，不仅靠权臣援引篝拂，诗人又何尝不希望诗词被妓女用于管弦，广为传诵，播扬声名？

4

自从结识了令狐绹之后，李商隐也时常去青楼酒肆，歌诗奏乐、聚谈之外，他心中更惦记的是柳枝！

孤身在汴州，李商隐将柳枝当作亲人；而身为同乡的柳枝，也将李商隐视为知己，对李商隐无话不说，一改平日的沉默寡言，一见到李商隐，似乎有说不完的话。

比起李商隐来，柳枝身世更苦。

柳枝从生下来的那一天起，竟没有见过亲娘。十岁，又没了爹，柳枝的爹本来在长安做染匠，因参加苏玄明的起义而被杀，柳枝只好寄居在姑姑家里。

柳枝的姑姑自小在京都学艺，一生为妓，人老珠黄、年高色衰之后，落得个茕居独处的结果。这也是大多数艺妓的下场。欢场自古如此，又有几个能与名士大夫以琴瑟和鸣的婚姻作为结局？不过，柳枝的姑姑在其荣枯的一生中，在与士子文人彼此依倚、互相推毂的交往中，学得了不少分别品流、衡尺人物、饮博调侃、奉和酬答的交际本事；而最拿手的，则是她的琴艺，她将这一切，都传给了她的侄女。前几年，河内饥馑，柳枝姑姑也花尽了自己的积蓄，万般无奈，只好削发为尼，遁入空门，留下一把凤首筝篌，让柳枝一人来到汴州。

柳枝的身世，深深打动了多愁善感的少年诗人。一半是真情流露，一半是为了同温庭筠、令狐绹比试才情，李商隐在短暂的日子里，写下了不少热情奔放的诗篇。《富平少侯》就是其中的一首：

> 七国三边未到忧，十三身袭富平侯。
> 不收金弹抛林外，却惜银床在井头。
> 彩树转灯珠错落，绣檀回枕玉雕锼。
> 当关不报侵晨客，新得佳人字莫愁。

当李商隐将这些诗交与两位同龄人看时，二位都有些疑惑不解，要李商隐解释。

说起来，这首诗里有不少逸事典故：这富平侯，是指汉代张世安，张世安有个孙子叫张放，幼年就继承了爵位，而汉成帝微服私访出宫游玩时，常冒充富平侯的家人。七国是汉景帝之乱的七国，三边是常遭外族侵略的幽、并、凉三边。李商隐借古讽今，有的人饥饿得要死，有的人像韩嫣一样，以金子做弹丸。说到底，是说富平少侯家的豪华摆设和奢侈生活。

"隐语诡寄，隐语诡寄。"温庭筠听过李商隐解说了诗中不少典故之后，感叹道。

令狐绹听后，久久不语，在他看来，李商隐无疑是把他比作富平侯了，出身侯门，又喜冶游，这是李商隐在含沙射影，吃不到葡萄就说葡萄酸。

其实，李商隐说的是另一回事，绕了半天弯，他是把少年袭位的敬宗，比之富平少侯，说他不恤国事，荒淫无度。

小小的不快冰释之后，三位少年又和好如初。

经过温庭筠的穿针引线，令狐绹终于答应将李商隐的策论和诗歌带回家中，

"不过，给家父，我不敢越俎，我可以悄悄地塞进行卷之中，交管家岳山带去。"

行卷交上之后，不觉已是深秋如海了，在三个少年心里，却是春意融融。

连他们自己也没有想到的是：就是他们三人，日后会成为雄霸诗场词坛政界的三巨子，不仅光照文宗以后的七八十年晚唐，而且流芳百世！

不久，就传来了令狐楚要面见李商隐的消息。

从初到汴州，到入住令狐府的这段日子，虽然不长，但在李商隐看来，这之间中遁咫尺，却无比漫长。

跃跃欲试的李商隐，万万没有想到：一入侯门深似海！自从他迈入令狐府上的第一步起，就步入了一个风起云涌的党派旋涡。

第二章

在令狐府中，他和四个朋友度过了一段浪漫的岁月。

> 锦帏初卷卫夫人，绣被犹堆越鄂君。
> 垂手乱翻雕玉佩，折腰争舞郁金裙。
> 石家蜡烛何曾剪，荀令香炉可待熏。
> 我是梦中传彩笔，欲书花叶寄朝云。
>
> ——《牡丹》

1

不觉到了春暖花开的日子，汴州城里有不少人结伴外出，出城踏青赏花，汴州的牡丹花也开了，虽说不如东都洛阳的牡丹那么繁盛，或许正因为少，所以赏花的人才更珍重。

温庭筠约了李商隐、令狐绹，择了个春和日暖的日子外出赏花。这一天，令狐绹如约前来，李商隐正准备兴冲冲外出，没想到令狐绹有些不快地说道："今天赏花恐怕是赏不成了。家父约见义山兄，明日去我家里，义山兄还是应该有所准备才好。"

到汴州已有些日子了，不是令狐绹说起，李商隐差点忘了到汴州的目的是为了行卷、干谒。自从结识温庭筠和令狐绹之后，同学少年，一起度过了一段十分难忘的时光，日日欢歌，夜夜饮乐，书卷也很少看了，特别是自认识柳枝之后，李商隐有些乐不思蜀了。经令狐绹这么一说，李商隐既高兴又惭愧，高兴的是令狐大人同意召见，自己苦于投师无门，不想就如此轻松地让令狐楚大人垂青，这是多少学子梦寐以求的啊！同时，李商隐心中也有些小小的得意，到底是自己的文章才情，让令狐楚大人格外垂青。

未到汴州之前，李商隐对"行卷"一事不甚关心，当然也知之甚少。他只知道一门心思刻苦读书、习文，只要有学问，就有了辅君治世的本领，功到自然成，无须别人的援引剪指。随着年龄的增长，他才对"行卷"有所耳闻。

原来，学子在中进士第之后方可为官，而欲考中进士，须经身居高位的官员推荐给主持科考的官员，经过层层援引，方能引起主司的注意。这种重人不重文的风气由来已久，且根深蒂固。学子们在应举之前，不是忙着备考，而是忙着钻营时机，忙于"行卷"。所谓行卷，就是把自己的诗文写成卷轴，投送给朝中显贵，在得到他们的认可之后，再让他们向有关官员推荐保举，这样才有可能中进士第。白居易五岁能作诗，八岁能填词，十六岁已名满天下，为了应考，也得千里迢迢去长安干谒当时的文坛霸主、著作郎顾况。顾况甚至还拿白居易的名字，开了一个流传久远的玩笑："长安百物皆贵，居大不易。"

李商隐真正认识到行卷的重要性，是在其父亲去世之后。李商隐出身书卷世家，家学深厚，他自幼就爱读书习文，有一点，他与别人不一样。在别人看来头痛的古文，他却读得津津有味，越是冷僻的典故，他越是记得清楚，作文的时候，尤爱引经据典。一般的时候，父亲也不去纠缠，只是旁敲侧击地告诉他一些做人的道理。李商隐的古文底子不错，只是与时文差别太大，像是学究气太重，唐朝自开元以来，日渐强盛，文风也逐渐奢靡，四六体骈文大行其道，讲究铺排奢华，《子虚赋》、《上林赋》这种不关涉时弊、子虚乌有的文章，被认为是佳作。《阿房宫赋》这种华而不实的文章，被推向极致。在家父的引导之下，李商隐才渐渐意识到自己的短处。父亲去世之后，家道中落，为了振兴家门，实现自己的抱负，他不得不低下头来，决定投师令狐楚，向他学习四六骈文。

听了这一消息，李商隐很惭愧，到汴州多日，成天不务正业，差点忘了大事。再则，自己多亏了温庭筠和令狐绹引荐，这一阵子，因人向食，虽说温庭筠是好意，他家有万贯之财，但也不能不略有表示。因此，他对令狐绹和温庭筠说："到汴州多日，承蒙二位兄弟关照引荐，义山我铭记在心。不如趁今日，我文谦两位，以谢两位抬爱之情。"

温庭筠听了很高兴："好，好，义山兄他日就入师门了，说起来，我们三个就是师兄弟了，不如我们找个地方，效当年桃园三结义之礼，庆祝一番。我看，这酒钱么，自然算我和令狐兄的了，别人拔一毛而利天下，我们拔一毛而济名士，值得！"

令狐绹沉吟了半天，略带不快地说："援引之事就说不上了，说起来，义山兄是文章在手，深得家父的欢心，他不仅说你的《圣论》、《才论》有霸王大略之气概，有济苍生安社稷之风，也有《虱赋》、《蝎赋》这样借物讥人的文章，还有纵横任侠的文风，不仅赞不绝口，还让我们兄弟三人学习，害得我们兄弟三人，近几天都在家里看义山兄的赋和论。"听得出来，令狐绹说这番话，虽无讥讽之心，但多少有些许的妒忌之意。

不过，三人在饮酒的观点上，却是一致的。

<h1 style="text-align:center">2</h1>

李商隐和温庭筠、令狐绹他们去的地方是老地方，连李商隐也熟人熟路了，不同的是，李商隐今天是以主人的身份佐宴。

他想快点把好消息告诉柳枝。

两杯酒下去之后，温庭筠一改平日的秉性，快人快语地说："师傅领进门，修行在个人。我们师兄弟三人，日后有否造化尚且不知，但今日得风雅一回。"

令狐绹喝了些酒以后，也显得有些高兴，平日里他一般不说什么，今天的话也多了起来。

"传说当年王昌龄、高适、王之涣，在一个天寒微雪的时候，到小旗亭沽酒小饮。忽然，有梨园伶官、十几个艺妓，也登楼会宴，三个诗人围着火炉看热闹。不一会儿，有四个浓妆艳抹的妙龄妓女也来了。他们三个人心血来潮，其中一个说，我们颇有诗名，但彼此不相上下，今天可以偷偷看她们唱诗，以所唱多者为优。

"不一会儿，有一个歌妓唱道：'寒雨连江夜入吴，平明送客楚山孤。洛阳亲友如相问，一片冰心在玉壶。'这是王昌龄的诗，王昌龄用木炭画了个记号。

"这个歌妓唱过，另一妓女唱道：'奉帚平明金殿开，强将团扇共徘徊。玉颜不及寒鸦色，犹带昭阳日影来。'王昌龄有些得意说：'又是我的一首。'

"王之涣成名甚早，有些自负地说：'这些都是潦倒的伶官，唱的都是下里巴人，你们等着，他们当中最漂亮的一个，如果不是唱我的诗，我今后不与

诸位争名了，如果是我的，你们当拜我为师。'

"果然，最漂亮的歌妓唱的是王之涣的'黄河远上白云间，一片孤城万仞山。羌笛何须怨杨柳，春风不度玉门关。'王之涣笑着说：'不是我吹牛吧。'"

李商隐听完这个故事，笑了起来。温庭筠在一边说："如果我们兄弟三人排座名，应该这样排，义山兄诗第一，令狐兄文第一，至于词，兄弟当让我一头。"借着酒兴，温庭筠吩咐柳枝去找来文房四宝，他要填词了。

等温庭筠笔走龙蛇填完了词，令狐绹接过墨迹未干的素笺一看，是一阕《更漏子》，读完之后，他不得不佩服温庭筠的才思敏捷。

李商隐正欲接过来看，温庭筠说："不争了，这首词是送给柳枝的，不如叫她唱来听听。"

柳枝接过词，看了一遍，回去找来凤首箜篌，清了清嗓子说："恭喜李哥，明日就要入师门了，我身无长物，就借花献佛，将温哥送我的这曲送给李哥。"柳枝的这番话，已先声夺人，未成曲调先有情了。三人静下心来听她唱着。

词是好词，曲是好曲，又是一个可人吟唱，随着曲终，铮铮琴声也戛然而止。曲罢，三个少年诗人都不声响了。李商隐的泪，一滴一滴落下来，叫人生出了无限别意。

3

去令狐家的路，李商隐早已熟悉，但是，一进令狐府，李商隐就发现，令狐府不是他想象的那样，或者说，他根本无法想象——对一个朝思暮想想进来一窥其威严的少年，一个还没有完全走入汴州城深处的少年来说，他的心绪是十分复杂的。

可以说，令狐府是汴州的心脏，是汴州最深最深的地方。

其实，令狐府并不像李商隐想象的那么神秘威严，它甚至更像一个大户人家的宅子。

当李商隐从东厢门走进令狐府时，一面青砖照壁迎在眼前，除了照壁四周有些简单的浮雕之外，整个照壁显得朴实无华，照壁下面是几盆大红大紫的牡丹花。

正在李商隐左顾右盼之际，从照壁后面不疾不徐地走来了一位穿灰袍子的老人，老人和蔼可亲地问道："可是怀州来的义山少爷？"李商隐赶忙回礼道：

"正是，请问老爷……"

老人说："别叫我老爷，我是府上的管家，你叫我岳山叔就可以了。令狐大人正在书房里等着你呢，请随我来。"

李商隐见到岳山管家，不由得想起送他出门的堂叔，便亲切地喊了声："岳山叔。"

岳山接过李商隐手上的东西，领着李商隐穿过小庭院，向令狐刺史的书房走去。

从河内临出门的时候，堂叔和母亲为他准备了一些礼物，都是一些过春节用的糕点、干果之类的特产，李商隐嫌土气拿不出手，便对母亲说："这些东西带在路上不方便，不如在汴州买些应时的。"堂叔却说："过去孔子收学生，也是收干肉十条，有什么不妥？不能叫令狐大人见笑我们不懂礼节，我们家到底也是书香人家。"

走过庭院，便到了大厅的大门，大门上高悬着一块大匾，匾上写的是"三槐家风"四个大字，匾不算太大，字也不算太多，可落款却占去不少。李商隐觉得很有意思，便认真地看了一遍落款：户部侍郎同中书门下平章事安定鹑觚牛僧孺。刚把题目读完，一向过目不忘的李商隐却记不全了，独记得"牛僧孺"这个名字，倒是"三槐家风"让他品味半天。这个牛僧孺自然了不得，看起来顾得明白，但细品味，却又不一般。

李商隐低下头，发现岳山管家正在驻足等他，并不催促，发现自己失礼，他连忙跟上。

进了书房门，岳山管家便止步不前，示意李商隐自己进去。李商隐走进书房时，令狐楚正在案前读书，见李商隐进来，放下书卷问道："是怀州河内的李义山吗？"

李商隐连忙行拜师大礼，跪下回答道："怀州河内李义山拜见老师。"

令狐楚说："不必拘礼，起来，起来。"说着，自己正襟危坐在书案前的楠木椅子上受拜。

令狐楚说道："看你书卷上说，你本是王孙，也姓李，皇室先祖原是陇西成纪人，不知你与皇室有何渊源？"

"先祖原是陇西成纪人，唐高祖李氏讳渊，是汉代名将李广将军的二十三代孙，晋朝的凉武昭王李暠的第七世孙。学生算是李广将军的三十一代裔孙，是凉武昭王李暠的第十五世裔孙，同宗同祖，不过，学生一家历经迁陟，属散籍流编。"

"不知李姓中的李叔洪，可是与你有亲宗关系？"令狐楚又问道。

"正是学生的曾祖父。"

"难怪，难怪。"令狐楚高兴地说，"先父在世时，常称赞李公的诗委婉顿挫，荡气回肠。在与他齐名的彭城刘卿、中山刘慎虚、清河张金楚之中，我受先父影响，也尤喜欢李公的诗，你祖父才气横溢，颇有时誉，料想你父亲也该有些声名。"

令狐楚大人提到父亲，令李商隐黯然神伤，想到家境，他沉吟了半晌才说："家父六年前已仙逝，他一生郁郁不得志，先任获嘉县令，后到江南充幕僚。先父逝世之后，家道中落，也就无人严加指教，一边引锥刺股，囊虫映雪，一边佣书贩舂，因人向食，维持生计，只是苦于没有名师指点，盲人摸象，学业无所长进。幸得恩师收留，学生感恩戴德，一定奉师如父。"

"四海无可归之处，九族无可倚之亲。"令狐楚想起李商隐向他行卷的中文佳句，"不知家中还有何亲人？"

"学生的家，已迁到洛阳，母亲在家织布浇园，由堂叔照顾，学生游学在外，尚有弟弟羲叟，年小志高，虚心向学，日后许会出人头地。"

"既然这样，你不如先留在敝舍，跟几个犬子一起读书，老夫看你家境贫寒，家学深厚，出手不凡，是可造之才。只是，你的古文不错，今文差池一些，要改过来，也有待时日。你与我的几个犬子，正好互学互帮，俗话说，一只羊是养，一群羊也是养，我一个也是教，一群也是教。"

令狐大人的诙谐语气，让李商隐来不及感谢。李商隐知道，令狐大人肯定是以轻松的语气，化解李商隐的自卑，他明白令狐大人是同情、怜悯加惜才。

说完，他把三个儿子令狐绪、令狐绹、令狐纶一一介绍给李商隐，报过年庚之后，互相以兄弟相称。

令狐绹本就认识，令狐绪、令狐纶虽是初次见面，却与李商隐一见如故，一来父亲曾当面夸奖过李商隐的文章，二来今天听了李商隐的一番话，也深受感动。书中有的世上都有，他们才知道，世上还有真正的贫寒之士。何况，李商隐虽然衣着朴素，但是文静秀气，知书达理。

李商隐的住处由岳山管家安排妥了，与令狐三位公子住在一起。

住在令狐家的李商隐虽衣食有着，但心中却是越来越郁闷，像是被关在笼中的鸟。

自从来了李商隐，令狐家的三位公子，却没有一个把他当外人，相处久了，他们也不知不觉地佩服李商隐，李商隐不仅可以为他们释疑解惑，三兄弟书房和住处的一应杂事，也叫李商隐不声不响地做了，比如铺床叠被、收拾文案等等。李商隐插在三兄弟之间，还有一个好处，好像是一只三只脚的凳子，多出一只脚来，从前为杂事吵嘴抬杠，现在有李商隐平衡，也就少多了，他们趁父亲外出，温书之余，正好凑成一桌打牌。

令狐大人对这一切很满意。

其间，令狐家发生了一些事，有一件与李商隐多少有些关系。

令狐家本来就养有一些乐伎。

在唐代，乐伎又称女乐，都是擅长歌舞表演的妙龄少女。女乐由来已久，在春秋至两晋南北朝就为数不少，到隋唐更盛，隋炀帝大业二年（606 年），在洛阳举行了一次表演，仅乐伎就有三万多人！其规模之大，场面之壮观，可想而知。到了唐代，更是愈演愈烈，宫中有宫伎，营中有营伎，官僚富豪有家伎。令狐楚这样的宦官大户人家，自然得养一些乐伎应酬应景。

在令狐家住久了，李商隐对令狐家中的几个家伎身世也略知一二。那个善吹排箫的乐伎叫巧巧，是当地人，早年丧母，与其父相依为命。其父不幸染病瘫痪，巧巧变卖家产，为父四处求医，最终未能治好。她便卖身当了令狐府的乐伎，以便还清债务和安葬父亲。那位能打击太一的乐伎，年纪稍大些，叫云娘，先在军中当乐伎，后来转到令狐府里来了。弹奏琵琶的乐伎叫浅浅，祖上是建业人氏，孙权在武昌称帝建都时，从建业迁徙了千户居民去武昌定居，自此便在武昌落了根。其父是个郎中，浅浅三岁那年，长江发了百年不遇的大洪水，江水破堤横流，城廓村落树木皆半露水面，人畜多半被洪水冲走。刚发水时，浅浅骑在父亲的肩头，洪水越来越猛，渐渐淹到父亲的胸膛，紧跟着，她父亲一脚踩空，便没有露出头来。浅浅刚好抓住冲来的一张竹床，才随水漂流到山坡上，捡了一条小命。后来被人收留，成了乐伎。

浅浅天资聪慧，能歌善舞，熟谙琴棋书画，尤喜诗词歌赋，被武昌人称为乐伎奇才。后逢兵乱，逃到江北，被令狐家收为乐伎。

令狐楚家不仅有乐伎，而且还嫌不够，他决定再买一些。

这事要从温庭筠在令狐家说起的。

温庭筠虽然也拜过令狐楚为师，其实很少来令狐府。说穿了就这么回事，对学子来说，膏粱子弟很少有像李商隐这样真心拜师的，无非是得个名分，挂羊头，卖狗肉，行的是投托经营之道，为的是得到显要的推荐揄扬。令狐大人之所以收留李商隐与温庭筠，不仅是好为人师，是因这些没落贵族子弟、王孙之后，一旦高榜题名，也落得个名师高足的名分。实际上是换手抓痒。还有一点，李商隐与温庭筠不同，一旦中了举，还得行卷，文章要辞藻华丽，情文并茂，才可讨得主司欢颜，李商隐的文章古奥深邃，而温庭筠虽然长得如钟馗，文辞却艳丽浓稠。他自然不在乎。

正因为温庭筠的文辞艳丽，所以很讨乐坊女子的欢心，在乐坊小有名声。这一点，连令狐大人也有所耳闻，只好睁只眼闭只眼由他去了。所以，挑选乐伎的事，令狐大人让他去办，是最合适不过的了。

温庭筠向令狐大人推荐的乐伎中，有两个汴州有名的，一个是令狐绹喜欢的寄奴儿，另一个就是李商隐喜欢的柳枝。

寄奴儿倒是很快就来到了令狐府，而柳枝却没有来。

李商隐急了，他第一次偷偷跑出了令狐府，找温庭筠问个究竟。

温庭筠说出的话，更让李商隐神伤。

温庭筠说："不是我不愿意为义山兄做月老红娘，我好说歹说，说破嘴皮，柳枝死活不肯，奈何？柳枝她有她的道理，她怕去了令狐府，影响李公子的学业。她说，与其朝朝暮暮，不如动如参商，两情相悦，或者说心心相印更好。再说，义山寄人篱下，她去了，更是不便，反而添了你的麻烦。入了令狐府，春惜芳华好，他日又有谁怜颜色衰？想想也是。"

温庭筠到底是温庭筠，在乐场待久了，也生出一些怜香惜玉之心。而李商隐是李商隐，怎一个惜字了得。

他只好怅然而归。

新乐伎来了之后，令狐绹约了温庭筠、李商隐等，趁父亲外出，在杏林的牧亭玩了一天。

正是清明时节，他们选择了郊外一个叫"牧亭"的地方，牧亭的名字出于"借问酒家何处有，牧童遥指杏花村"的诗意，虽无酒家，这一行少男少女们却带好了酒食，像过寒食节一般，不在乎酒食，心情如春天的天气，一片迷蒙清新。

只有李商隐的心里沥沥下着细雨。

玩起来不觉得累，时间过得飞快，一天不觉得过去。

令狐绪有意抬爱寄奴儿，执意还要玩，也没有留意李商隐的郁郁寡欢。

天色将晚，笼罩在暮色之中的杏林，显得有些若明若暗，似有似无，蒙上了一层神秘色彩。但牧亭中的少男少女，仍然兴致不减，已有醉意的令狐绹，忽然指着云娘问道："你能表演《七德舞》吗？"云娘摇了摇头。

他问巧巧："你能表演《上元舞》吗？"巧巧也摇了摇头。

他又对浅浅说："你能表演《九功舞》吗？"

浅浅说："在武昌时，师母教习过，不过因为跳这个舞，须舞者六十四人，皆着紫衣，大袖裙，场面太大，所以，只表演了一次。"令狐绹又望了望李商隐、温庭筠、令狐绪、令狐纶，没有再问，只是嘴角流露出一种得意的笑容。

令狐绹说的三种乐舞，是当时著名的三大舞。《七德舞》原名《秦王破阵乐》，是唐武德三年（620 年）唐太宗平定刘武周时，由军队创编出来的凯歌军乐，舞者随乐起舞，有阳刚之气。《九功舞》本名《功成庆善乐》，贞观六年（632 年），唐太宗宴群臣于庆善宫，并赋诗十韵，由乐府谱曲演奏，后改编为《九功舞》。《上元舞》是唐高宗创编的，舞者一百八十人，"衣云五色衣，以像元气"。这三种舞，不说李商隐他们没见过，就是大富豪出身又在教坊久混的温庭筠，也只是听说过，而未亲眼见过。

其实，令狐绹也只看过《七德舞》和《九功舞》，那是他在前年随父亲去京时，在牛僧儒大人的府第看过《九功舞》，在庆善宫看过《七德舞》；至于《上元舞》，他也不曾亲眼看过，只是听父亲说过此舞的浩大阵容和弦管的优雅之韵。

他摇了摇头，说道："可惜啊，不能亲眼看见《上元舞》，实在有些不大甘心。"

席间的热烈气氛，一下子变得冷清起来。

"各位令狐公子、李公子、温公子。"寄奴儿站起来说道，"寄奴儿曾在扬州学过《上元舞》，愿献舞一段，为公子助兴。"

大家一听，都不约而同地望着这位身影单薄的下江女子，令狐绹除了有些

珠箔飘灯独自归——李商隐传

惊奇之外，还有些兴奋和激动，他立即吩咐仆人们点了十多只灯笼，将灯笼高高挂在亭角和树枝上。一时间，灯火辉煌，树影婆娑，近处修竹摇曳，远处杏林如染，一派歌舞升平景象。

寄奴儿解下自己的雪白披巾，款款走到牧亭外边的青草上，温庭筠拿起焦尾琴，熟练地演奏出《上元舞》的舞曲，巧巧、云娘和浅浅三人也随着焦尾琴的琴声演奏起来。寄奴儿在音乐声中，脚步轻盈，双臂舒展，手中的披巾一会儿如流云拂过，一会儿似薄雾从芳草上冉冉升起，袅袅娜娜，忽左忽右，舞技娴熟，姿态优美，大家都看得如痴如醉。待她收回披巾，微笑着走回牧亭时，大家方才知道表演完毕，便不由得齐声喝彩。

5

当天夜里，李商隐翻来覆去睡不着，月光从窗棂中透过来，在床前泻下了一片银白，他想起李白的那首著名的《静夜思》，便轻声吟哦着，遐想着，母亲此刻在灯下缝补着弟弟的衣衫？弟弟在夜读吗？还有堂叔，不知他老人家的病情好些没有？他把自己当作振兴李家希望的人，他把全部的心血都用在自己读书和进仕上，自己可不能负了他的希望啊！他忽然想起来，堂叔嘱咐自己要常常给他写信，把学的什么，令狐大人的教诲，自己写了哪些文章，都写信告诉他，可自己竟然没有给他写过一封信……想着想着，睡过去了。

"咚咚咚"，一阵敲门声将他从睡梦中惊醒了，他翻身下床，开门一看，原来是岳山管家站在门口。

"岳山叔，快请进来。"李商隐赶忙将岳山管家迎进房里，又给他端来了一把椅子让他坐。

"李公子，我不坐了，我是来向你报信的，白天你们玩去了，没找到你。你的堂叔病了，病得很厉害。"

"病得很厉害，你是……"

"我奉令狐大人之命，到公子府上送一些银两，听你母亲说，你堂叔在洛阳病得很重，想让你回去看看。"

原来，令狐楚刺史得知李商隐的家境困窘时，便打发岳山管家给李商隐家送去了一些银两，以买一些粮食和置办一些生活必需之物。为了不打扰李商隐的学习，令狐楚没有告诉李商隐。

"你去过洛阳？"

"是的，我一回来，便向令狐大人说了此事，令狐大人要我告诉你，明天一早，就让你回去看看，马匹已经准备好了。"

李商隐听了，声音哽咽，泪如雨下。

这一来，李商隐无论如何都睡不着了，一时思念家人，一时想着柳枝，这一别，不知何时能见到她了。

鸡鸣三更，李商隐索性披衣下床，铺开纸，磨浓了墨，提笔为柳枝写了一首诗：

暂凭樽酒送无憀，莫损愁眉与细腰。

人世死前唯有别，春风争拟惜长条。

天快亮的时候，李商隐叫醒了睡梦中的令狐绹，令狐绹白天玩得太累，太兴奋，睡得很沉。李商隐让令狐绹想办法将诗交给柳枝，又怕他忘了。说到急于回家，李商隐又流了一回热泪。令狐绹以为李商隐是因为兄弟情分才伤心，便认真地答应了，反过来劝慰李商隐："又不是生离死别，男子汉大丈夫，何必如此儿女情长的！你回去后，忙完了就快回来，我们兄弟都想着你呢！"

听了他的话，李商隐真的为令狐府中的几个兄弟分别而伤感起来。

不知不觉间，他来汴州已有一年多了。

第三章

回家省亲途中，病在"芜名观"中，听了两位道人的议论，却心中不解。

本是丁香树，春条结始生。
玉作弹棋局，中心亦不平。

——《柳枝五首·其二》

1

汴州城外，已是满眼春色。

住在城里，特别是住在令狐大人的深宅之中，李商隐从来不曾留意过季节的变化，花开也罢，花落也好，庭院里的一切，似乎永远小小写意的画中，远不如城外的春色泼墨一般，一发不可收地渲染开来。

护城河边，柳枝纷扬，一如沐浴而出的少女，田野里草木葳葳蕤蕤，浓浓淡淡。

城外的田野里，有三三两两的少女在放风筝。各式各样的风筝在云天里飞翔，有蝴蝶，有蜻蜓，也有小蜜蜂。风筝在春风中扶摇直上，天地之间，一切都在缥缈——风筝和少年。

春天的景致，在李商隐的眼前，渐渐浓了起来，浓得如泼墨一般，所有的悲欢一齐涌上心来。

离开令狐府的那天早晨，李商隐正为不得同令狐大人告别而遗憾，没想到，令狐大人正端坐在堂上——他是来为李商隐送行的！

八仙桌上，已摆满了物品，有为李商隐路上备的干粮，也有为李商隐的堂叔和母亲准备的礼物。

见到令狐大人，李商隐已明白了一切。在堂上的天井旁，李商隐跪下去，按照大礼三跪六拜行了礼，泪水如天井中滴答的雨水，一滴一滴地落了下来。

到令狐府一年多来，令狐大人对李商隐可谓周全备到，不但视如亲子，还让他同三个儿子一起温书应考，在某些方面，甚至比亲子还亲。去年春试，令狐大人让他顺利通过乡试，取得了乡贡，也就是成了秀才。对李商隐的文章，也是逐词逐句地评点，特别是对李商隐薄弱的四六骈体和今体奏章，更是谆谆教导。

令狐大人受礼之后，下了座，亲自扶起李商隐，又吩咐仆人送上坐骑，语重心长地说："义山，你到敝舍一年有余了，为师不曾用心教过你，不过，一日为师，终身为父，你此行去洛阳，看望你堂叔，先代我向你母亲和堂叔问好，让你堂叔安心养病，不方便之时，尽管说。但是，俗话说：'槐花黄，举子忙'，今年你不能去京都与你绚弟一起应试，很遗憾。你应该比你绚弟高出一头，话又说回来，来日方长，你尽放心去吧，一切都为你准备好了。"

除了准备一切盘缠之外，令狐大人还为李商隐雇了一匹毛驴。尽管李商隐千恩万谢，百般推辞，令狐大人以一种不容置疑的口气，让李商隐接受。

辞别令狐大人，李商隐带着恋恋不舍的心情离别了令狐府。临出门，李商隐还对曾把他拒之门外的一个门卒行了一个礼。

出了城，李商隐才感到，汴州让他如此留恋。骑在驴上，看着渐行渐远的风筝，李商隐才发现，自己对汴州多了一份割舍不了的情怀。

如果说，刚到汴州城里，仅有家里的一根线，现在不知不觉多了许多负累。

首先是柳枝，此去河内，不知何年何月才能回到汴州来。柳枝姑娘像春天一样，不知道她的变化又是怎样，虽然是萍水相逢，却又不能聚散依依，从十六七岁少年，不觉已到了弱冠之年，一颗情种，就这样无意之中播了下来，在春风春雨中发芽，柳色青青柳色新，一下一下地拂在李商隐的心上。

其次，自从入令狐府以来，且不说知遇之恩，李商隐觉得自己成熟多了，宫廷江山代换，官场风云突变，让自己长了不少见识，从一个懵懂少年到一个渐谙世事的男儿，人生便是如此，像季节代换，从春天走向成熟的夏天，所有的想法，渐渐疯长。

毛驴在笃笃地前行，汴州已渐行渐远，伴着一匹不言不语的毛驴，李商隐想了很多很多，从一根牵风筝的线，想成一个挣不出的网。

夜里在一个路边野店投宿，李商隐还是睡不着，找店家要纸墨，村郊野外，也没有纸墨。李商隐用店中的酒磨了一砚墨，酒香伴着墨香，在郊外飞扬，融入田野的花香中。李商隐用手绢写下了一首感念令狐大人的诗：

微意何曾有一毫，空携笔砚奉龙韬。
自蒙半夜传衣后，不羡王祥得佩刀。

2

也许是近乡情怯，离河内越来越近，李商隐归乡的情怀更加急切，快到荥阳时候，毛驴有些疲了，而李商隐的兴情越发高涨。

春天的天气，说变就变，先还是毛毛细雨，不到一时，就变成疾风骤雨。在前不着村、后不见店的地方，李商隐只好急匆匆赶路。

好不容易看到一处道观，李商隐急忙找到一个地方避雨，不想雨就停了下来。李商隐只好在道观中留宿。

这一夜，李商隐发起了高烧，一夜梦呓不断，先是梦见堂叔，后是梦到柳枝，柳枝似乎还对他说了一番话，大致是说了些少女怀春的理由。

等李商隐醒来了，已不知道过了多少时辰，只见两位道士伺候在左右，一位道士说："小公子终于活过来了。"

另一位道士说："活是活过来了，小公子只怕是躲过了这一劫，躲不过世上的无数磨难了。"

迷迷糊糊之中，李商隐听见两位道士一唱一和，有如进了仙山琼境。

"这少年长相不俗，若入道林，自有救人济世之命，扶危补天之才。"

"——不然，莫看这少年面相不俗，骨相不凡，却是一条苦命。现在命若游丝，若能起死回生，今后只怕是落花飘絮，以有为过无为一生，难保不飘零人世。"

"——苦。"

李商隐醒来之后，才知道自己投宿的道观叫"芜名观"，两位道士中，年长的一位是本观住持，道号"芜名道人"；年轻的那位，是洛阳来化缘求斋的道士，道号"永道士"。

在观中调养的日子，李商隐才知道芜名观的来历——

这"芜名观"，原名"留名观"，建于东汉年间，鼎盛时，有道士三百余人，地产三千多亩，香火极盛。后来，几度毁于兵火，又几度重修，遭受最后一次劫难是在"安史之乱"时，至今再未修缮过。据说，当年这里是一座小土地庙，一名在逃的囚犯路过此处，在庙前小憩时做了一个梦，梦见一群恶鬼将他团团围住，个个张牙舞爪，意欲将他撕而食之。他急中生智，喊道："吾乃皇室族人，今去丰都阴阳界，与催命判官崔名畔对弈，尔等休走，留下名来！"

众鬼闻后，随风而散。后来，他竟真的被封为王，他十分感激这座令他发迹的小土地庙，便拆了小土地庙，修起了一座规模宏大的庙宇，并亲自题名，叫"留名观"。

后来，庙废了，观楣上的匾额也被风雨吹打下来了，荒芜在杂草丛中。芜名道士便重新制了一匾额，改"留名观"为"芜名观"。芜即无也，意为无名之观。

与两位道士告别上路的时候，李商隐有一种大彻大悟之感。

没想到，从此之后，李商隐却落下了一个莫名其妙的病根。

3

李商隐一路上晓行夜宿，又生过了一场大病，但他惦念着堂叔的病情，只好咬着牙催驴加鞭。当他回到河内看见堂叔时，他几乎都站不住了。

堂叔听说侄儿李商隐回来了，挣扎着坐起来。

李商隐向堂叔叩拜施礼以后，又将在路上为堂叔买的人参和一些果子点心取出来，放在床头和书案上。然后，坐到堂叔的床沿上问了病情，又帮堂叔盖好被子。

堂叔今日十分兴奋，他一边看着李商隐，一边详细地询问他学的是些什么书，写了些什么文章，今体文学得怎么样了，令狐大人对他的文章有何评价，等等。李商隐便详详细细地说给堂叔听。堂叔听着听着，脸上有了笑容，眼里滚动着泪花。

安顿下来以后，李商隐便日夜侍候在堂叔的病榻旁边。

说来也怪，自李商隐回来以后，堂叔的病情逐渐好起来了，有时还让李商隐扶着，到院子里去晒晒太阳。再后来，竟能自己下床走动了。邻居都说："李叔，你是想念侄儿想出来的病，如今，侄儿回来了，你的病就好了。"他听了，只是摇摇头，并不说什么话。

其实，他知道自己已病入膏肓。他已无所牵挂，唯独对李商隐放心不下。

学业有无长进？令狐大人能否竭力推荐他入仕？在外边交的朋友如何？他把李商隐视为光宗耀祖、重振李家门庭的希望，他把自己的全部心血，都凝聚在李商隐身上了。他知道自己将不久于人世，为了侄儿的前程，他要拼上老命再扶他一把。于是，他让李商隐搬来与他同住，白天为他讲授五经之义，夜晚陪他灯下笔耕，用"呕心沥血"一词，是最恰当不过了。就是这样，李商隐在堂叔身边整整一年多，也没日没夜地学习了一年多。

在第二年开春不久，堂叔的病情大减，脸上也有了一丝红晕。这一天，他忽然提出要去城西的孔子庙拜谒。大家怕他受不了劳累，劝他不要去了，但他执意要去，固执得像个孩子。李商隐只好去雇了一乘二人小轿，将他抬到了庙前。他的心情十分舒畅，脸上挂满了笑容。进门时，不要李商隐扶他，拜谒时，一丝不苟。拜谒完了，他还在碑廊里逗留了一会儿。最后，在李商隐的劝说之下，才恋恋不舍地上了轿。

回到家里，堂叔说他想写首诗。待李商隐取来笔砚叫他时，喊了几声，未见答应，凑近一看，他已走了！走时脸上还挂着一丝笑容。

李商隐见状，痛不欲生，他抱着堂叔的头大哭了几声，便昏过去了。

安葬了堂叔以后，李商隐病倒了。每日里不思饮食，白天昏昏沉沉，夜里又不能安眠，浑身虚弱无力，一双眼睛都凹陷下去了，吓得他的弟弟羲叟日夜不敢离开他。

到了"七七"那天，李商隐挣扎着起了床，要到堂叔的坟墓上去烧纸、拜祭。临出发前，他找来纸笔，为堂叔写了一篇祭文。他一边写，一边流泪，写到最后，竟悲声不止，险些倒地，幸亏羲叟连忙把他抱住。

他们到了堂叔坟墓前，摆上供品，点上香烛，将祭文焚化以后，便齐齐地跪在坟茔前拜祭起来。黄表纸烧过之后，纸灰随风卷扬，迷了人们的眼。几只老鸦，站在远处的枯枝上，不时地"哇——哇——"叫了几声，更增添了几分悲凉气氛。

4

半个月以后，李商隐的病情渐渐有些好转了，饮食与睡眠也恢复了正常，他母亲和弟弟终于放心了。

这一天，李商隐想到自己离开汴州已经有一年多了，很是想念恩师和令狐氏三兄弟；同时，也惦记着柳枝姑娘。

"大哥，你看谁来了？"羲叟高高兴兴地从大门口跑了进来。李商隐转身一看，只见岳山管家站在大门口，旁边有一辆马车，便连忙跑出去迎接。

岳山管家是奉令狐楚大人之命，一是为李商隐家里送些银两、衣物和粮食，二是专程来接李商隐的。

李商隐年迈的母亲认出了岳山管家，连忙张罗着安排羲叟去烧水冲茶，又吩咐女儿去院中捉鸡，自己去灶房烙饼。一家人沉浸在欢喜之中。

李商隐拉着岳山管家的手，让他坐在座椅上，急切地问起了令狐楚大人和令狐氏三兄弟的情况。岳山管家只是笑而不答，待李商隐等急了，才不紧不慢地说起来了。

李商隐离开汴州以后，令狐家发生了很大变化。去年秋天，令狐楚调任兵部尚书，今年，又任检校右仆射、郓州刺史、天平军节度使、郓、曹、濮观察使等要职，并将家眷搬到了天平军节度使的治所郓州去了。这一切，都是皇上宠信，才步步高升的。

岳山管家还告诉李商隐说，令狐家在京城有所老宅院，就是开化坊的户部尚书府。原来，在宪宗十四年（819年），令狐楚任中书侍郎、中书门下平章事时建造的，宅院很气派。到了穆宗时，令狐楚虽然遭贬，宅院被朝廷封了，但幸好没有赏赐给其他大臣，终于保住了这座宅院。

说到令狐氏三兄弟，岳山管家高兴地告诉他说，令狐绪已经以荫授官，只等皇上下诏了；令狐纶随令狐大人去了郓州；令狐绹平时学问最好，本来预计年初会试时可以中进士第，谁知发榜时名落孙山。他自己很伤心，令狐大人也很生气，便把他留在京都开化坊的相府老宅，让他发奋读书，明年再试。

"岳山叔，我不明白，像恩师这样的忠臣和重臣，宪宗皇帝重用他，是理所当然的，为何穆宗皇帝要排斥、打击他呢？这里与阉党宦臣有无关系？"

岳山管家听了，想了一会儿，说道："俗话说，孩子没娘，说来话长。这虽然都是前朝的事，但我都经历过，有空时，我再慢慢说给你听。"

李商隐听了，就没有继续再问。

晌午饭开得很迟，因为要杀鸡、要备菜，还要去酒坊里打酒。除了李商隐之外，全家人都在为招待远方来的贵客而忙碌着。饭菜端上来以后，连岳山管家也十分吃惊：桌子上竟摆满了菜肴，有些菜肴他甚至都没见过。其实这并不奇怪，李商隐家虽然贫穷，但左邻右舍的关系极融洽，加之他家常为邻居们排忧解难，所以深得周围人家的尊重。今天听说李家来了贵客，大家都纷纷帮忙，你家送一盘菜，我家送一钵汤，于是，很快就凑齐了一桌佳肴。

饭后，岳山管家叫李商隐把一家人叫到了一起。

岳山管家把带来的银两、衣服和粮食，一样样地交给了李商隐的母亲，并把此次来的使命说了一番。他说："令狐大人时时惦着义山的前程，他年事已高，想让义山去郓州，入天平军幕府，任巡官，一来可以在令狐大人的身边，见些世面；二来可以深造学问，明年再去京城应试。不知义山愿意去否？"

李商隐听说恩师要自己去他的幕府任职，心中十分乐意，他知道幕府的建制由来已久，幕府又有莲府、花府、莲花府等称谓。在当时，各地节度使的权力很大，集军、政、民、财于一身，是地方上的最高行政长官，节度使的办公衙门就是幕府。节度使有权自行招聘幕府的成员，并有权授官。在幕府的成员，有的是有一定才能而未及第的文人，有的是已经及第而未入仕的进士。总之，幕府的成员，都是以府主的心愿和用人标准而聚集在府主左右，所以，都与府主有着千丝万缕的关系。许多文人，是通过幕府这道台阶，或跻身政界，或扬名天下的，如陈子昂、王维、孟浩然、李白、杜甫、韩愈等李商隐所熟悉的诗人，都曾进过幕府。

岳山管家担心李商隐，因他的父亲就是入幕府而客死他乡，在心灵上有过创伤，从而会有些顾虑失去这次难得的机会，于是，便将入幕前的重要性和种种好处都说给他听。他说，读书，是为了及第进仕而为官；为官，可为皇上建功立业，也可为自家光宗耀祖，这正是他的堂叔所期待的。入幕前，成为府主的幕僚，是辅佐府主，府主又辅佐君王，是殊途同归。再说，入了幕府，仍可实现自己的抱负，比方诗人李益，入了刘济的幕府，后来成为营田副使，并以写边塞诗而名噪天下。宪宗皇帝对他很是欣赏，召他为秘书少监、学殿学士，后来又当了礼部尚书。再拿令狐楚为例，他年轻时就曾入太原幕府，任掌书记和判官，现在不也成了朝野敬重的宰相了吗？要是去了郓州入了令狐大人的幕府，有令狐大人的器重，一定会前程锦绣。

李商隐说："恩师的栽培，商隐终生难忘。今日恩师提携我入他的幕府，我求之不得，只是我学识浅薄，难胜重任，辜负了恩师的一片心意。所以心中惶惶不安。只要恩师不嫌我，即便是去海角天涯，我也心甘情愿。"

岳山管家听了，点头赞许。

李商隐母亲和他的弟弟、妹妹一听说令狐楚大人要他入幕府，也都十分高兴。当晚，一家人在灯下帮着李商隐准备行装。他的母亲连夜为他缝制了一件棉背心，怕他在郓州受寒、发病，一直忙到天色将晓。

一辆马车在驿道上缓缓前进着。马脖子上系的铜铃，发出清脆而悦耳的"叮当"声。

岳山管家一面驾着车，一面在打瞌睡。

李商隐坐在车厢里，一边欣赏着路旁的风景，一边在想着昨天的话题。他心里一直放不下这件事，他见岳山管家打了一个呵欠，睁开了眼，便试探着把这个疑问又提出来了。

岳山管家一时也来了兴致，反正闲着就会打瞌睡，便索性将双腿盘坐起来，将他所经历和听到的，慢吞吞地说起来了——

"永贞革新"后，宦官首领俱文珍见皇上李诵再次中风，便勾结藩镇势力，对改革派进行反扑，逼迫李诵退位，禅位太子李纯，就是以后的宪宗。也就是史称的"永贞内禅"。

李纯（778—820 年）继位后，第二年改年号为"元和"。

开始，李纯还有些作为，力图削平藩镇割据，恢复大唐的统一。他利用藩镇之间的矛盾，先后平定了四川刘辟和江南李绮的叛变，整顿了江淮财赋，招降了河北强大的藩镇——魏博节度使田弘正，任用了一批有才干的文武官员，这其中就有令狐楚。全国曾一度出现了暂时的统一。但是，他在和藩镇的战争中，也犯了他的先辈们所犯的错误——重用宦臣。他任命心腹太监吐突承璀为左、右神策，兼河中、河阳、浙西等道行营兵马使和招讨处置使等要职，作为统帅带兵出征，宦官的势力迅速膨胀起来。有的大臣劝说李纯要防止宦官权力过大。李纯不听，说：吐突承璀只不过是一个家奴，不管他的权力有多大，我要除掉他，如同拔掉一根毛那样轻而易举。这就为他自己准备了掘墓之人。

李纯取得了一些政绩之后，自以为其功不朽，开始忘乎所以了，他为了求得长生不老之药，又踏上了他的先辈们的可悲之路。他下诏征求天下方士为他配制"长生药"，他服了"长生药"之后，便有些变态，易暴易怒，稍不如意，就诛杀身边的宦臣。当时的宦臣又分为两派，吐突承璀为首的一派策划立李恽为太子；王守澄一派则拥护李恒为嗣君。公元 820 年正月庚子日的夜间，王守澄等宦官潜入李纯的寝宫，以被子蒙住李纯的头，用尖刀刺进李纯的心窝……

珠箔飘灯独自归——李商隐传

他们谋杀了李纯以后，又派人把守着寝宫的大门，不准任何大臣入内，谎称皇上"误食丹石，毒发暴崩"，并拿出早已伪造好了的遗诏，命李恒继位。

为了巩固自己一派的势力，消灭政敌，王守澄又刺杀了吐突承璀，除掉了自己的心头之患。

穆宗李恒，是宦官们把他推上皇位的，他便成了宦官们手中操纵的工具，他继位后，第二年改年号为"长庆"。

这位皇帝，远远不如李纯最初继位时的作为。他生活奢侈，嬉戏无度，尤其喜欢看戏。对于社稷大事，他不管不问，任由宦官们摆布。所以，当年竭力辅佐朝廷、力主削弱宦官势力的一些宪宗时代的大臣们，便成了宦官们的眼中钉了。他们便假借穆宗的名义，给这些大臣们定了些罪名，便可逐一进行打击。令狐楚等大臣的被贬，就毫不奇怪了。

这位不争气的皇上，最终也没能逃脱可悲的下场。有一天，他游华清宫以后，又亲自率领神策军去围猎，回来后，与宦官们玩耍。这时，忽然有人从马上摔下来，那匹受惊的马直奔李恒而去，幸好左右有人护驾，他才避免受伤。但他因惊吓而得了病，两脚抽搐，浑身打战。为了治病，他又效法宪宗，常年服用方士们炼制的金石，最终导致内脏受损，只有三十三岁，在位仅仅四年，便病死在宫中的清思殿里。

说到这里，岳山管家朝天叹了一口气，说道："唉，藩镇们割据一方，作威作福；宦官们把持朝廷，胡作非为，实在是两大隐患。而皇上不是荒淫无度，就是求仙信禅，上梁不正下梁歪，哪里还顾得了李唐的社稷？"

李商隐觉得岳山管家所说的两大隐患，提到皇上昏庸，而未讲党争之害，他已隐隐感觉到他在回避什么。他说："藩镇和宦官如此猖獗，皇上又这么不争气，那么朝中的大臣呢？他们为什么不挺身而出，像魏征、郭子仪那样去辅佐皇上，清除这两大隐患？"

岳山管家听了，只是无可奈何地摇了摇头，没说什么。

李商隐又接着说："恩师令狐楚大人，一定不会坐视不管的，是吧，岳山叔？"

岳山管家没有正面回答。他扬了扬鞭子，鞭在空中"啪"地甩了一个脆响，说道："你以后进了官场，就知道其中的险恶了。"

李商隐听了，心中迷茫起来。难道岳山管家有什么难言之处？他不便再问，便连忙把话题岔开了。

岳山管家确实有自己的难言之处。

李商隐刚才提到的"朝中的大臣"，也包括令狐楚在内。令狐楚与牛僧孺不但私交甚笃，且对一些有关朝廷的重大问题的看法也很一致，他们一贯与朝臣李德裕有矛盾，开始是貌合神离，后来渐渐发展到水火不相容的地步。虽然他们在"主张削弱藩镇势力"、"反对宦官专权"这两个重大问题上的观点是一致的，但彼此都在各拉自己的势力，形成党派，以影响皇上对朝廷的决策。这就是当时所谓的"牛李党争"。岳山管家对令狐楚推崇备至，忠心耿耿，处处维护他的威望，他怕说起党争而有损令狐楚的形象和威望，又怕李商隐今后陷入"党争"的旋涡中去，所以，才避而不谈"党争"之事。

李商隐并不清楚朝廷中这些复杂的关系，他只想在恩师的指点下，尽早能中进士第，好为君王和李唐社稷建功立业。他哪里知道，这辆马车，正载着他一步一步朝"党争"的旋涡走去！

车轮悠悠，他恨不能朝马屁股猛抽上几鞭，让马车飞奔起来，一下子就奔到郓州，奔到恩师的幕府。

驿道漫漫。李商隐开始了他曲折、坎坷的人生之旅。

第四章

去郓城的路上，管家岳山讲了皇宫中惊心动魄的血腥事件。

城头叠鼓声，城下暮江清。

欲问渔阳掺，时无祢正平。

——《听鼓》

1

齐鲁一带，因为上半年遭受了干旱，到了初秋，庄稼刚刚有了转机，不想又发了蝗灾。只见蝗虫由西向东遮天蔽日而来，蝗虫飞时，如大风席卷；蝗虫落地，所有的嫩枝绿叶全被啃食干净，蝗虫在地上足足铺了半尺多厚！

天灾之后，又有人祸。官府的苛捐杂税多如牛毛，不少人家背井离乡逃荒去了，也有的人因饥寒所迫铤而走险，常常有歹徒拦路打劫，胆大的便拉上一伙人占山为王。所以，路上很不太平。好在他们在太阳落山前就投宿住店，天亮后邀合适的行人和车马，结伴而行。经过十多天，才到了天平军的治所——郓州（今山东东平）。

当天晚上，令狐楚便让人把李商隐叫去。李商隐一走进大厅，便向令狐楚行了大礼。令狐楚亲手将他扶起来，问了一些他家中的事情，又问他读了些什么书，是否坚持练习写作今体文，又作了多少首诗等等，李商隐一一说了一遍。最后，令狐楚望着李商隐的脸说："看你脸色不大好，大约在途中过度劳累了，现在好了，到了郓州，就算到家了。"

李商隐一走进令狐楚的府第，心里就有一种"家"的感觉，尤其听到令狐楚大人说的这一番话之后，便双眼盈泪了。他努力控制自己的激动情绪，说道：

"学生离开恩师已有一年多的时光了，但无时不在思念着恩师。"他还想说他也在思念令狐三兄弟，但忽然想起岳山管家在洛阳说过令狐绹赴试未第的事，便不再说什么了。

"今天晚上，我宴请幕中的同僚们，你和绪郎、纶郎都出席吧。"令狐楚望着李商隐，脸上挂着一丝心满意足的微笑。

其实，令狐楚说要宴请幕中的同僚，只是一个由头，他的本意是想为李商隐接风。但一位年过花甲的老师，为一名自己门下的学生设宴洗尘，李商隐会有拘束和为难之感，若说宴请同僚，并将李商隐介绍给幕中的官员，以应对日后之事，则名正言顺，顺理成章。

这时，幕中有人送来公文。令狐楚对李商隐说："客室已派人打扫过了，你先去客室歇息着吧！"

李商隐听了，便告辞离开了。

听说李商隐回来了，令狐绪和令狐纶非常高兴，早就在书房里等着了。因为李商隐回荥阳奔丧一年多的时间，他们随父亲由汴州来京都，又由京都来到了郓州，他们兄弟二人都希望李商隐能早一些回来，一是想念他，二是同他在一起，可彼此研讨学问。尤其是令狐纶，他本来性格就活泼，现在令狐绹留在京都，令狐绪只知埋头读书，常按父亲的吩咐，担任一些迎来送往的应酬活动，没有时间陪他。李商隐走了，他觉得很孤独。这期间，温庭筠只来过一次，就再也不知去向了。有人说他去了京都，也有的说他去了江南，至今无音讯。李商隐则更关心柳枝。

李商隐刚走到书房门口，令狐纶便如一只敏捷的豹子，从书房里跳了过来，二话没说，将李商隐拦腰抱住，就地转了几个圈。一年没见，这令狐纶的身材长高了一截，且力气大得惊人。这时，令狐绪也从自己的书房中跑出来，连忙制止了他这样的会面方式。李商隐被放在地面之后，连忙向他们二人施礼，然后三人进了早已为李商隐准备好了的书房。由于久别重逢，自然彼此都有说不完的话。

掌灯时分，岳山管家来请李商隐和二位令狐公子，去会宾轩参加节度使大人的家宴。他们连忙整理了一下衣冠，便随岳山管家走了。

一进会宾轩，只见大厅内吊着八盏宫灯，靠墙处，每间隔数步，便有一处烛台，把大厅内的雕梁画栋和各种陈设，映照得清清楚楚，富丽堂皇。大厅内已分宾主坐满了人，除身着便服的令狐楚大人之外，李商隐一个宾客都不认识。他先向首席上的令狐楚跪拜之后，又转身向在座的官员们说道："在下李商隐，字义山，号玉溪生，怀州河内人氏。受恩师教诲、提携，方有幸与诸位大人、前辈、学长们相识。请受我一拜。"说着就要行大礼。

此际，有位身着一袭紫色官服的官员站起来，大声说道："义山是节度使大人的得意门生，自今日始，又是我等的同僚，就不必太拘礼了。来，我介绍一下，这位是节度副使章大人，这位是行军司马丁大人，这位是推官王大人，这位是……"他一一介绍完了来宾之后，又自报家门，说道："还有本人，判官刘蕡。"说完，便走到李商隐跟前，轻声说道："巡官大人，入席吧，你的座位就在我的右侧。"李商隐一听说他就是刘蕡，心中又惊又喜，因为他早已听说过刘蕡的一些传闻了，他十分敬佩他的为人和才学，并为他的不得志而心生不平，不想今天在这里遇见。他连忙跟着刘蕡来到自己的座席上。

令狐楚看到客人都到齐了，便向岳山管家看了一眼。只见岳山管家把手一招，府里的男女仆人们手托菜盘，鱼贯而入。

节度使令狐楚的家宴，在丝竹之声中开始了。

2

虽说令狐楚是在自己的府第中设的家宴，但幕府中的大小官员全部到齐了，场面相当隆重。幕府中的官伎和令狐楚府第的家伎，也都在宴会上表演了节目，以助酒兴。气氛好像过于严肃了一些，宾主的言辞举止和相互敬酒的过程，似乎有些客套和呆板。其实，这都是因为令狐大人在场的缘故，他在首席上坐着，别人就有一种敬畏之感，他的那些部属们，像见了老虎的猫儿一样，一个个都显得十分谦让、温顺。

李商隐一边饮酒，并与刘蕡等同席的官员们应酬着，一边注视着正在表演的乐伎们。但由于座席离表演的乐伎较远，又加上穿堂风将烛台上的蜡烛吹得飘忽不定，所以，他只看到歌伎们有时甩动长袖，有时俯首低唱，很难看清她们的面容。

他想看到寄奴儿、浅浅、巧巧、云娘她们，她们都是乐伎，因为柳枝姑娘的缘故，他对她们便有了一种亲近感。

当然，他也知道柳枝是不会在令狐楚大人的家宴上出现的。

李商隐很想与刘蕡对饮几杯，然后，同他谈谈，听听他的那段颇受朝野传颂的经历。就在这时，令狐纶以敬酒的名义走到了他的跟前，轻声说道："义山哥，你留下些酒量，待会儿家父就会退席的，他退席以后，咱们再痛痛快快地畅饮一番。"

李商隐听了，正对自己的下怀。

令狐纶走时又悄声地告诉他说："岳山管家让我转告你，待会儿要唱诗并吟诗的，你要有个准备才好。"

李商隐听了，点了点头。他想：自己虽然还不能说是出口成章，但稍微有些腹稿，临场应付还是可以的。但此次毕竟有众多官员、文士们在场，并非是与几个年龄和学问都不相上下的少年们唱和，于是，他开始琢磨腹稿了。

果然如此，待家宴进行到了一个时辰左右时，只见令狐楚大人微笑着站起来，说道："诸位来宾皆文思如涌，不知哪位先吟？"

其实，在座的宾客都已做了准备，有的有了腹稿，有的已背熟了在赴宴前就已写好的诗稿，大家都想在府主和同僚们面前显示一下，但又都不便抢在主人吟诵之前吟诵自己的诗作，因为在当时的社会交往中，宴会中途一般都要在席间吟诗唱和的，吟诗唱和一般也是主先宾后。这已经习以为常了。

"请令狐公先吟佳作。"不知哪位来宾先喊了一句，接着，大厅中一片附和之声。

令狐楚听了，点了点头，说道："今日宴饮以唱为主，以和为辅，不必拘泥于唱和，这样方能尽兴。在这里，我就先抛砖引玉吧。"说完，微微仰了仰头，稍微思索了一会儿，便朗朗吟咏起来。他吟咏的是两首《望春词》：

> 高楼晓见一花开，便觉春光四面来。
> 暖日晴云知次第，东风不用更相催。
>
> 云霞五采浮天阙，梅柳千般夹御沟。
> 不上黄花南北望，岂知春色满神州。

他的最后一句刚刚吟完，大厅里已经响起了一片赞叹之声。

为了助兴，也是为了表示对令狐大人这两首诗的颂扬，只见一位身着道袍的女子，姗姗走进了会宾大厅中的红毡上；有一仆人迅速在红毡上置了醮坛状的道具。在一阵阵悦耳的管弦乐声中，那乐伎走上醮坛，轻盈起舞，那舞姿时而

珠箔飘灯独自归——李商隐传

如翔飞之燕,时而又如孤鹤回首;薄薄的道袍,浓密的秀发,似在空中飘动的野云。此时,有仆人又挂起了四只大灯笼,舞者的面容看清楚了——原来是李商隐见过一面的寄奴儿!

这时,有几位官员站起来唱和,你一首我一首的,很是热闹。唱和了一会,令狐楚笑着说道:"下面,请幕府新来的同僚、巡官李商隐吟诗。"

李商隐听了,连忙站起来,双手抱拳,向大家行礼。他听了令狐纶打的招呼之后,便已经有了腹稿,红着脸说:"在下李商隐,遵令狐大人之命,吟拙诗一首,敬请诸位师长赐教。"说完,他吟了一首题为《天平公座中呈令狐令公》的七律:

> 罢执霓旌上醮坛,慢妆娇树水晶盘。
> 更深欲诉蛾眉敛,衣薄临醒玉艳寒。
> 白足禅僧思败道,青袍御史拟休官。
> 虽然同是将军客,不敢公然仔细看。

李商隐吟罢,整个大厅中先是鸦雀无声,空气凝固了一般,慢慢地,大家开始低声评论起来,无不佩服此诗咏人咏事之帖妥,更加佩服令狐楚大人识才爱才的眼力和胸怀。

这首律诗,之所以被席中各位幕僚们称道和赞叹,是因为不但写了道姑打扮、娇憨动人的寄奴儿,而且把在座的官员们都写进去了,还对他们很善意地调侃了一番。

诗中所说的"白足禅僧",是指蔡京,蔡京少年时便出家为僧。有一次,令狐楚驻守滑台时,在一群僧人中,看到了一个小和尚眉清目秀,十分灵敏,他与小和尚交谈了几句,觉得这个小和尚谈吐不俗,便问他:愿不愿意学些诗句?小和尚听了,非常高兴。于是,他便将这个小和尚收留在自己的门下。后来,这个小和尚中了进士第,不久,又登学究科,再后来,为儒史和"核淮南狱"。

李商隐在诗中戏谑说,道行很高的僧人见了寄奴儿,恐怕也会放弃修行求道;那些身着青袍的御史等官员们,见了寄奴儿,也打算辞去官职而不受官箴的约束吧?同时,李商隐在诗中又细致地刻画出了寄奴儿的内心活动,她心中有话想说,可又能说些什么呢?只能从她微皱的眉头上去猜测了。由于衣着单薄,在夜深的寒意袭来之时,便感到有一种难以抵御的寒冷,让人怜爱难舍。最后两句是写诗人自己的：自己刚刚入幕，资历浅、年纪轻，虽然同是将军的宾客，但自己不敢公开地仔细地去看这位艳丽的乐伎。其实，他不但看得很仔细，而且同情她、理解她。

寄奴儿听罢李商隐的吟哦，早已是泪水盈眶了，她远远地站在演奏的红毡上，望着坐在宴席上的李商隐，久久无声。在飘忽不定的烛光照耀下，如一尊紫檀木雕像。她多么想走过去，向李商隐问一声好，道一声谢啊，但她不能，席上坐着的都是幕府的官员，而自己只是令狐家的一名乐伎，如长在庭院边上的一棵狗尾巴草！

也许是因为李商隐在诗中提到了"白足禅僧"，蔡京不能再不理会他了，他站起来说道："在下曾去过浯溪，偶尔得句。今吟哦出来，谬误之处，请诸位斧正。"说完，离座走到大厅中央，就地踱了几步，便开始呻吟起来。他吟的是一首题为《泊舟浯溪》的五言诗：

停桡积水中，举目孤烟外。
借问浯溪人，谁家有山卖？

他吟哦完了，就连连说道："献丑了，献丑了。"说完，重新入席，谈笑风生地与邻座应酬起来。

在这之前，李商隐根本不认识这位蔡京，只是见他在寄奴儿表演时有些举止不雅，加上令狐纶说他是个"六根不净"的还俗和尚，所以，看他有些不顺眼。但待他吟哦完了四句诗之后，李商隐对他刮目相看了，尤其最后一句的"谁家有山卖？"把这一首平淡无奇的五绝，一下子变成了一道奇峰险崖，令你不得不对它仰视才行。

平庸之辈是发不出这样的诘问。

继蔡京之后，很多人便吟诵唱和起来，大厅里的气氛也变得活跃了。

令狐楚见来宾正在兴头上，为了让大家能够尽兴，他推说自己有些醉意，便告辞回后院卧室休息去了。山中无老虎，猴子充大王。府主一走，大家便无拘无束了，宴饮、歌舞、唱和等活动，便起了高潮。

因李商隐总是把注意力聚在寄奴儿身上，所以，他饮酒不多，待他想起要向刘蕡敬酒时，一转身，刘蕡的座位已经空了，不知刘蕡是何时离席的。

令狐纶走过来，坐在刘蕡的座位上，李商隐问他，刘蕡怎么先离席了？令

珠箔飘灯独自归——李商隐传

狐纶告诉他说："刘判官这个人哪，真是死心眼儿，一天到晚总是忧国忧民的！可皇上不听他的，他就是有天大的能耐，也施展不开！那些家奴宦官们，就巴不得皇上荒淫无度，不理朝政，一心求仙炼丹，走火入魔，他们便可从中渔利——"

"纶郎，不许乱说！"不知何时，令狐绪走到了他们身后，他望了望四周，见没人注意他们，才告诉李商隐说，寄奴儿想把李商隐刚才吟的那首诗抄录一份，以便配上曲调演唱。

李商隐听了，连忙站起来，到大厅右侧的一间客室中找了笔墨纸张，借着微弱的烛光，将那首七律重新抄录了一遍，悄悄交给了随他而来的令狐绪。

待令狐绪走了之后，他的心潮起伏难平。他望着天际的一轮皓月，听着会宾轩里传来的阵阵喧闹之声想起了柳枝姑娘，他的心中便觉得有些隐隐作痛。自己一到郓州，便想向令狐绪和令狐纶打听柳枝姑娘的情况，谁料因要参加令狐楚大人的家宴，一时抽不开身，不知柳枝姑娘在这一年多的时间里，是怎样度过的？是否还住在秦娥楼？有过为难之处没有？温庭筠是不是去关照过她？他想立即见到她，也想知道她的一切。

正在这时，令狐绪又走过来，告诉李商隐说，散席后，寄奴儿有话要对李商隐说。

李商隐觉得有些奇怪：自己在汴州的那一年多时间，只在牧亭聚会的那一次才认识寄奴儿，平素并无往来，不知道她要向自己说些什么。他可不想单独与令狐家的乐伎接触。

令狐纶说道："会不会与柳枝姑娘有关？"

李商隐一听，觉得有些道理，便点头应允了。

3

夜已深沉。

宾客们走后，会宾轩中盘盏狼藉，待仆人清理打扫以后，便各自回去安歇了。

令狐绪陪着李商隐来到乐伎们的住处——这是一排刚刚修缮过的瓦房，其他房里的灯光已经熄灭了，唯有中间一间房中仍亮着烛光，没待他们走近，只见已换了装的寄奴儿连忙从房中走了出来。施礼之后，把他们领进了房里。房里除床、帐之外，便是一张方桌，桌上有一盘棋，旁边有装棋子的锦盒。靠窗外是一个高脚花盆架，架上有一盆吊兰，下垂的枝条上长着一簇簇的吊兰新株，像一道青翠欲滴的瀑布。窗台上有一香笼，一股幽幽的清香飘溢出来，墙上挂着一幅顾恺之画的《女史箴图》和一幅颜真卿的书法作品《争座位贴》，整个居室少了些闺房味，多了些书卷气。

凤首筡篌！李商隐不觉心头一震！因为他看到书架上摆着的这只凤首筡篌，看来有些眼熟，难道会是柳枝姑娘的？他正在这么想着，寄奴儿说话了："李公子，不，李大人，你看了这只筡篌，一定会问，这不是柳枝姑娘的吗？对，这确是柳枝姑娘的。柳枝姑娘离开汴州城时，将它交给我，让我转给你，做个纪念。"

李商隐听了，心中大吃一惊。柳枝为什么要离开汴州城？现在去了何方？

寄奴儿请他们坐定之后，端来了热茶，他们边饮茶，边听寄奴儿叙述。

原来，李商隐因堂叔病重，离开汴州时极为仓促，没来得及到秦娥楼去，和柳枝姑娘告别。柳枝姑娘自从在刺史大人府中见到了李商隐之后，好像变了一个人似的，脸上总是带有笑意，手脚更勤快了，饭也吃多了，觉也睡得香了。没事时，便轻轻地低吟着李商隐写的《柳》。平时，她很少上街，经常独坐楼上，倚栏远眺，总觉得街上的行人都很冷漠，城廓中的房舍也极陌生。现在不同了，有时也上街去买点针线脂粉之类的用品，看到那满街行人，也不再觉得冷漠了，街旁的房舍也不陌生了，相反，还无端地有了一种亲切感。她知道：这都是因为李哥的缘故，因为李哥就住在同一座城里，李哥就在熙熙攘攘的人群中，李哥就住在那些房舍里，说不定什么时候，会来叩自己的门，或在大街迎面相逢！因为李哥的缘故，她觉得心里踏实多了，安全多了，不再孤独了。至于李哥有多大的能力，能帮她做些什么，给予她什么，她一概不曾想过。

就是这样，柳枝在一种期望和等待中度过了三个多月。

在这三个多月中，她唯一认识的熟人，就是温庭筠公子。可是，虽然温公子是李哥的朋友，并当着李哥和令狐家的少爷，以及他们家的乐伎寄奴儿、浅浅等人的面，许诺会帮助她的，但温公子在牧亭聚会后不久，便去了江南的武昌，说是为浅浅姑娘去寻找一位早年失散的姑姑。她实在按捺不住了，便悄悄地走到令狐楚刺史大人的府第门口，不敢进去，只远远地望了几眼，盼望着能看到李哥或者令狐三兄弟。她一共去了三次，三次都是满怀希望而去，满心惆怅而归。次数多了，又加上她是一个单身的年轻女子，便不免引起了府第卫士们的注意。最后一次去时，刚刚在府第门口站了一会，一位卫士便大声喝问："你是什么人？这里不允许闲杂之人停留，快离开！"她听了，吓得心里"咚咚"直跳，连忙

珠箔飘灯独自归——李商隐传

转身跑开了。自此，再也不敢去府第门前走动。

去年秋天，温庭筠回到了汴州，她把一肚子的话向温庭筠说了一遍，温庭筠听了，十分同情她，并安慰她说，第二天一早，就到刺史大人的府第去找李商隐，同时，也顺便将浅浅所托之事告诉浅浅。因浅浅早年听父亲说过，有位姑姑被大水冲走了，不知是否还在人世。若上天有眼，能找到姑姑的下落，她就可以与唯一的亲人相依为命了。但温庭筠没有寻到半点线索，他除了写了一些诗词之外，别无所获，只好失望而归。

温庭筠离开秦娥楼时，给柳枝留下了一包银子，让她置办一些衣物和被褥，因为天气已经转凉了。

第二天一大早，温庭筠就去了令狐楚大人的府第，只见大门紧闭，门前亦无卫士，向路人一打听，原来令狐楚大人已经高升了，十月，受皇上之诏，入朝为户部尚书，全家已搬到京城去了。

温庭筠吃了闭门羹之后，便无精打采地回到了秦娥楼，将他知道的情况告诉了柳枝。柳枝听了，既无伤心之状，也无惊奇之态，只是一动不动地坐在椅子上，双眼木木地望着窗外，半天不说一句话，像痴呆了一般。温庭筠见状，知道她是因受了极度的刺激所致，此刻的安慰、劝解都无济于事，最好的办法是让她哭出声来，把心中的郁结都吐出来，心中才会舒坦一些。他默默地坐在一旁，一边观察，一边在想着下步如何安慰她。大约过了半个时辰，柳枝终于从恍惚中回到了现实，她伏在桌子上哭了起来。虽然听不见哭声，但她瘦弱的双肩在一耸一耸地抽动，那哭不出来的悲痛，比能够哭出来的悲痛要悲痛得多。她哭了一会儿，抬起头来，用白色丝巾擦了擦泪痕，朝温庭筠凄然一笑，低声说道："我失态了，请温公子不要见怪。"说完，又为温庭筠去端茶，取瓜果点心。然后，又取下空篌，为温庭筠弹奏了一曲《柳》。

温庭筠告诉柳枝，他打算去京都，一是向浅浅作些交代，二是顺便"行卷"，以便参加考试。

柳枝听了，十分激动，她说她想随他一起去京都，为的是到京都西郊的玄云观去为母亲还愿。她母亲早年在玄云观为柳枝许过愿，现在，母亲辞世了，母亲当年许的愿，做女儿的去代母亲还愿，义不容辞。

其实，柳枝姑娘说的还愿是次，主要的是想见到她的李哥。如今，李哥匆匆去了河内，办完丧事，便会去京都的令狐大人家，自己何必留在汴州呢？

温庭筠听了，自然十分高兴，便打发家奴去买了一些途中的用品，以便早早启程。

立冬那一天，柳枝随温庭筠终于到了京都，他们在东来顺客店住下之后，当晚，温庭筠就带柳枝姑娘到了开化坊，找到了户部尚书府。守门的两个卫士在汴州就认识温庭筠，他们告诉他说，李公子回原籍奔丧去了，至今未回来。柳枝一听，像浑身掉进了冰水里，只觉得天旋地转，站立不住，要不是温庭筠伸手扶住她，她就会摔倒在地上。

回到东来顺客店之后，温庭筠一直守着她，安慰她。第二天，又雇了一乘小轿，陪她去了玄云观。她没有在当天还愿，因为她母亲许的愿是捐三尺金箔，给"金母"——西王母贴金。她虽早已准备了赤金，但因初到京都，尚未找到工匠打制，这次只是先来烧炷香，认个门，待打制好了金箔之后，再来真正还愿。烧罢香，她又要求温庭筠带她在观内的前后院子和几座殿堂都看了一会，直到太阳偏西了，才恋恋不舍地离开了玄云观。

后来，温庭筠问她何时去玄云观还愿？她说她已去还过了。再后来，温庭筠因要"行卷"的原因，在令狐楚家里住了些日子。令狐楚虽然对他的放纵不拘有些不悦，但毕竟受人之托，加之很欣赏温庭筠的文采，所以，还是向他传授了一些学问和写作今体文的知识。无奈，温庭筠的心思不在入仕为官上，而是把时光多半丢在了楼馆酒肆中，乐籍中的人，大都认识这位多才多艺且为人随和、出手大方、不拘小节的温公子，尤其是他写的一些词，深受乐伎们的欢迎，经常能在一些歌舞场合，听到用他的词谱成的曲调。

温庭筠最后一次见到柳枝，是在小雪那一天。那天早上，温庭筠觉得有些冷，便多加了些衣裳，这时忽然想起了柳枝，他担心她衣裳单薄，会受寒得病，于是，他在饭后便去了东来顺客店。谁知店家对他说，柳枝姑娘在半个月以前就已经搬走了，在玄云观借居。温庭筠一听，心中大惊：为何借居道观？是否有出家的念头？自己太疏忽了，竟然有十多天没去看望她，若她真的出家做了道姑，自己怎么对得起李商隐？虽然李商隐没将柳枝姑娘托付给自己，但自己曾在牧亭聚会时说过一些要照顾她的话啊！他一面恨自己的粗心大意，一面雇了马匹向城外奔去。

已经迟了。

温庭筠喘着粗气，在玄云观的大门前下了马。他见一名中年道姑正在清扫台阶，便上前询问。那道姑虽然停下了手中的活儿，但却低首垂眉，不看来客，只淡淡地说道："本观今日听上乙大师讲经，不会来客，请施主回去吧。"说完，又挥动扫帚清扫起来，任你怎么请求，她也不肯搭腔。温庭筠无奈，只好原路回城。

第二天、第三天又连续去了两次，虽然清扫台阶的道姑换了两次，但她们所答的，仍是重复前一天那位道姑的话。

第四天再去时，玄云观的门前已是另一番景象了，只见一队神策军整整齐齐地站在那里，所有去烧香、游玩的人，一律回避。门前有四辆豪华的马车和一乘玉辇；有一些宫女们站在一旁守候着。温庭筠也被这神策军驱赶到了一座亭子边上，他悄悄问旁边的乘客：来的是什么人？竟有如此的排场？

那人告诉他说，是一位王妃前来进香，已进了玄云观。王妃刚刚到时，才叫排场呢，光是伞，就似一片绛云一般。那人还神秘地告诉他说，当朝的皇上笃信道教，后宫的公主嫔妃们，常来这里听经、进香。听说，前朝有几个公主，还在这里出家当了女道士呢！温庭筠听了，才知道这玄云观的大门，并非是随意进出的了。

温庭筠在亭子里坐了一会，觉得有些饿了，便去城门旁边的一家饭铺里吃了晌午饭，又要了一壶好茶，靠在椅子上，边饮边歇息了一会儿。待再返回玄云观时，见神策军早已撤去，门前平静如故。一位穿青布道袍的年轻道姑，正在清扫台阶，他马上走过去，施礼道："请问师父，可有位叫柳枝的姑娘，住在观里吗？"

那道姑听了，没有立即回答，一边挥动着竹帚，一边低声说道："施主是太原的温公子庭筠吗？"

温庭筠听了，连忙应是；那道姑四视无人，便从怀里取出一信札交给了温庭筠，并嘱咐他按照信中所述去做即可。说完，返身走进大门，"吱溜"一声，厚重的大门紧紧地关闭了。

温庭筠回去拆开信一看，原来是柳枝姑娘写给寄奴儿的，信上说，她已在玄云观出家了，每天的功课就是抄写《太平经》；做完功课，便是跟一位从后宫来的女道士学习软舞，有时也受她指点，临摹阎立本的《步辇图》和展子虔的《游春图》；请寄奴儿抽空去玄云观小叙，她有一事相托。

温庭筠将信札交给了寄奴儿，寄奴儿见了，十分高兴，恨不能当天就去玄云观，因为她也非常想念柳枝姑娘；再说，她早就听说过这种舞蹈了，但一直未能见过，很想借机学一学。

第二天，寄奴儿便悄悄去了玄云观，她在观中住了三天，第四天才回到开化坊的府第。柳枝姑娘托她将那只凤首箜篌转赠给李商隐。因李商隐奔丧未回，她又随令狐大人，从京都来到了郓州，所以，只好将琴放在自己房里，待见到李商隐时再转交给他。

在令狐大人举行的家宴上，寄奴儿穿着道袍表演的舞蹈，正是从柳枝姑娘那里学会的软舞。

当李商隐知道自己离开汴州后发生的这些变故之后，心中如撕裂了一般。他想哭，想大哭一场，但不敢哭出声来，只好任泪水无声地从脸上淌落下来。寄奴儿和令狐绪也陪着流了些泪。李商隐抚摸着那只被柳枝姑娘双手抚摸得十分润滑的凤首箜篌，动情地说道："谢谢你了，寄奴儿姑娘。我在幕府中任职，常常公干外出，又无固定住所，不便保存，若将此物转赠给你，此琴之音便会不失。"

寄奴儿听了，连连摆手，表示不能接受。

令狐绪见了，思忖了一会，说道："义山弟的主意甚好，你就收下做个纪念吧。"

"谢谢令狐公子和李巡官的一番好意。"说完，寄奴儿双手接过凤首箜篌，紧紧地抱在胸前。

4

郓州本来是鲁西南的一个小县城，北依泰山，南有梁山，左靠黄河，东拒曲阜，地势十分险要，所以，天平军的幕府才设在郓州。

幕府的生活很枯燥，每天要翻阅成堆的文书，好在李商隐阅文、行文都极敏感，所以有些空闲时间。令狐楚有时也让人把他叫到自己的书房中去，亲自拟题，让李商隐撰写今体文，写完了，又一字一句地同李商隐斟酌。说是斟酌，实际上是在逐字逐句地进行评论，指出用词用典的妙处与不妥之处。李商隐写作今体文的水平，便渐渐超过了幕府的其他同僚们。幕府中有什么重要的章奏，令狐楚便让李商隐起草。

珠箔飘灯独自归——李商隐传

今体文也叫"俪辞"，是一种对偶的文辞，也称作"骈四俪文"，简称骈文。骈是双马并驾一车的意思。骈文全篇以双句为主，讲究对仗和声韵，崇尚夸饰和用典，词辞华美，色彩鲜丽，又注重声韵的和谐，再加上多用典故，故而写作起来难度很大。李商隐开始是以四四相对和六六相对的形式成篇；后来，便常常以四字六字相间的句式成篇，即当时的四六文，很受令狐楚的赏识。

郓州城内，比不上汴州，更比不上京城。由于连年征战，加上灾荒不断，城外常有强人出没。幕府的官员们如果没有公务，一般就不会到城外去；若到城外，必带士卒保护，方能安全。所以，他们闲暇之时，便在衙门聚饮，让幕府中的乐伎歌舞作陪，经常闹到午夜方休。李商隐对此索然无味，也不参加同僚们的这种活动；另一个不参加这种活动的，就是判官刘蕡了。所以，他常常去拜访刘蕡，称刘蕡为老师、前辈。

有一天晚上，其他官员都聚饮去了，李商隐又到了刘蕡起居的厢房，见刘蕡正在灯下读书，觉得不便前去打扰，想悄悄地退回去。不想刘蕡已经看到了他，便热情地把他让进房内，二人在灯下闲谈起来。

李商隐平素十分敬佩刘蕡刚烈的性情、远卓的见识和满腹佐君为臣的学问。大和二年三月，文宗皇帝诏举贤良方正及直言极谏诸士，并临轩亲策，命题发问，其主要条目有如何端化，如何明教，如何察史，如何阜财等。进士刘蕡痛恨阉党祸国殃民，他慷慨激昂、毫无顾忌的对策，令在场者呆若木鸡。李商隐至今记得其中的精彩之处：

臣闻不宜忧而忧者国必衰，宜忧而不忧者国必危。陛下不以国家存亡、社稷安危之策降于清问，臣以布衣之臣，不足与定大计耶……臣以为陛下所先忧者，宫闱将变，社稷将危，天下将倾，四海将乱。此四者，国家已然之兆，故臣谓：圣虑宜先及之。……

当时的考官是左散骑常侍冯宿等人。他们阅读了刘蕡的对策后，心中都十分钦佩。但正因为有了王守澄、梁守廉等盘踞宫禁，总揽朝政，权势逼人，一旦录取了刘蕡，必然会得罪这些宦官，则自身难保，所以，只好将刘蕡割爱。当时有二十二人中第，统皆授官，道州人李邰，亦在选列，授河南府参军。他大声疾呼："刘蕡下策，我辈登科，能勿厚颜么？"遂邀集同科的裴休、杜牧、崔慎由等，联名上疏，愿将自己科名，让与刘蕡，以表彰刘蕡之直谏。文宗知道后，怕中官为难，不好批答，便将原疏搁置起来，不再提及。后来，刘蕡终于未能得仕，便到令狐楚的幕府中来了。

　　因李商隐只是听说过此事，并未亲自经历过这种场面，所以，他愿向刘蕡请教，多了解一些科举方面，尤其是陈述条对时的常识，以后也许自己会遇到这种场面的。

　　刘蕡不愿提及当年的那场噩梦，不过，他很感激李郃等人的胆量和正义之举。他把李郃等二十二人上疏的内容，一字一句地背诵给李商隐听了。

　　李商隐听了，深受感动。堂堂李唐天下，竟被几个阉臣搅得昏天暗地，正直的朝臣难以行使自己的职权，有胆有识的人受到排挤、打击，就连皇上的立废，也受这帮家奴的操纵！这种正邪混淆、阴阳颠倒的现象，简直令人难以置信！他在敬佩刘蕡的同时，对官场、对仕途，甚至对自己未来的命运，也产生了一种莫名的恐惧之感。

珠箔飘灯独自归——李商隐传

第五章

柳枝将她的那把"凤首箜篌"托付寄奴儿留给李商隐，便头也不回地走进了玄云观的庄严大门。

杳霭逢仙迹，苍茫滞客途。
何年归碧落？此路向皇都。
消息期青雀，逢迎异紫姑。
肠回楚国梦，心断汉宫巫。
从骑栽寒竹，行车荫白榆。
星娥一去后，月姊更来无。
寡鹄迷苍壑，羁凰怨翠梧。
惟应碧桃下，方朔是狂夫。

——《圣女祠》

1

郓州离曲阜不远，曲阜是孔子的出生之地。李商隐很想去拜祭这位"圣贤之师"，也想趁机瞻仰这位先师留在那里的圣迹。但由于幕府里的公务繁杂，又加上路上很不太平，故而不便向上司提出派兵卒护送的要求，所以，一直没有去成。

刘蕡去过曲阜，他曾向李商隐讲述过自己在曲阜的所见所闻，他还讲了孔庙的气魄之宏大、孔府的建筑之精美、孔林中的石碑、石仪之多。他特别叮嘱李商隐，日后若去曲阜，一定要去瞻仰"三孔"，即孔庙、孔府、孔林。

幕府中的单调生活对李商隐来说，犹如度日如年。外边不能去，心中闷得慌；里边更冷清，心里憋得慌。在汴州时，虽说在后院的书房中读书习文，但有令狐三兄弟与自己朝夕相处，说说笑笑，很是融洽；再加上柳枝姑娘在汴州，还有，岳山管家能时时关照自己，所以并不觉得寂寞。现在就不一样了，自己已是幕府中的巡官，白天在衙门中呆坐着，顶多能和行军司马、判官、推官和掌书记等寥寥数人碰个面，说上几句客套话。晚上，独对一盏孤灯，看书、作诗。令狐绪和令狐纶虽然离自己不远，但他们与令狐大人一道，住在警卫森严的节度使府第里，平日很少到幕府衙门来。岳山管家、寄奴儿、浅浅等人，就更难谋面了。至于柳枝，因她远在京都的玄云观里，不但隔山隔水，还隔着一道高高的庙墙。

一想到柳枝，李商隐的心中就会隐隐作痛，他多么想能再见她一面啊，可以当面问问她：为什么不给自己写封信呢？为什么要出家呢？再一想，又觉得不应该问她：她为什么要给自己写信呢？就是写了信，京都离郓州，千里迢迢，如何传递？至于出家，自然会有她的道理，能出家当一名女道姑，与青灯黄卷为伴，听晨钟暮鼓起居，可去云游天下，可到深山修行，比当一名供人取悦的乐伎要好得多！

白日所思，夜间所梦，虽然李商隐常常思念柳枝姑娘，但却一次也没有在梦中遇见她。他觉得很奇怪。有一天夜里，他在灯下读书，外边下起了小雨，淅淅沥沥的雨点敲打着窗外的槐树，此际，他忽然想起了柳枝，京城玄云观是否也在下雨？柳枝姑娘是否在灯下诵经？还是在临摹前人的丹青？想着想着，心中便有了灵感：

> 含烟惹雾每依依，万绪千条拂落晖。
> 为报行人休尽折，半留相送半迎归。

这天晚上，他终于梦见了柳枝姑娘。那柳枝姑娘身着青色的道袍，站在一座醮坛之上，手执画有彩虹的小旗，边歌边舞，娇如玉树，洁如水晶。李商隐想：这不是在令狐家宴上表演的寄奴儿吗？心中正在疑惑时，寄奴儿就变成了柳枝姑娘。柳枝姑娘双臂缓缓一展，便飘离了醮坛，一直飘到了一座紫色的山峰之上。她的道袍和周围的云彩也成了紫色的。李商隐抬头望着柳枝，更觉得紫光炫目，看不真切。柳枝姑娘俯首对他说道："李哥，我要随公主到玉阳山去，你要多保重啊！"说完，如一朵紫色的云，冉冉飘走了。

李商隐见了，一边大声喊着，一边拼命追赶着，但他喊不出声音，双脚挪

珠箔飘灯独自归——李商隐传

不动半步，心中一急，浑身是汗。忽觉有人将他推了一把，他醒了，猛地坐起来。

原来是刘蕡和令狐纶站在他的床前，再看窗子，天色已经大亮了。他有些不好意思起来，连忙说道："夜里看书太迟，睡过头了。"

令狐纶指着桌上的诗稿笑着说道："怕是写诗写迟了吧？"又俯在他的耳畔低声问道："是写给哪位美人的？"

李商隐没有作声，连忙穿衣下床。

刘蕡一边看诗，一边说道："好诗，好诗，李大人实在不愧是诗坛高手。虽谓写柳，却不就柳谈柳，而是以柳拟人，借诗言志，道出了见贤思齐的仰慕之情。"

李商隐听了，很佩服刘蕡的见解。令狐纶对诗中之柳的理解，是丰姿绰约的美人；刘蕡则认为是标格清异的高士。其实，在李商隐的初衷和寓意中，这两者是兼而有之的。

令狐纶第一次到幕府来，他不知道李商隐住在哪间房里。刚好遇见判官刘蕡，是刘蕡把他引到李商隐的住房的。令狐纶告诉李商隐说：令狐绹从京都来郓州探望父母，昨晚到家。他去年年初中了进士，明年去参加吏部的"释褐试"之后，皇上便可授官。父母让他来通知李商隐，晚上去节度使府第叙谈、聚会。

李商隐听了，心中自然十分高兴。

他以为令狐绹会给他带来柳枝姑娘的消息，还可问问他见过温庭筠没有。同时，也想听一听有关朝廷里的一些情况。

令狐绹确实带来了一些消息，但对李商隐来说，都不是他所期待的消息。

2

李商隐一见到令狐绹，就在心里说道：令狐绹变了。这种变化不仅仅表现在身材和容颜上。

李商隐向令狐大人施过礼之后，又向令狐绹行礼，说道："绹哥，恭喜你中进士第。明年吏部'释褐试'，必能扶摇直上。"

令狐绹听了，微微笑着，起身还礼，说道："义山兄近来可有大作乎？"

"羞愧，羞愧。公务之暇，也偶尔为之，只是——那都是些难登大雅之堂的文字罢了。与绹哥相比，有天壤之别。义山要以绹哥为楷模。"李商隐平时就十分佩服他的文采和学识，他考中了进士之后，又留在京师的老宅中发愤读书，还经常到国子监去请教博士和助教。他为令狐绹的长进感到由衷的高兴。

"赋诗度词，固然可以传世，但不能举业。要紧的是温习好春试的功课，不中进士第，如何施展报国报君的志向？"令狐绹的一席话，说得十分实在，但在言辞和语气里，有一种居高临下的教训口吻，不但李商隐有这种感觉，令狐绪和令狐纶也有这种感觉。

令狐纶是个心中存不住话的人，他看到父亲正在阅读令狐绹带来的牛僧儒的信札，便对令狐绹说道："不就是中了进士第吗？有什么了不得的？你知道不知道义山兄的今体文写得有多好？全幕府中也找不出第二个人来，连父亲都赞不绝口呢！"说完，朝令狐绹做了个鬼脸。

李商隐听了，连忙说道："纶弟，绹哥说得极是，学习不中进士弟，很难有作为。"

令狐绪听他的两个弟弟当面各说各的，一是怕父亲听见，会受一顿斥责；二是会让李商隐感到难为情，所以，便连忙岔开了话题："绹弟，见到过温庭筠没有？柳枝姑娘还在玄云观吗？"

令狐绹听了，叹了口气，没有从正面回答，只是说："温公子庭筠很有才气，但他放荡不拘，自暴自弃，实在可惜，有损前朝名相的威望。此人不可委以重任。当年，他当着我们的面说过，他会关照柳枝姑娘，结果呢，他把柳枝姑娘带到京城以后，又粗心大意，使柳枝姑娘觉得孤立无援，去玄云观出了家！"

李商隐听了，心中很不是滋味，温庭筠虽然不很检点，但对柳枝姑娘还是很关心的。自己和温庭筠比起来，就做得太少太少了。心中的愧疚在时时折磨着他。

这时，令狐楚已经看完了信札，从他脸上挂着的笑意中，便能判断出他心中的喜悦，他对令狐绹说："绹郎，你将京都的变故也向他们讲述讲述。"

令狐绹听了，点了点头，他说他经常去拜访牛僧儒大人，所述之事，大都是从牛大人那里得来的——

原来，文宗即位以后，很想大干一场，以振兴李唐社稷，第二天，便下了一道圣旨，命没有职事的宫女，一律放出宫去，一共放了三千余人，又放去五坊的鹰犬，罢田猎之事，裁去教坊总监、闲职太监一千二百余人；还下旨，命司农收藏五谷，以备荒年。自己在宫中，亦布衣素饭。凡宫中的文绣、雕镂之器物，一律撤去，藏入府库。由于敬宗皇帝在时，每月只坐朝一二日，太极殿两墀荒草丛生，百官积压公事太多，亦无法上奏。文宗便命人割除荒草，每逢单日坐朝听政，往往日至午后还不退朝；但文宗与前朝的几位皇帝一样，也犯了一个致命的大错，即重用宦臣。他重用的太监，就是以后身经六代皇朝、杀了二王一妃、千余官员和四位宰相、贪酷专横四十年的仇士良！

仇士良原在江王藩府中，已服侍文宗多年，因文宗入宫，他保驾有功，文宗便对他另眼相待；但这个仇士良的城府极深，他暗中勾结党羽，想把持朝政，凡有朝命出入，他都设法从中操纵。有的官员加官晋爵，他都要从中索取巨额金银。文宗有疑难不决的事，便问仇士良，仇士良能对答如流。仇士良还凭自己的口才，常常当殿宣布皇上的旨意；遇有臣下奏请，他便代皇上下旨，处断国家大事，深得文宗信任。

但他只是个右领军将军，权力有限，真正能操纵朝廷的，是大宦官王守澄等人，但他们之间又是你奸我毒，势如冰炭；尤其是王守澄，根本不把文宗放在眼里，文宗的祖父宪宗、哥哥敬宗，都死在宦官手里，他的父亲穆宗和他本人，也都是由宦官拥立才登上皇位的。所以，他既痛恨宦官，又惧怕宦官。不说为宪宗、敬宗报仇，就是为了保住自己，他都要设法铲除宦官的势力。

在宦官之间的你争我夺和皇上与宦官之间殊死搏斗的同时，朝臣之间的斗争，也渐渐激烈起来。

大和四年（830年），皇上下诏：李宗闵辅政，李宗闵又推荐牛僧儒入朝拜相，他们都与令狐楚的交往较深。他们当权之后，便开始排挤自己的政敌李德裕、裴度、元稹等朝臣。

自此，牛李党争的序幕便徐徐拉开了。

令狐楚是牛僧儒一派的重要成员，他看了牛僧儒的信札之后，当然喜形于色了。在晚宴时，他命人将家中的乐伎召来，以歌舞助兴。

李商隐也十分高兴，因为他又可以见到寄奴儿了。自从寄奴儿表演了柳枝教她的软舞之后，他对寄奴儿便有了一种亲近感。

待乐伎们陆续表演时，李商隐才发现：寄奴儿却始终没有出现。

他觉得有些奇怪，但又不便询问，只好一边与大家应酬着，一边慢慢饮酒。

他对寄奴儿没出场一事，有了一种不祥的预感。

散席时，令狐大人先行离开了，令狐氏三兄弟要送李商隐回幕府衙门。李商隐说，幕府衙门离节度使府第不远，自己可以回去。他还叮嘱令狐绹，说他长途跋涉，路上很辛苦，要他早早休息。这时，恰好岳山管家带人来收拾盘盏，听见他们互相谦让，便说："三位少爷先回房歇着吧，我来替少爷们送李巡官。"说完，便提着一盏灯笼，领着李商隐向大门口走去。

由于夜深人静，大街上显得十分空寂。李商隐和岳山管家的身影，被灯笼光映照得忽远忽近，忽大忽小。李商隐一边走着，一边想着为何寄奴儿没有出来表演的事，他便试探着问道："岳山叔，怎么没见到府上的寄奴儿姑娘？难道她不在府中？"

岳山管家听了，轻轻叹了一口气，说道："她虽在府中，但绹郎已不许她演出了。"

"为什么？"

"因绹郎要把她带回到京都去。"岳山管家又补充说道，"其实，这件事，令狐大人已点头应允了。"

李商隐听了，感到十分震惊。令狐绹一人留居京都老宅，为何要将两个家中的乐伎放在身边呢？令狐大人平时的家规颇严，为何这次破例了呢？

岳山管家也许看出了李商隐的心事，于是，就向他挑明了其中的原因。

祸根，是温庭筠惹出来的。

自从柳枝姑娘在玄云观出家之后，温庭筠虽然去玄云观探望了几次，但都被拒之门外。后来，寄奴儿受柳枝姑娘之约去过玄云观，并在观中住了三天，跟着柳枝姑娘学会了歌舞，还受她的托付，将她的凤首箜篌带了出来，让他有机会时再转给李商隐。这件事只有温庭筠和寄奴儿知道，寄奴儿还特意嘱咐温庭筠，叫他不要告诉任何人，尤其不能告诉令狐绹。因为令狐绹平素里小心眼儿，怕他产生什么误会。至于府中的其他乐伎，她们虽然都知道此事，但都很抱团儿，寄奴儿又向她们作了交代，她们更不会随便说出来的。

有一次，令狐楚大人因有事离府数日，温庭筠提出由他做东，请令狐氏三兄弟聚饮，大约是因为喝多了酒，他在席间连续填了四首词，要寄奴儿当场演唱；

珠箔飘灯独自归——李商隐传

寄奴儿不便却了他的面子，便勉强唱了两首，谁知这位富豪子弟一时来了性子，非要寄奴儿一次唱完不可，寄奴儿只好照办了。温庭筠正在兴头上，神态就有些张狂，他让仆人去取了一些银两给寄奴儿，寄奴儿不肯收，坐在一旁的令狐绹一直都很喜欢寄奴儿，只是碍着主人和乐伎这层关系，便一直没有外露出来；他见寄奴儿不肯收温公子的银两，便半讽刺半玩笑地说道："寄奴儿姑娘，温公子庭筠是看我令狐家贫寒，才接济你的。你就收下吧。"

寄奴儿听令狐绹这么一说，就更为难了；令狐绪和令狐纶连忙帮她解围说道："既然是温公子的一片心意，你就收下吧。"

寄奴儿收下之后，就递给了身边的浅浅，让浅浅保存起来。因为她们几个乐伎平时都很要好，共同的命运使她们有了共同的利益，往往是一人有难大家分担，一人获赏大家分享。这些银两，虽是温庭筠赏给寄奴儿的，但回去之后，便属她们共有，存在一起，以备急用。

本来尴尬的场面已经过去了，谁知温庭筠心血来潮，要寄奴儿表演刚刚学会的软舞。令狐氏三兄弟听了，都觉得挺新鲜，便问是从哪里学来的，还没待寄奴儿开口，温庭筠酒后话多，就把柳枝姑娘出家、凤首箜篌赠送李商隐、寄奴儿去玄云观学软舞等经过，详详尽尽说了一遍。令狐绹听了，心中更觉不悦：你温庭筠本来就对柳枝姑娘关照不够，她才出家为道姑的，现在，又私自让寄奴儿去玄云观学软舞，却也瞒着大家，实在是有些过分！他心中虽然不满，但又不便露在脸上，以免让大家说自己肚量太小，于是，便对温庭筠说："温公子，天色已经不早了，明日家父还要查看我们的学业。"转身对寄奴儿说："寄奴儿姑娘，回去歇息吧！"说完，就站了起来。

令狐绪看着温庭筠有些醉了，令狐绹的神色也不似平时，认为尽早收场为好，便笑着对温庭筠说道："温公子，我扶你去吧？"说完，便扶起温庭筠走了。

自此，令狐绹对温庭筠的成见日益加深了，对他的言论、举止更加看不顺眼。有一次，温庭筠对令狐绹开玩笑说，他打算再去一次江南，买两个刚入乐籍的乐伎姑娘来换寄奴儿的命。令狐绹听了，冷冷地说："寄奴儿姑娘，一旦进入了我令狐家的门，就不会再放出去了。"他是在向温庭筠暗示：寄奴儿姑娘已经是令狐家的人了，让他不要再打寄奴儿的主意。

说是这么说，但温庭筠还是和她们经常有些接触。他写了一些词，浓艳香软，脂粉气极浓，很受寄奴儿、浅浅她们喜欢，当她们将他的一些词，如菩萨蛮、梦江南谱曲演唱之后，很快便会传至京城的梨园、教坊和乐籍中，风靡一时。

令狐绹和当时的一些士大夫们，因对他经常与一班贵族无赖弟子，出入歌楼妓馆，纵酒、赌博不良行为而不齿，同时，对他的词，也都有些瞧不起。

后来，令狐楚被皇上诏为郓州刺史、太平军节度使，很快便移居郓州了，本来打算将寄奴儿、浅浅她们留在京都的老宅中，但令狐绹担心温庭筠会常来唱和，便建议父亲将家眷和家中的乐伎，都带到了郓州。

至于今晚，为何不让寄奴儿出来助演，岳山管家说得有些委婉。寄奴儿姑娘虽然是令狐家的乐伎，但性格颇为刚烈：她说她喜欢郓州，也舍不得浅浅她们一班姐妹，其实，她是不愿意随令狐绹回京都。今晚，她说她晚间伤风，身子不适，所以不能来助演。

其实，岳山管家只说出了一半：这寄奴儿，舍不得一班姐妹是真，但她很喜欢李商隐，也喜欢令狐绪、令狐纶，甚至也喜欢温庭筠，独独不喜欢五官端正、身材伟岸、才学出众、前程似锦的令狐绹。

李商隐早已朦朦胧胧地感受到了她感情的变化。

过去与她相见时，只觉得她单纯、聪慧可人，并无其他念头，自从听说她为自己去过玄云观，他便觉得他和寄奴儿姑娘的距离，又近了一些。当他将凤首箜篌转赠给寄奴儿，并为她的软舞写了那首诗以后，更觉得寄奴儿身上就有柳枝姑娘的影子。他觉得白乐天写的"同是天涯沦落人，相逢何必曾相识"的句子，就是为他写的一般。

岳山管家见李商隐一路上无语，以为他是看到令狐绹中进士第，只待下诏授官；他自己，却仍是白衣入幕、人卑职微，心中有些想法，便劝慰他说："义山，凭你的才学，明年春试，一定会考中的，到那时候，我再去京城接你。"

李商隐听了，朝岳山管家凄然一笑，说道："谢谢岳山叔的吉言，侄儿恐怕没有绹哥那样的福分。"

"不不，论才学，你不比他差。"他见李商隐边走边垂下了头，似在想心事。他想：是否因为令狐绹在宴席上的一些话语，刺伤了李商隐？其实，岳山管家早就看出令狐绹此次回来，与过去有些差异。过去，他与他的哥哥、弟弟一样，举止言行都很随和，如今变得严肃多了，甚至有些故作矜持。是在刻意地模仿他的父亲，还是受了京都的社交影响？于是笑着说道："绹郎越长越像节度使大人了。"

李商隐不置可否地答应了一声。

珠箔飘灯独自归——李商隐传

岳山管家一直把李商隐送进幕府衙门的巡官住房，又嘱咐了几句，才提着灯笼回去了。

李商隐一点睡意也没有，他默默地坐在窗前，从更鼓楼传来的梆子声，单调而沉重，声声敲击着他的心。他从这次宴会，联想到他刚到郓州时参加令狐大人举办的那次家宴，又从那次家宴，想到牧亭聚饮；再就是想象着柳枝姑娘去京城寻找自己的艰辛、玄云观出家的情景、托付寄奴儿赠送凤首箜篌的用意……想着想着，心潮难平，便在书桌上铺开纸，将满心的情感都倾泻到纸上了。他连续写了两首七绝，定题为《赠歌妓二首》：

一

水精如意玉连环，下蔡城危莫破颜。

红绽樱桃含白雪，断肠声里唱阳关。

二

白日相思可奈何，严城清夜断经过。

只知解道春来瘦，不道春来独自多。

写完了，他又低声吟哦了几遍，觉得再没有可修改的字句了，才将诗稿叠好，夹在一本平时不大翻动的古籍中。那古籍是他专门存放不愿示人的诗稿的，尤其是像他刚才写的这类诗，他已写了近百首了，只是偶尔取出来吟哦一下，然后再收起来。因为这些诗是抒发自己内心情感的，写得又半明半暗，言他说己，以典代意，所以，外人往往不易读懂，甚至会产生两种截然不同的理解。

此刻，李商隐不但没有丝毫的睡意，而且有一种想冲出这沉闷幕府的念头，他想冲到京都去，先到玄云观去看望柳枝姑娘，然后，再在春试中大显一下自己的身手。否则，自己必将客死边地幕府！他忽然想起了诗人杜甫，他一生都不得志，晚年时又如浮萍般漂泊到蜀地。后来，节度使严武，将他聘到幕府，当了个节度参军。他虽然被世人称为诗圣，但他是在羞愤和屈辱中度过一生的。难道自己也会步杜甫的后尘吗？不，不会！杜甫也曾在京城中行卷，但他没有遇见令狐楚这样的恩师，所以，一直没有考中进士。

在为这位大诗人的命运抱不平的同时，他一下子又联想起了自己眼前的处境，他不能再这样等下去了，他想去恳求恩师，让他去参加明年春天的考试，他有把握能中进士第，否则，无颜回来再见恩师！

想到这里，李商隐觉得浑身的热血都沸腾起来了，他想把自己的想法告诉刘蕡，他虽然与刘判官接触不久，但他信赖他、尊敬他！于是，他再也顾不上是不是子夜了，便去叩刘蕡的房门，刘蕡把他让进房里，听了他的想法之后，显得很激动，也鼓励他去应试。然后，二人又无拘无束地说了一会话，天便亮了。

李商隐知道令狐大人有早起读书、在院中舞剑、散步的习惯，便匆匆漱洗完毕，早早地来到了节度使府第的后院——一个叫作兰圃的废园，那里边早已没有兰草了，倒是有一片萋萋的青草。令狐楚穿着便装，正在运力舞剑，令狐绹也持一柄鱼肠剑，跟在父亲后边比画，令狐绪坐在一张石桌旁，正在朗朗地读《太史公百三十篇》；见李商隐走进兰圃，知道他一定有重要的事，便连忙迎上去。

李商隐将自己的想法告诉了令狐绪，令狐绪和刘蕡一样，不但赞成，还说他一定会考中的。令狐楚见李商隐来了，便停下剑，站在那里问道："义山，这么早来这里，有什么重要的事吗？"

李商隐见状，连忙向前走了几步，跪下拜道："恩师，学生打扰您了。"

令狐楚也觉得奇怪，心想：这李商隐一定有什么事向自己禀报，便摆了摆手，说道："有什么事，站起来说吧。"

李商隐仍然跪在地上，说道："学生承蒙恩师提携，亲授学问，并对学生一家都照顾得无微不至。恩师之恩，重如东岳，为报答恩师的栽培，为君为国效力，学生请求明年赴京春试。"

令狐楚听了，一边以左手中食二指拭着剑锋，一边笑着说道："好，好，此乃一件大好之事。本官早有此意，既然你有这种打算，不妨前往一试。"

李商隐听了，自然十分高兴，他原先担心令狐楚大人不会应允的，没想到他不但应允了，还鼓励自己应该去，这是李商隐未曾料想到的。

"自今日起，我再安排官员，去接替你的职事，你就专心备考吧！至于赴京的一切费用花销，你就不要考虑了。"

李商隐觉得双眼发涩，说话的声音也哽咽起来："多谢恩师的大恩大德，学生一定不辜负恩师的期望。"

令狐楚捋着花白的胡须，笑着说道："快快起来吧，都是一家人，就不必说那些乏味套话了。"

令狐绪一边为李商隐高兴，一边又为他担心。别的学子在应试前都千方百计去行卷，义山兄虽然才学出类拔萃，但还是不能忽视行卷的作用。于是，他便在父亲面前说出了自己的想法。

令狐楚听了，也觉得有些道理，他知道上一次春试的考官贾𬤊，自己与他的交往不深。明年春试的考官尚不知是何人，所以，半天无语。

李商隐见令狐楚大人有些犹豫不决，便说："学生虽然不才，但亲得恩师指点，自觉有些把握；再说，写作四六章奏的技巧，亦能运用一二，就是不在考前行卷，亦不会差于应试学子。"

令狐楚听了，点了点头。他一生曾收留过不少门生，可以说是桃李满天下了，但像李商隐这样的出众晚辈，实在是太少了。他认为李商隐在四六章奏的写作上，对偶得体，用典极妙，不但高于被认为令狐楚再生的令狐绹，而且也超过了自己。总之，他觉得李商隐是一个罕见人才，即使不行卷，他也会考中的。

"义山说得好，有骨气。是明珠，就会有慧眼者。我就不信不行卷就考不中！"令狐楚又转身，对躲在自己身后做鬼脸的令狐纶说道："纶郎，别成天打打杀杀的，要好好地向义山学习才行，否则，没有出息！"刚说完，岳山管家走来，请他回去吃饭，他便随管家离开了兰圃。

令狐楚一走，令狐纶首先跳起来，高兴地喊道："义山兄，你一定能考得中！"

令狐绪说："我总觉得，要先行卷才好。"

其实，令狐绪的担心并非是多余的。

第六章

中了进士的令狐绹，不再像过去的兄弟哥们。满腹才学的李商隐，决计在科考中一试身手。

> 昨夜星辰昨夜风，画楼西畔桂堂东。
>
> 身无彩凤双飞翼，心有灵犀一点通。
>
> 隔座送钩春酒暖，分曹射覆蜡灯红。
>
> 嗟余听鼓应官去，走马兰台类转蓬。
>
> ——《无题》其一

1

阳春三月的长安城，被冬季的风沙涂抹上的灰暗色早已褪去，高大的梧桐、槐树的树冠撑着碧绿，曲江一带的垂柳荡着嫩黄；间或有的人家院中，植有桃李杏梨等果树，也都是花簇满枝，红的如丹霞，白的若雪花，林林总总地越过墙头向外窥看。长街上的行人和车马，流水一般；尤其是靠皇城的通化门、开远门和金光门、春明门一带，更是热闹非凡；再观察一下，聚焦在这一带的人们，大都是年轻的应试学子；在这些学子当中，除了少量的本地人之外，从衣着服饰和语音腔调中便可知道，他们绝大部分是来自外地。

因为今天是发榜的日子。

李商隐也混杂在紧张、激动的人群之中。

他是半个月之前来到长安的，住下之后，便立即去打听玄云观的方位；到了玄云观时，见大门紧闭，他便坐在观前的一棵合抱粗的白果树下休息；一直等到了晌午，才见大门开了一道缝，一位年长的道姑缓缓地走了出来。

李商隐连忙上前施礼，打听柳枝姑娘在不在观中。

那位道姑慈祥地笑了笑，告诉他说：柳枝姑娘早已出家，道长赐号叫"双木子"，已随文平公主去东玉阳山听经去了；因自己年迈，便与花甲以上的老人留在观中，并不会客。因要配制药方，她才出观去城里购药的。

李商隐还想问些什么，道姑听了，权当没有听见，对李商隐说道："去听经的道士，是遵旨而行的，她们行踪不定，可能暂住东玉阳山，也有可能云游四方；时间嘛，就更说不准了，可半载数月，也可三年五年。"

李商隐听了，如一桶冰水劈面泼来，冷到了心里。谢了道姑之后，他忍着饥饿，拖着疲累的双腿，一步一步朝城里走去。

回到住所的客栈之后，他便不再外出，除了一日三餐外，便把自己关在客房里，埋头读书，应付考试。

在唐代，开科取士时，举人的姓名、籍贯都要写在试卷上，虽然武则天在位时为防止问卷时舞弊，曾下令用纸糊上举人姓名，但并未认真落实，所以，士子们很容易利用各种社会关系和特权被录取。李商隐毕竟年轻，好胜心又强，加上当时科目中进士科最被重视，而考进士最重诗赋辞章，所以，他自以为考得颇好。

当他兴致勃勃地来到礼部衙门前时，只见看榜的人们围了个里三层外三层，根本挤不进去。

这时，忽见一个外省来的士子，手中捧着一张白纸，边走边看边流泪。李商隐靠近一看，原来是从榜上抄下来的名单。那名单虽然抄得潦草，但毕竟可以认出字来。他从头到尾看了一遍，上面并无自己的名字。他以为看漏了，又看了一遍，仍然没找到自己的名字！他不大相信这份抄来的名单，便拼命地随着人流向榜前挤去。他挤得浑身是汗，最后，终于挤到了榜前，先看了一遍，没有自己的名字。这时，他心里很慌，但又不敢往最坏处想，便连续看了好几遍，仍然没有。这次，他彻底绝望了。

他已不记得是怎样挤出人群的，又是怎样回到客栈的。到了客栈，他捧起桌上的一把装水陶壶，一仰脖子，"咕噜噜"地喝了一会，便躺在床上，蒙头大睡起来。

忽然，他被从街上传来的阵阵喝彩声和锣鼓及琴瑟之声惊醒了，抬头一看，晨曦盈窗，他这才知道已是第二天了，他已睡了半日又加上一个整夜了。

他觉得浑身酸软无力，额头也痛得厉害，向窗下一看，原来有三位年轻俊秀的少年，骑在马上，马头上扎着大红缎子花，前有鸣锣开道的，后边跟着一群看热闹的行人，正从窗下经过。他想起来了，经过会试考中的士子，经过殿试合格，便是进士了。殿试一甲第三名为探花，进士们要在曲江的杏园参加"探花宴"，宴前由同榜进士数人为探花使，遍游长安名园，去探采名花。李商隐看见骑马的探花走远了，轻轻地叹了口气。他既羡慕这些中进士第的幸运者，又为自己的落榜感到委曲。

这是李商隐第一次到京都长安应试。

长安不仅是唐代的政治、经济、文化中心，也有许多被古代文人描绘的人文和自然景观，如大雁塔、小雁塔、芙蓉园、曲江、龙首原、乐游原等。因为正逢踏青季节，城里的达官贵人和市井小民，纷纷去城外踏青。许多落弟的士子们，便借此机会，纷纷相约去游览、观赏，有的甚至还雇上了马，到京城之外的阿房宫、灞陵桥、骊山等处去远足。对外省的人来说，来一次京都非常不易，有的甚至一生也就这一次。所以，都不惜花些银两，以求将京城游个痛快。

李商隐却连一天都待不下去。

这不仅是因为他在长安没有一个亲戚朋友（令狐绹前不久回郓州探亲未归）而感到孤独，还因未考中而失意惆怅；更深一层的原因，是柳枝姑娘已经离开了玄云观。所以，他对长安的城楼宫阙、风景名胜、长街小巷，甚至连朱雀门、含光门一带洋溢出帝都王气的场所，都丝毫不感兴趣，因为这里与自己无关。

在离开长安时，李商隐将令狐楚大人资助他来京春试的银两盘算了一下，除了付客栈房钱和途中花销之外，尚结余一大半。他便去杂货店里买了十封香、十对烛和十斤清油，亲自送到了玄云观。

一位坐班道姑问他："施主，是来许愿的吗？请留下大名，以便勒石。"说完，将早就准备好的纸笔递到他的面前。

他想了想，笑着对女道姑说道："不，我是路过贵观，尽一点心意而已。"说完，就匆匆离开了。

离开长安后，李商隐没有去郓州，而是去了东都洛阳。

李商隐的家，坐落在洛阳近郊，是三间带厢房的茅屋，屋前有一篱笆挡成的小庭院。他的母亲正在井台边洗菜，见远处有一少年向茅屋走来，她心想，莫不是义山回来了？可是想想又觉不是义山，因义山远在山东省的郓州，怎么会忽然回来？正想着，少年走到了门口，大喊一声："娘，我回来了。"说完，倒头跪拜。

李商隐的母亲这才如梦初醒。她甩了甩手上的水，又在围腰上擦了擦手，仔细看清了李商隐的模样：义山瘦了，脸上缺少血色，一个小小的青布包袱斜在肩上，好像把身子给压弯了，一脸的尘土和汗渍。她的心中一酸，连忙扶起自己日思夜想的儿子。

听说大哥回来了，弟弟妹妹们也纷纷跑出来，一家人沉浸在无比欢乐之中。

当天晚上，李商隐觉得身上有些酸痛，他怕拂了一家人的兴头，便坚持和母亲及弟妹们边吃饭边说笑，还讲了郓州的风土人情，以及京都长安的所见所闻。当然，他也把参加春试不中的事说了一遍，不过是轻描淡写地说了一遍，似乎自己并不把此事放在心上，以免让母亲失望、伤心。他母亲听了，安慰他说："今年不中，下次再考，反正你还年轻，日子长着呢！"

李商隐听了，点头称是，但心中仍像压着一块石头。是啊，父亲早逝，堂叔为培养自己耗尽了心血，母亲就是盼着自己去行卷令狐楚大人，中进士第，入朝为官，为李家光耀门庭，可自己却辜负了堂叔和母亲的厚望！想到这里，便觉得心头像被什么碰了一下，碰得眼前直冒金花，差点从木凳上摔下来。

母亲和弟弟妹妹们见状，以为他途中过于劳累，让他早早上床休息。

晚上，他和弟弟羲叟同住一房。半夜里，羲叟被哥哥的呻吟声惊醒了，连忙点亮油灯，过去一看，哥哥面颊通红，一摸额头，额头滚烫。哥哥原来病了！他连忙去喊醒母亲，又按母亲的吩咐，去东门请来了丁郎中。这位老郎中原是李家的远亲，也是位在洛阳颇有声望的名医。他试了脉以后，又看了舌苔、眼底，深思了一会，对李商隐的母亲说道："贤侄的病，我一时还把握不准，受了风寒、虚火上升是明摆着的，可先服一些常用之药，至于下一步如何，还须再观察几个时辰。"

李商隐的母亲留他吃饭，他说他回去安排一下，并顺便带些药来。说完，先回去了。

李商隐一直处在高烧和昏迷当中，嘴里还喃喃地吟了些让人摸不着头脑的诗句："长安有……玄云……玉阳柳……枝新，谁……"待丁郎中喂他服了些药汤之后，他才沉沉地睡去了。

已经连续了五天，李商隐的病情还不见好转，只是在喊他时，他可勉强睁开眼，无神的双眼望着家人，便又沉沉地垂下了眼睑。丁郎中便去约请了几位本城的同道高手来李家会诊。虽众说纷纭，并无结论，但都承认他患的是一种罕见疾病。于是，除了丁郎中以外，各自都开下了方子，便告辞了。

丁郎中便择其中性的方子，并加了些老参等补药，煎熬成汤药，让他服用，并守在他的床边，慢慢观察他的病情发展。

有一天，母亲伏在李商隐的耳边问道："义山，你在郓州幕府任职，要不要让人去向令狐大人禀报一声？"

李商隐听了，连连摆了摆手。幽怨地说道："恩师待我恩重如山……只怪我自己……对不住恩公……的培……养。"

他母亲听了，眼泪便"哗哗"地流淌了下来，她怕李商隐看见，连忙把头偏向一边，用衣袖拭干净。

3

就在李商隐在洛阳家中病倒的同时，令狐楚也知道了李商隐落第的消息。这消息是令狐绹派人送回来的。

原来，令狐绹顺利通过了释褐试，已被授为弘文馆校书郎。他将这件事和李商隐落第的消息写成信札，让家中的仆人送到郓州。

令狐楚读了信札以后，心中很不是滋味。答应李商隐参加春试时，自己太自信了，没听绪郎的劝告，忽略了行卷的重要性，没有及时与主考官贾𫗦联络，才致使李商隐落第。

令狐楚了解李商隐的性格。此次会试落第，对他的打击之重是可想而知的，但不能让他消沉下去。他命人把岳山管家找来，将李商隐落第的事说了一遍，又说绹郎曾在京城到处打听他的下落，都没有结果，可能是回洛阳的老家去了。他让岳山管家带些银两去洛阳看望一下。

珠箔飘灯独自归——李商隐传

岳山管家到了李商隐家之后，才知道李商隐病了很久了。他连忙来到李商隐的床前，见李商隐的两颊已经深深陷了进去，脸色蜡黄，已瘦得皮包骨头了。看到李商隐病成了这个样子，岳山管家的心像碎了一般。一个多么聪明、诚实、健康的孩子啊，怎么一下病成这等模样？他一边擦泪，一边问道："请过郎中没有？"

羲叟说，洛阳城里的名医都请过了，只是不见病情好转。

"你们呀！真是的！为什么不向令狐大人禀报呢？"岳山管家说着说着就来气了。

羲叟低声说道："哥哥不让我们去禀报。"

岳山管家听了，只是深深地望着李商隐，不再说什么了。

不久，令狐楚又打发孔雨先生到了洛阳。孔雨老先生是专为孔府族人看病的名医。

李商隐用了孔雨老先生的两服药后，便渐渐有了生机。他已能自己坐起来了，每餐还可喝下半碗红枣粟米粥。这时，孔雨老先生又在他的穴位上扎银针。那针有四寸多长，扎到身上之后，李商隐并不觉得身上疼痛，相反，还感到有如清清的泉水流遍全身。每到人定亥初时，他便把李商隐领到院子里，对着天上的星辰做吐故纳新动作三百六十次，再以掌心向井中击三百六十次，做完之后，上床睡觉，便睡得十分安宁。

在孔雨老先生的药物治疗和养生之道的配合下，李商隐的脸色有了些许红润，饭量也渐渐如常了。最后，终于能下地走动了，但孔雨老先生说，还需静养几个月。

岳山管家和孔雨老先生要回郓州了，李商隐一直把他们送到官道上，才依依不舍地和他们扬手分别。

岳山管家走了以后，李商隐一直等待着郓州有信来，但却一直没有等到。

难道令狐大人那里出了什么事吗？

4

令狐楚那里确实发生了一件事，对令狐楚来说，不一定算是好事。

他虽然身在郓州，却与京都有着千丝万缕的关系。

就在这年的九月，朝中的党争以吐蕃维州为由，又进行了一次殊死的斗争。

原来，在西川边境的维州，原本是唐朝的领土，后来被吐蕃民族所夺，起了个名字叫"无忧城"，并派悉怛谋驻扎在城中。这位悉怛谋听说西川节度使李德裕重用人才，便率领部属，到节度使的治所成都投降了。李德裕自然十分高兴，既未伤一兵一卒，且收复了维州，还喜得悉怛谋这样一位有勇有谋、深明大义的人才，便出城接收他们，给将士们以嘉奖。随后，又派兵驻守维州城。接着，便向朝廷奏章：

……维州为西川保障，自维州陷没，川境随在可虞，今幸故土重归，内足屏藩全蜀，外足抵制吐蕃，就使吐蕃来争，维州可战可守，以足控御……

文宗阅览章奏之后，以为事关重大，便召百官集议。大家认为李德裕奏得很有道理，都同意李德裕的意见；独有牛儒僧对此持有异议，他认为：西川吐蕃的全境领土，有数万里之大，失去一个维州，对吐蕃来说，并无多大损失；近来吐蕃与大唐的关系较好，要是我们接纳了他的叛兵叛将和维州城，把吐蕃惹怒了，他们强大的骑兵便会前来进犯，不出三日，就可到达咸阳桥！到那时候，京城都难以据守。就是得了一百个维州，也远在千里之外的西南边陲，要有何用？

文宗皇帝本来就有些懦弱，听牛僧儒这么一说，心里便有些害怕起来，他问牛僧儒："如卿所言，不如遣还悉怛谋吧。"

牛僧儒道："陛下圣明。"

于是，文宗便下旨李德裕，要他将维州和悉怛谋归还给吐蕃。李德裕得旨后大为惊奇，但知道这是牛僧儒在从中作祟，自己又无回天之力，只好依旨行事。结果，投奔自己而来的悉怛谋等将士，皆遭到杀害，其惨酷之状，不可目睹！

牛僧儒此举，一是想借机打击他的政敌李德裕，二是反映了他惧怕外患，偷安苟活的心理。

后来，西川监军王践言奉诏入京，任知枢密，当文宗问起维州一案时，他直言相告；又谈到将悉怛谋捆绑送给吐蕃时，吐蕃扬扬自得，而降唐的官兵们却全部惨遭杀害，令人心寒。今后还会有谁来归降李唐呢？

文宗听了之后，十分后悔。同时，也责怪牛僧儒的失策。牛僧儒感到局势对自己不利，心中有些恐惧，便累表上奏，请求罢相。文宗恩准了他的请求，让他出任淮南节度使，又下诏李德裕回京，授同平章事、兵部尚书，是朝臣中的中心权力人物之一。

珠箔飘灯独自归——李商隐传

牛僧儒是李宗闵推荐才入朝拜相的，如今，牛僧儒罢相去了淮南，李宗闵就有些日夜不安，后来，李德裕回朝为相，他更感到惶惶不可终日。

　　有一天，文宗与李德裕、李宗闵谈及朋党的危害时，李宗闵说："臣素恨朋党，比方给事中杨虞卿等人，虽然有才，但热衷于朋党争斗，臣便不给他安排好职位。"李德裕知道杨虞卿是牛僧儒的亲信，也是李宗闵引荐授官的，便讽刺道："难道位在正五品之上的给事中，还不算是好职位吗？"

　　李宗闵听了，越加心虚起来。不久，他便向文宗呈请卸职；文宗任命他为山南西道节度使。

　　李德裕辅政不久，又将与自己关系较深，却被牛僧儒、李宗闵所排斥的工部侍郎郑覃荐为御史大夫，担任从中宣诏，专掌监察执法；又把杨虞卿等牛党官员，都先后调出京都，担任刺史等职去了。

　　令狐楚与牛僧儒、李宗闵的关系非同一般，共沉浮，同荣辱，知道牛、李罢相，虽然尚未波及自己，但心中亦十分焦虑不安。

　　上层的这些明争暗斗，远在洛阳的李商隐，是无法知道的。

5

　　大和六年（832年），文宗下旨，诏令狐楚任太原尹、北都留守、河东节度使，其治所设在太原府。

　　令狐楚离开郓州前，曾派人去了洛阳，除了带去了一些银两贴补李商隐的家用之外，又征求了他的意见，若愿去太原幕府，就去车接他。

　　派去的人回来说，李商隐的病情大有好转，但身子仍然过于虚弱，他怕自己病快快地在幕府中任职，一是难以胜任公务，二是怕给恩师增添不必要的麻烦；他准备真正恢复了之后，再去太原府；同时，也流露出想再次入京会试的心思。

　　令狐楚听了，叹了口气，说道："难为义山这孩子了……"

　　到了太原府以后，令狐楚深感年龄不饶人，新起来的幕府，人员的能力参差不齐，办事的效率不高。刘蕡等几位干练的府员，都各自去了别处，绪郎和绹郎又都在京都之中，自己身边缺人，若是李商隐能到太原幕府，该有多好！他又打发岳山管家去了洛阳一趟，若李商隐的病不碍远行，就接他到太原，边在幕府任职，边精心备考。若明年的主考官不是贾餗，李商隐定能考中。这是李商隐孜孜以求的大事，也是老师对门生应尽的责任。

不到半个月，岳山管家真的把李商隐接来了。

听说李商隐要到太原府，令狐绹高兴得手舞足蹈。一大早，他就在自家的大门口等待李商隐了。

李商隐是正午时分到达太原府尹府第的，他看见令狐楚大人和令狐绹正站在门厅中说话，便连忙跳下马车，不待令狐楚开口，他已经倒地跪拜起来。令狐楚连忙弯腰把他扶起来，一面看着他的脸，一面说道："瘦了，比在郓州时瘦多了。"

为了能在生活上照料李商隐，令狐楚并没有安排他去干具体工作，多数时间是留在客舍里刻苦备考。

不过，有件事让李商隐觉得有些奇怪。

他到太原府的当天晚上，随令狐绹从前厅到客厅时，看到有个人影在回廊上闪了一下，他觉得有些面熟，是寄奴儿姑娘吗？待他再想细看时，那人影不见了。

还有一次，也是夜间。月色清冷，微风轻拂，他看书看累——便走到门口，深深吸了几口清凉的空气，就在这时候，他忽然听见了一种十分熟悉的声音，是凤首箜篌！奏出的竟是当年柳枝姑娘弹奏的《柳》的曲调！他便循着琴音发出的方向，顺着一条花间曲径向前寻去，当寻到一座小院时，他看到院中的一间房里亮着烛光，有一女子的身影，印在轩窗的窗纸上！那无疑就是寄奴儿了。

他不便进去，便站在院门口谛听。

寄奴儿似乎也听到有人在院门口停住了脚，便停止了弹奏。一时间，小院里异常安静，没有一点声息，只有夜风轻轻吹动楸树叶子的"窸窸"声。李商隐站了一会儿，便怀着满心惆怅离开了小院。

自此以后，李商隐曾多次在前院里或者后花园的小路上遇见过寄奴儿，还没等他向她打招呼，她便垂首走了，像不认识他一样。

有一次，在一条小径上，二人迎面碰上了，李商隐连忙喊她："寄奴儿姑娘，你不认识我了？"

寄奴儿朝他望了一眼，便满面涩红起来，低声说道："哦，是李巡官，小女子这里有礼了。"她边说边施礼，还没等到李商隐反应过来，她便侧身走过去了，似乎在有意避开自己。

寄奴儿怎么啦？她过去可不是这个样子的。过去，爱说爱笑爱唱爱舞，对人热情、大方，又天真、单纯，像小鸟依人一般，绝无羞涩之态。李商隐把自己的这种想法，悄悄告诉了令狐纶。令狐纶一听，哈哈大笑起来："我还忘记告诉义山哥了。"他一边笑着，一边把李商隐接到假山上的一座亭子里，神神秘秘地对他说道："你还不知道吧，寄奴儿和令狐绹闹翻了。"

李商隐有些吃惊，一个是主人，一个是家里的乐伎，怎么可闹翻呢？

"绹弟要她和浅浅，都留在京城的老宅里，免得在外边奔波吃苦，可寄奴儿不肯，她说她宁愿在外边奔波吃苦，也不愿住在京城；别的乐伎都随绹弟回京都老宅了，寄奴儿却死活都要跟着我们到太原府来。"

其实，令狐纶只是说了一个现象：原来，令狐绹本来很喜欢寄奴儿的，寄奴儿在外人面前总是无拘无束的，但一到令狐绹跟前，便显得很不自然，平时也不大爱理睬令狐绹。自从认识了李商隐之后，她常常在别人面前赞赏李商隐，令狐绹听了，心中便有些不太高兴。

当寄奴儿接到柳枝托温庭筠从玄云观带回的信以后，记住了柳枝说的："我已入了空门，便再也无缘与李哥交往了。李哥是世上最好的人，也是个可怜人，我就把李哥托付给你了，请你照料好他。"自此以后，寄奴儿虽然不能随时与李商隐单独接触，但她对李商隐便特别关注起来，甚至李商隐平时写的诗，填的词，她都以谱曲为名，细心地收集起来，藏在自己的首饰匣中。她之所以不想留在繁华的京都，而千里迢迢地来到太原府，除了她想摆脱令狐绹之外，另一个原因就是听令狐纶说，李商隐病好了以后，也要到太原府来的。所以，她才执意来到了太原府。

寄奴儿是否偷偷爱上了李商隐？平心而论，连她自己也说不准，她只觉得李商隐可以信赖，可以托付，除此之外，她没有再往后想。至于李商隐是不是也喜欢她，她就更说不准了。

不过，有一件事，她却在无意中伤害了令狐绹的自尊心。

那一天，温庭筠与令狐氏三兄弟聚饮时，寄奴儿歌舞助兴。席间，温庭筠每填一词，她便当场配曲演唱，二人配合很是默契，便把令狐氏三兄弟冷在一旁了，令狐绪、令狐纶倒不计较什么，可令狐绹便觉得伤害了自己的自尊心。待温庭筠走后，令狐绹没好气地对寄奴儿说道："你何必要厚客薄主呢？若真的喜欢上浪荡公子温庭筠了，你就嫁与他，我决不阻拦。"

虽然这是令狐绹酒后说的气话，但却激怒了寄奴儿，她马上顶撞了一句："乐伎也是人！我宁可嫁与温公子这样的人，也不愿——"只说了一半，便涌出了泪花，她把下面的半句话留在嗓子眼里了。

其实，她的意思很明白，她是打个比方，她宁可嫁给像温庭筠这样被人瞧不起的人，也不想嫁给像令狐绹这样的高贵人。

因为她是令狐家的乐伎，很少与外界社会接触，人世的阅历也很浅，所以，李商隐在她的心目中就占据了很大的分量。

既然她对李商隐有意，为何又不肯与他接触，甚至时时处处避着他呢？她也有她自己的想法。她想，自己是无根的浮萍，李商隐也是寄人篱下，并且还需令狐大人的推荐才能为官，假若因为自己一时的不慎，影响了李商隐和令狐家的关系，那便是害了李商隐。这就是寄奴儿竭力克制自己感情的一种痛苦、矛盾的心情。

在礼部会试的前夕，令狐绹从京都送来一信，信上告诉令狐楚，这次会试的主考官员，仍是贾餗。

令狐楚心中明白，牛党一派的，正受到李党的压制，正在走麦城，而贾餗是个看风使舵的人，他在拼命地靠拢李德裕的同时，也在狠命地踩牛僧儒一派的官员。他知道李商隐是自己的得意门生，既然上一次会试他就踩下了李商隐，这次就更不会放过李商隐了。他把这些想法都告诉了李商隐，李商隐听了，半天无语，最后才说："既然贾餗拿我是牛党中人，就决然不会录取学生。"

令狐楚点了点头，闷闷不乐地回到府尹衙门了。

又住了些日子，李商隐觉得神态又有些恍惚，不思饮食，夜夜发烧。他怕病在太原而连累恩师，便向令狐楚请假，想回河南荥阳故乡去调养一段时间。令狐楚一听，便满口答应，并派人、车护送。

临行的头一天晚上，令狐楚在府第设宴为他送行。席间，寄奴儿携凤首箜篌走进来，弹奏了二曲，一为《高山》，一为《流水》，琴声如诉。令狐楚吟唱了一首七绝，题目是《坐中闻思帝乡有感》：

> 年年不见帝乡春，白日寻思夜梦频。
> 上酒忽闻吹此曲，坐中惆怅更何人？

珠箔飘灯独自归——李商隐传

他的声音低沉、苍凉，眼神中流露出了一种无可奈何的情绪。

李商隐听出了令狐楚大人的心声，他马上站起来和了一首《和令狐相公闻思帝乡有感》：

> 当初造曲者为谁，说得思乡恋阙时。
> 沧海西头旧丞相，停杯处分不须吹。

寄奴儿想为令狐楚刚才吟唱的那首诗配曲演唱。令狐楚摆了摆手，示意寄奴儿无须陪坐了，寄奴儿施礼后离去。

寄奴儿走后，令狐楚又向李商隐讲述了朝廷中的一些人际关系，以及因自己的处境而累及李商隐的内疚之意。这些话，令狐楚是极少提及的，但今晚却对自己的得意门生说出来了，看来，他是动了真感情。

李商隐也动了真情，他向令狐楚表示，他决心要中进士第，才能如平生之愿，以报答恩师之恩。

令狐楚说道："好吧，老夫会尽力而为的。"

李商隐回到自己的住处时，忽见寄奴儿姑娘站在门外，怀中还抱着凤首箜篌，大约她离开了宴席之后，便一直守在这里了。

"寄奴儿姑娘，你怎么在这里？请进房里坐吧。"

"听说李公子明天要离开太原回去养病，"她说话的声音很轻，也很低，"小女子特来提前为公子送行，祝公子一路平安。"

送行？哪有如此送行的？在她的语调里，分明有一种难言的哀怨。他又记起了她在席间弹奏的两首古曲，李商隐的心头一热，想说什么，但一时找不到合适的话题，只好喃喃地说："寄奴儿姑娘，外面太凉，进房里坐吧。"

寄奴儿摇了摇头，说道："小女子无物相赠，此琴为公子转赠之物，就以此琴弦送与李公子，做个纪念吧。"说完，取下琴弦，塞在李商隐的手里。

李商隐一时有些手足无措，心中一急，便说出了正是寄奴儿想听的一句话："我今晚要写一首诗，赠予寄奴儿姑娘。"

寄奴儿听了，微微一笑，便转身离去了。

当天夜里，李商隐挥笔写下了一首《柳》。

对柳，李商隐似乎情有独钟。

动春何限叶？拂晓几多枝？

解有相思否，应无不舞时。

絮飞藏皓蝶，带弱露黄鹂。

倾国宜通体，谁来独赏眉。

　　写完了，他将诗稿摊在书桌上，等待风干，打算第二天离府之前去送给她。

　　第二天凌晨，他躺在床上，回忆昨晚写的《柳》。在诗中，他把柳枝和寄奴儿姑娘糅在一起了，也把自己的心绪感受糅在一起了。他想再改动几个字，窗子开着，诗稿却不见了！

　　太阳刚刚出山，李商隐便向送行的人施礼道别。刚要上车时，见寄奴儿姑娘远远地立在小池边的一株垂柳旁，手中擎了一枝柔柔的柳条儿，柳条儿在无声地摆动着。

第七章

第一次进京会试，名落孙山，刚烈的寄奴儿解下琴弦，塞在了他的手中。

> 章台从掩映，郢路更参差。
> 见说风流极，来当婀娜时。
> 桥回行欲断，堤远意相随。
> 忍放花如雪，青楼扑酒旗。

> ——《赠柳》

1

李商隐回到洛阳以后，在家中边读书边养病，住了一个多月，感到恢复了健康，便向母亲提出，他要去荥阳老家看看。母亲应允后，他便只身离开了洛阳。

到了荥阳之后，他先去祭了堂叔的坟茔，又去拜见了郑州刺史萧瀚大人。

李商隐在刺史衙门说明了来意之后，卫士很快进去通报，接着便有一位侍从，把他领进了刺史的厅堂。李商隐看到身着官服的萧瀚离座站了起来，便连忙跪下叩拜道："学生李义山前来拜见刺史大人。"

萧瀚已近花甲的年纪，但脸上的气色很好。他连忙拉起李商隐，上下打量了一会，笑着说："不错，不错。令狐大人的眼力不错，培养出了一位大才子。"说完，让人上茶，二人边饮茶边说话。

李商隐把这几年的经历说给萧瀚听，并取出事先准备好了的一些诗稿，双手呈给他，说是请他赐教，其用意是向他行卷。萧瀚边看边点头称赞。

就在这时，听外边有人喊了一声："崔大人到！"萧瀚连忙放下诗稿出去迎接。李商隐虽不知崔大人的官职，但知道他不会低于刺史大人。两位官员有事，自己不便在场，便回避到厅堂外边的一个长廊上，欣赏从木架上垂吊下来的葡萄。

来宾是给事中崔戎。

崔戎与萧瀚说了一会话之后，忽然看到了桌上的诗稿，便顺手拿起来翻阅，翻着翻着，手停下来了，连连说道："好诗！好诗！不知出自哪位大手笔？"

萧瀚转身一看，没见到李商隐，便一面向他介绍李商隐的情况，一面让人去院中找他。

李商隐一回到厅堂，萧瀚便指着他对崔戎说："他就是李商隐。"又对李商隐说："义山，快来拜见华州刺史崔公戎大人。"

李商隐一听，连忙跪下叩拜，说道："学生李义山，拜见崔大人。"

崔戎连忙说道："快起来，快起来！"

李商隐起来以后，毕恭毕敬地站在一旁。崔戎说道："义山，别讲究那些个礼仪了，快坐下说话。"

看来，崔戎是个心直口快、性格爽朗的人。

崔戎对李商隐打量了一会，又问道："家住何处？令堂在何任上？家中还有何人？"

李商隐便如实相告。

崔戎听了之后，又说："我早就听说过令狐楚大人有位才华横溢的门生，今日竟在萧大人这里遇见了，实在荣幸。"

萧瀚在一旁说道："还荣幸呢！这是不幸。义山才学出众，又有名师指点，因有人从中作祟，所以不能中进士第。"

崔戎一听，脸色立刻沉了下来，愤愤地说道："朝中的北司、南衙干的那些个勾当，姑且不说，他令狐楚为何也不推荐、提携？"

萧瀚听了他这么一说，便连忙转了话题："义山虽有才华，却过于本分、老实。这不，他带来了诗稿文章来我这里行卷，我是有力无处使啊！你来得巧了，就权当是义山到你的门下行卷，你就看着办吧。"

这正是李商隐想说不便说出口的话。

崔戎见李商隐低头不语，便心中寻思，自己任给事中以来，感到十分吃力。给事中是在内廷服务的，文宗时曾改称为东台舍人，后来又改称给事中，是门下省的要职，能行封驳之职，封是封还诏书不行天下，驳是驳正诏书之所失。自己那里正缺少李商隐这样的人才，若能留在自己身边，一是可以帮助自己起草一些奏折表状，二是可以助他中进士第。想到这里，他便对李商隐说道："这

珠箔飘灯独自归——李商隐传

073

样吧,你若愿意,就到我那里住一些日子,一是帮我做些案头工作,二可读书备考,不知你意下如何?"

李商隐一听,连忙又要拜谢,谁知崔戎却摇手制止,说道:"都是一家人,讲那么多的礼仪,反而会有些生疏之感。"

当天中午,萧瀚备了一桌酒菜,留崔戎进餐,让李商隐在座作陪。

李商隐无论如何都没有想到,自己去拜见萧瀚大人,为的是春试行卷,谁知半路上杀出了个程咬金,反而使陷入困境的自己,走上了一条有希望中进士第的捷径。

李商隐兴奋得一夜未眠。

2

大和七年(833年),李商隐来到了给事中崔戎大人的府第。

崔大人的府第,坐落在长安启夏门旁边的通济坊,与令狐大人的老宅,仅有两街之隔。府中面积颇大,有前厅、中厅、后院、左右厢房和后花园,前厅与中厅之间,有一巨大的水池,水池中有栈桥、水榭、岛屿,显得十分幽静。后花园则名存实亡,偌大的一个花园中,除了四周有古柏、罗汉松等耐寒的树木之外,几乎看不见任何花卉盆景,连园中的青草,都被践踏得不见了绿色。

崔戎有两位公子,老大叫崔雍,已有十六岁,老二叫崔衮,刚刚十四岁。崔戎对他的两个儿子的学习要求不很严格,根据规定,凡五品以上官员的子弟,可入当时的高等贵胄学府——国子监学习;但他们由于长期随崔戎的官职变化而住所不定,所以学习的基础打得不好,学起来有些吃力,又加上受不了国子监的种种规矩,便请了一位贡生在府第执教。那老贡生已经七十多岁,身体虚弱,不是天天授课。他们兄弟二人,也就三天打鱼,两天晒网地半学半玩起来;他们爱好射箭、骑马、舞剑、抢铜锤。当他们听说李商隐是位有名的诗人时,简直高兴极了。不一会,就和李商隐混熟了。

晚上,崔戎设家宴招待李商隐,李商隐发现,崔戎家不像令狐家那样讲究规矩和排场。家宴的酒菜虽然十分丰盛,却没有乐伎演唱助兴,管家、卫士以及端菜撤杯的女仆们,也不像令狐家的那样拘束,他们言笑如常,倒显得十分自然。

崔戎喝了几杯酒之后,显得十分开心。他告诉李商隐说,朝廷中的朋党斗争,是一大祸;自从李德裕回朝之后,先罢了牛僧儒的相职,后又罢了李宗闵的相,还分别把杨虞卿、萧瀚诏为常州刺史和郑州刺史。他就是接替杨虞卿之手任给事中的。

李商隐一听，心中大为震惊：原来郑州刺史萧瀚也是牛党中人！自己去拜访他，为的是行卷，以便请他提携参加会试；幸亏遇见了崔戎大人，才没有走他的门子。否则，其后果不堪设想。

"令狐楚这个人哪，我算是对他佩服得五体投地了，他本与牛僧儒等人交往甚密，但牛、李等一干子人走麦城之后，他却不但安然无恙，反而能吉星高照，官运亨通，入朝任职，真是个八面玲珑的不倒翁。"

李商隐听了，更感到意外。

他接着说："我既不亲牛党，也不近李党，只靠皇上圣明，靠祖上庇荫，去做官司职，所以才问心无愧。我敢断言，那些靠朋党侥幸升迁的人，其下场都不一定太好。"

李商隐在令狐楚身边生活了好几年，把自己的恩师看成了圣哲、楷模，从来没有对恩师产生过丝毫的不信任的念头，听了崔戎对自己恩师的一番明显带有贬意的评论之后，心中很不是滋味。他既为恩师抱屈，也为崔戎言辞的直率和尖锐所折服。

"崔大人，你说令狐大人会入朝任职？这可是真的？"

"怎么，老夫说的还能假吗？别忘了，我可是给事中啊，朝中大事，我先知道。"他又独自饮了一杯酒，对李商隐说："今日早朝时，文宗皇上已下旨，诏他回京，任检校右仆射，兼吏部尚书，不日就可抵京。抵京后，你要去看看他，因为他毕竟是你的老师嘛！"

李商隐心中自然高兴，一是恩师高升回京，应当恭贺；二是他很想念令狐氏兄弟和岳山管家。还有，写给寄奴儿的那首诗，总觉得其寓意过于婉曲了，有些言犹未尽之感，是否还能改动几个字？一想到寄奴儿要回京都，他心里无端地有了一种激动和慌乱。

他又想起了柳枝姑娘，不知道她在东玉阳山听了经以后，是否回到了玄云观？

3

天有不测之风云。

李商隐终于没有等到令狐楚回朝，因为新任的太原府尹尚未到任，所以令

珠箔飘灯独自归——李商隐传

狐楚暂时不能离开任所。

也就是在这段时间里，不知何故，崔戎突然被皇上免去了给事中，诏命为华州刺史，并命他月内到任。

崔戎是个耿直又倔强的人，他既不在同僚中打听此次任免的原因，更不到一些朝中重臣家里去走动，而是简单地准备了一下，便去华州上任了。

临走前，他曾建议李商隐留在京师，就住在自己的家中，等候令狐楚回京。令狐楚现在可是炙手可热的人物了，不论谁当主考官，都不会得罪这位资深重臣的。只要他能出力推荐，中进士第有何难处？

但李商隐不肯留下，愿随崔戎去华州幕府。因为他也渐渐明白了朋党之争是怎么回事了，只要陷入了朋党之争的泥坑，此生就再也拔不出脚来了。他又想起了芜名道人对他说的那番半明半暗的忠告，当时自己听了，觉得与己无关，好像那是十分遥远的事，别人的事，现在才知道，朋党之争的旋涡，就在自己的身边！

崔戎听了，爽快地说道："避开这个是非之地，也许是件好事。待朝廷中诸事都清明起来，再回来也不迟！"

于是，他便于大和七年（833 年）的春末，随崔戎去了华州。

到了华州之后，李商隐被委任华州幕府的掌书记，并主持幕府的奏章事宜。

幕府中的同僚们，不是崔戎亲自挑选出来的，就是一些亲朋好友们推荐来的，只有少数是上任留下来的，所以大家相处得颇为和谐，说话论事，也都互不回避。

有一天，大家坐在一起闲聊，有一位判官听说有个姓何的太监回原籍省亲，坐着八抬大轿在城里招摇过市，连华州的刺史大人也不放在眼里，说着说着，便来气了："他算什么东西？一个小小的家奴而已！"

崔戎恰好走进来，接着他的话说道："一提起北司的那些阉宦们，我就觉得恶心、可恨！"

他说的北司，就是内侍省，因内侍省设在皇宫之北，就成了宦官势力的象征。而三省所属的各个官署衙门，设在宫城之南，所以，在当时才有北司南衙之说。其他几位幕僚，也你一言我一语地声讨起宦官弄权的弊端，尤其是他们掌握军权的危害性。

原来，宦官是专为内廷执役的太监，也有阉人、阉臣、内官、内监等称呼。

由于他们被人为地阉割，而失去了性功能，便会产生心理变态。上层的宦官，因为常在皇上跟前侍候，所以常被宠信，这便为他们干预朝政提供了方便。在唐代，因皇室争夺皇位激烈，所以宦官更是得到重用，甚至让宦官去统典禁军，而且在军队设置监军，由太监担任此职，有权监视各军的主帅。唐玄宗时，用宦官边令诚监督高仙芝的军队，以攻打小勃律国。"安史之乱"以后，凡有兵马处，无不设置监军；监军又往往凌驾于各军之上，主帅反出其下；行军作战及军中诸事，概由监军做主，胜则据功为己，败则归咎主帅。

到了中唐之后，又设天下观军容使，为监督出征将帅的最高军职。代宗时的宦官鱼朝恩，僖宗时的宦官田令孜，都曾出任过观军容使。由于太监能监督军队和统率京师禁军，所以，便更加专横起来；他们甚至可以任免大臣、废立皇帝，导演了一幕幕血淋淋的宫廷争斗的悲剧。

李商隐还从未见过宦官是什么样子，过去虽也曾听温庭筠和刘蕡等人说过宦官弄权的传闻，但却没有像今日听得这样具体。他自从听芜名道人说过阉臣是李唐躯体上的大毒瘤之后，便对宦官就没什么好印象，今天听了大家的议论，心中对宦官更是气愤起来。不过，他又想不通，为什么一个堂堂的大唐天子，会对宦官的话言听计从呢？

有位判官对当今朝廷内部的事情知道不少，他的一段话，把李商隐心中的疑团解开了。他说道："这些宦官，为了保住自己的特权地位，便把他们的亲信安排在皇帝身边。如今的宦官头子王守澄，便把李训、郑注等推荐给了文宗皇上，以控制朝廷。这些唯利是图之辈揽权，已把我李唐社稷糟蹋得不像样子了！"

其实，就在他说这席话的时候，李训、郑注在文宗的默认下，正在为诛杀宦官王守澄而秘密做着准备。一场更加惊心动魄的屠杀即将开始了，只是这些身在地方、官小权微的幕府官吏们，无法知道这些内幕罢了。

4

华州北靠黄河，右有渭水，既怕旱，又易涝。这年的夏至以来，雨水频繁，最后竟连续下了半个多月，大片田地被淹，黄河水位不断抬高，正在人们日夜担心黄河破堤的时候，渭水却在一夜之间决堤泛滥，浑浊的洪水扑向了毫无准备的村庄。人们慌慌张张地逃离家园，扶老携幼，成群结队地逃荒去了。有一

珠箔飘灯独自归——李商隐传

部分灾民便逃到地势较高的华州城里，城中大街小巷的屋檐底下，废垮的陈旧庙宇中，甚至刺史衙门旁的马厩里，都住满了饥寒交迫的灾民。

身为刺史的崔戎，一面让李商隐向朝廷写奏折，报告灾情，请求开仓赈灾；一面设法让华州城中的米行，先垫出库存的存粮，以解灾民的燃眉之急。他又招募了数十名身强力壮的男丁，同衙门中的衙役编成赈灾小组，在华州的东西南北四个城门和城中的城隍庙、刺史衙门门前、文昌阁、考棚等八处，安置大锅，熬粥赈灾，每天煮粥三次，灾民每顿可获两大碗。

城里库存的粮食，不几天就用完了，而洪水尚未退去，呈送到朝廷的奏折，如泥牛入海。未经皇上恩准，动用了皇家国库粮食的一粒米，也是株连九族的大罪！皇上是靠不住了，崔戎便把自己多年积蓄下来的金银等物，加上历任刺史积存的钱财，全数拿了出来，派人去附近的郑县采购粮食。衙门中的幕僚们，见府主如此关心灾民，都十分感动，有的捐钱捐物，有的停领两个月的薪俸。

李商隐还没见过此种场面，他被崔戎爱民如子和办事果断、敢作敢为的行为所感动。他想：若大臣们都能像崔戎这样体察民情，天下便可安居乐业了。

又过了几天，雨停了，渭水的水位降低了，庄稼地里的洪水也退下去了。灾民们便陆陆续续地离开了华州城，返回家乡救灾去了。城里又恢复了原有的秩序，到这时候，崔戎才真正地松了口气。

奏请皇上开仓赈灾之事，仍无任何迹象。

水灾之后，崔戎带领李商隐等幕府的官员，去邻近的华阴县等地，视察受灾的程度。既是到了华阴县，华山就在旁边，来一次不容易，便率领属僚们去游览华山。

华山在华阴城南，因《水经注》上称其"远而望之若花状"，因名华山，不但以山拔峰秀冠天下，而且是天下闻名的道教丛林，道教称之为"四小洞天"；从山下向山上走去，一路上满眼尽是奇峰怪崖，步步都遇庙宇古迹。

这几年，李商隐东奔西走，也到过不少地方，但总是来去匆匆，从来没有很认真地观看过风景，听说去华山这样的名山，他自然很高兴。读万卷书，行万里路，是一条古训，对华山这样充满神奇传说的地方，李商隐自然心驰神往。

这天发生了一件奇怪的事：早上五更天蒸好的馍馍，出笼时还是雪白雪白的，上到玉女峰时，大家觉得有些饥饿，就席地而坐，各自找出干粮来吃。大家的馍都是白的，唯独李商隐的馍变黄了。

有经验的人说："不碍事，是出笼时走了烟，叫柴火的烟熏了。"

李商隐的心中七上八下，却想起柳枝姑娘来。华山是道教丛林，自从柳枝出家进入道观以后，李商隐不知不觉对道观多了一些兴趣，每到一处，只要听到晨钟暮鼓，他就有一次心灵震动。

莫非，是洁白如雪的柳枝姑娘，通过神灵的指引，在向自己暗示，让自己在华山替她许个愿？李商隐这么想。

在震岳庙，当老道士为大家奉茶时说，这茶水是用"玉井"水泡的，男子喝了心地纯洁，女儿喝了俊秀漂亮。李商隐便找到一个小道童，让他带着去了玉井，他对玉井许了个愿：愿柳枝姑娘永远冰清玉洁，永远清纯貌美。

对着一口古井许愿，在旁人看来，是闻所未闻，一片冰心在玉壶。李商隐许愿时祈祷，愿柳枝姑娘心有灵犀，能听得到。

趁着大家在吃饭，李商隐兀自坐在井旁，用玉井的水磨墨，写下了一首诗：

从来系日乏长绳，水去云回恨不胜。
欲就麻姑买沧海，一杯春露冷如冰。

这首貌似写麻姑的诗，分明寄托着他与柳枝的情丝，他怕别人看了议论，又提笔写下了《谒山》二字。

下山以后，大家有些累了，李商隐却兴致很高，又提议去山下看西王母庙。当他看到大殿中西王母栩栩如生的塑像，忽有灵感，向道姑讨来笔墨，一气呵成写下了一首《华山下题西王母庙》：

神仙有分岂关情，八马虚随落日行。
莫恨名姬中夜没，君王犹自不长生。

西王母在天池与周穆王有约，留下千古绝唱；周穆王乘八马西行，终有生离死别。李商隐在诗中貌似把离愁别恨轻描淡写，洒脱的后面，不知是如何重的一个情。

大和八年（834 年），新年刚过，崔戎便催促李商隐去京都，参加礼部二月的会试。

为了让李商隐能够顺利通过这次决定他今后命运的考试，他事先已派人带着厚礼去京城活动过，他觉得很有些把握，唯一不放心的一件事，就是换了主考官。过去，贾餗虽然有意不让李商隐中第，那是因为令狐楚不在朝中，现在不一样了，令狐楚回朝为相，贾餗想巴结还来不及呢，哪里敢再次从中作梗？形势本来对李商隐有利，但皇上却下诏，换上了崔郸主持礼部。自己与新任的主考官素无往来，又听说他与李德裕关系密切，不知与令狐楚是否有隙？他会不会把李商隐当作牛党中人而故意刁难呢？想再托人去疏通崔郸，可一时又找不到合适的人选，而且时间也十分紧迫了。最后，才无可奈何地送李商隐上路了。不这，他心中尚存侥幸：去碰碰运气吧，也许苍天有眼呢！

会试的结果令人心灰意懒，李商隐又未中第。

落第之后，李商隐已觉得没有脸面见人了，真想一头扎进曲江，以死来洗刷蒙受的耻辱。但是，他不能，他要去拜见自己的恩师，因为他来京都之时，没敢惊扰自己的恩师，原想考中之后给恩师一个惊喜，所以，他就住在离礼部不远的一家小店里。恩师年纪不小了，近来身体安康否？他也想去看望令狐氏三兄弟，去看看寄奴儿，想让寄奴儿陪自己再去一次玄云观。他边想边走地来到了开化坊的相府老宅。

岳山管家一看到李商隐，第一句话就是"你进京后怎么不来说一声呢？令狐大人很惦记你"。说着，眼圈红了，他紧紧拉着李商隐的手臂，朝文昌堂走去。

令狐楚听说他春试又未中，便有意不提这件事，笑着问他，到了华州之后，再发病没？又写了哪些诗？还领他去看种植在老宅中的一片牡丹。那些牡丹有的已经开了，有的正含苞欲放。他还指点着一些名贵品种，说出它们的名字和来历，如黄色的是"姚黄""金轮"；白色的是"昆山夜光""白玉"；红色的是"状元红""老君炉"，还有，哪是"绿翡翠"，哪是"泼墨紫"等等。他还专门指着一朵粉红色的花朵说，这就是当年则天皇帝在冬季下诏，令牡丹花开放，而唯独它不肯开的"赵粉"，惹得这位女皇一怒之下，将牡丹统统贬到洛阳去了，世人又称牡丹为"洛阳花"。

李商隐住在洛阳，对洛阳牡丹的有关知识还是熟悉的，他知道这是恩师在有意说一些轻松的话题，让自己开心。

"对了，我在离京去太原时，真舍不得这一园牡丹，曾写了一首《赴东都别牡丹》，我吟给你听一听，看写得如何？"说着，令狐楚便在一丛牡丹花前吟诵起来：

十年不见小庭花，紫萼临开又别家。
上马出门回首望，何时更得到京华？

李商隐已经从他的字里行间听出了他当时的一种伤感情绪，别人都纷纷迁到了京都，而他却要去地方任职而离开长安。

李商隐永远也忘不了恩师对他的教诲和视同父子般的关怀、爱护，他对令狐楚说，他也曾以牡丹为题，写了一首七律，想请恩师斧正。他看到令狐楚慈祥地笑了，便匆匆回到文昌堂，向岳山管家要来笔墨纸张，洋洋洒洒地写下来了。

锦帏初卷卫夫人，绣被犹堆越鄂君。
垂手乱翻雕玉佩，折腰争舞郁金裙。
石家蜡烛何曾剪，荀令香炉可待熏。
我是梦中传彩笔，欲书花叶寄朝云。

李商隐的这首诗本来是去年写的，一直想将此诗献给自己的恩师，但又一直没有机会，今天算是天赐良机，在牡丹花开的季节，恩师先吟牡丹诗，自己再呈一首牡丹诗，以表示自己对恩师的感激之情。

诗的前六句，都是写的牡丹，尾联再归到自己，抒写自己的情怀。他用了一个典故：江淹的文辞之所以富丽，是因为郭璞在梦中借给他一支五色彩笔所致。而学生有今日的文采，是恩师所赐的。

令狐楚随后走进来，看了他书写的这首七律之后，没有加以评价，只是对岳山管家说道："义山的书法大有长进了，其笔风颜柳兼得，不错，去找人裱起来吧！"

令狐楚要李商隐搬到相府的老宅里来，还没待李商隐客气，他已令人去那家小客栈，收拾李商隐的行李去了。

李商隐住下之后，恩师家里不像原先在汴州时那么热闹了，再向岳山管家一打听，原来令狐绪任国子监博士之后，天天忙于公务。

原来令狐绹任弘文馆校书郎，负责校理典籍，刊正错谬。二人都已经先后成家了，分别住在太平坊和长寿坊的新宅中，平常不大回老宅。家中只剩下令狐纶，他目前在京都的律学就读。律学规定，凡学生平时住宿均在律学，所以也很少回府。

李商隐问道："岳山叔，怎么没见到寄奴儿和浅浅姑娘？"

岳山管家听了，长长地叹了一口气，没有立即回答，脸上露出了悲戚的神情。李商隐见状，便不再问了，但他从岳山管家的神态中，已经预感她们一定出了什么事。

听说李商隐来了，令狐绪和令狐绹、令狐纶都先后回到老宅来探望李商隐。令狐绪见了他，感到格外亲切，似有说不完的话要向他倾诉，甚至把自己在国子监里遇到的大大小小的见闻，都一件件地说给李商隐听，还要他去太平坊的新宅第住些日子。

令狐纶仍然是一副顽皮好动的淘气样子，他说律学里完全不是人待的地方，里面的十个学生，就像十名关在笼子里的囚徒。再待下去，非疯不可！他以回家看望李商隐为由，逃学三天，被令狐楚发现了，要以家规处置他。他怕挨打，当天晚上就回律学了。不过，他把寄奴儿和浅浅的事，悄悄告诉了李商隐。

原来，令狐绹成家以后，说是家中缺人照料，临时把寄奴儿要了过去，寄奴儿把凤首箜篌存放在老宅的住房里，因为她在令狐绹家，不再只当乐伎，而成了一名干家务的女仆。至于浅浅姑娘，更可怜，被令狐绹送给李宗闵的内弟了。李商隐有些半信半疑，又不好向其他人打听，只好闷在心中。

令狐绹的变化最明显，但到底在哪些地方发生了变化，李商隐一时还说不清。不过，他觉得令狐绹在待人接物方面更成熟了，言行举止也更像他的父亲了，这也许是在官场宦海中磨炼过的原因吧。

令狐绹对他比以前还要热情，但他总是觉得这种热情中，掺杂着过分的客气。令狐绹还问了他春试的情况，并向他表示他会设法帮他跳过这道门槛，参加殿试。当然，他也热情地要李商隐到他的宅第中去住段时间，李商隐没有答应他，又加上寄奴儿姑娘在那里，他当然就更不会答应了。

他在令狐楚大人的老宅里住了半个月，不仅感到寂寞，而且天天为寄奴儿和浅浅姑娘的命运担心。他想让寄奴儿陪自己去玄云观的计划落空了，想为她修改那首《柳》诗，亦无机会了。

他觉得心中空荡荡的。

有一天，令狐大人上朝未归，前门卫士来报，说温庭筠公子来访，正在前厅等候。他听了，极为高兴，一是这多年以来没有见到他，心中十分想念；二是可从他口中打听一些关于柳枝、寄奴儿和浅浅的情况，便连忙到了前厅。

二人见面之后，自然十分亲热。但自己是寄居在令狐大人家里的客人，不便将温庭筠带进老宅的客室；再说，温庭筠又是不受令狐府欢迎的客人，正在为难时，忽听温庭筠说道："义山兄，咱们出城去走走吧，现在曲江和乐游原一带，车马如水，仕女如云，城里去踏青的人，似无立锥之地了，还待在这高墙深院里干吗？"说完，拖着李商隐就到了大街上，然后雇了两匹矮种西域马，便去了曲江。

晴天丽日，曲江一带风景如画，他们来到了曲江边，寻了一处清静的酒家，二人边饮边叙起来。

温庭筠这几年也来京都参加过会试，但由于他放浪形骸的名声早已传遍了京城，所以也每每落第。他倒不为自己着急，反正他家有良田千顷，祖业雄厚，中不中进士第，倒也无关紧要，却反而为李商隐打起了抱不平。他把一杯酒饮尽之后，回头望着耸立在半空中的皇城城阙，愤愤地说道："别人我不知道，就以义山兄的才学人品来说，屡考不中，这大唐就没有天地良心了！"他说话的声音很高，周围的人，都转头望向他们。

李商隐怕他言多有失，惹出是非来，因为这里不是华州，是当朝天子的脚下，是京都！于是，他连忙转了话题："温兄，你最近去过玄云观吗？"

"去过，从去年到今年，只要我一回到京城，第一件事就是去玄云观看望柳枝姑娘。前不久，我又去过，听说她随公主云游峨眉山去了，因为你和她都把我当成知己，我却辜负了你的托付。说实在的，柳枝姑娘的出家，我是有责任的，要是我当时看紧她一些——"温庭筠这番很带感情色彩的话，的确是出自他的肺腑。

李商隐见他后悔、痛苦的样子，便劝慰道："温兄也不必过于自责，柳枝姑娘出家为道的心思，在她年幼的时候，就已萌芽了，只不过没有机缘而已。"

温庭筠说："其实，柳枝姑娘选择的这条路，我觉得实属上策。"

珠箔飘灯独自归——李商隐传

"上策？出家是上策？"

"对。你想想看，一个孤苦伶仃的乐伎，到头来，不是被商贾买去为妾，就是做宦官人家的女佣。下半生，会有多么凄凉！就说浅浅姑娘吧。她——"

"浅浅怎么啦？温兄，请你快说给我听！"李商隐一听到浅浅的名字，便想起了令狐纶告诉他的那些话了。

"哟，你还不知道啊？好吧，我来告诉你。"温庭筠说到这里，声音竟然呜咽起来。

自从李商隐离开汴州以后，令狐楚去了郓州，令狐绹便留在京都的老宅中备考。温庭筠以为李商隐也去了京都，便陪柳枝姑娘到了长安，到了长安才知道李商隐回去奔丧未归，柳枝姑娘去玄云观还了愿之后，便留在观内出家了，除了寄奴儿之外，她拒绝见任何亲朋。

寄奴儿从玄云观学习软舞回来之后，便把柳枝的情况和观内的生活情况，都告诉了浅浅。当时，温庭筠很喜欢这个心地善良的小姑娘，经常送些首饰或衣物给她。天真的浅浅，以为是温庭筠对自己有意，便央求温庭筠出钱，将她从令狐府中买出来。其实温庭筠只是想呵护她，爱怜她，为了她好，并没有要娶她的意思。温庭筠便把此意向令狐绹说了。令狐绹听了，只是笑了笑，并没有表示什么。温庭筠以为他要向令狐大人商量一下，所以，便没有再去催问，只待答复。

谁知自此以后，便再也没有看到浅浅姑娘。他便去问了令狐绹，才知道他瞒着父亲，在李闵宗的内弟庆贺五十大寿的时候，把浅浅作为礼品送给了人家！事后令狐楚大人发了一顿脾气，但木已成舟，且自己跟李闵宗私交甚笃，所以，也就不好追究了。后来，温庭筠去看望过一次，并打算设法另买一个乐伎将浅浅换出来。最后，他愤愤地说道："令狐绹是个道貌岸然的市侩、伪君子！"

至于寄奴儿姑娘，温庭筠知道得也不多，只是说令狐绹特别喜欢寄奴儿的美颜和聪慧，想收她为妾，但寄奴儿死活不肯。她曾对别人说过，自己宁可嫁丑八怪温庭筠，也不嫁给美男子令狐绹！要是再逼她，她就走浅浅那条路！所以，令狐绹便特别仇恨温庭筠，还不许寄奴儿与温庭筠来往。

"其实，寄奴儿姑娘是拿我来当挡箭牌，她真正动情的，是你义山兄；不过我劝你千万别去找寄奴儿，免得给她招惹麻烦。"李商隐明白，温庭筠说的这番话，确有一定道理。

既不能去看望寄奴儿，心里又丢不开寄奴儿，李商隐的心中受着双倍的煎熬，他决心离开长安，马上就离开长安，以求解除内心的苦恼。

当他回到相府老宅时，令狐大人刚刚出府，听说文宗得了风疾，召他速去太极殿。

也就是在这一天的下午，崔戎已知道李商隐会试未第，担心他受到刺激而引发旧病，便派一名府役来京城寻找，请他速回华州幕府。

府役找到了相府老宅，见到了李商隐，并把崔戎大人的亲笔信交给了他。当天晚上，他携崔戎的信去见恩师，到了后厅门口，见恩师正在与李宗闵低声说话，从他们的神态和语气中，知道是在商谈十分机密的大事，便不好进去，直到李宗闵出了府第，他才把自己的想法向恩师说了，并将崔戎的信递给了恩师。

令狐楚看完信之后，深思了片刻，对李商隐说："义山，此次会试未中，不必灰心，你还年轻，来日方长。崔大人是位有胆识的重臣，你去他的幕府，大有好处。最近朝中——很忙。我也不再强留你了，你已考了两次未中，事不过三嘛，我想，只要有我在，下一次会试，你必中无疑。"

李商隐听了，连忙跪下叩头，激动地说道："多谢恩师的吉言，下次再考不中，义山今生再也不来京都了。"

第二天清晨，李商隐辞别了恩师，又去看望了岳山管家，并托他向令狐三兄弟说明情况，才跟随崔戎大人派来的府役回华州去了。

6

李商隐到了华州之后，崔戎在自己的府第先接见了他，还对他作了一番开导和安慰。崔雍和崔衮听说李商隐回来了，更是十分高兴，因为他们又多了一个大伙伴。

晚饭时，崔戎问道："义山，你从京都来，是否听说过文宗皇帝病了？"

李商隐听了，先是摇了摇头，忽而又想起在恩师家时，似乎听令狐楚说过，皇上患了风疾，朝中很不平静等话，但因当时没听清楚，所以也就没有太在意。今日听刺史大人这么一说，才知道那天晚上，恩师和李宗闵的谈话可能与此事有关。他把自己知道的向崔戎说了一遍，崔戎叹了口气，说道："看来，帝畿又要出乱子了。"

珠箔飘灯独自归——李商隐传

李商隐一听，大为惊愕。

其实，文帝确实病了，他的病与宫廷内部斗争有关。

文宗继位以来，大宦官王守澄独揽朝中大权，因王守澄自恃拥立文宗有功，便视文宗如傀儡，目无朝臣。朝中上下怨声载道。文宗便利用由王守澄推荐才成为重臣的郑注和李训，来铲除王守澄。李训等更是毒中有毒，他们对王守澄来了个以毒攻毒的毒计：提拔受王守澄压制、并对王守澄宿怨很深的宦官仇士良为左神策军中尉，让他们互相摩擦，扩大矛盾，再行灭杀。

仇士良到任不久，果然与王守澄到了不共戴天的地步。于是，郑注、李训、仇士良合谋，以追究宪宗之死为突破点，由仇士良出面做证，发动朝臣呼吁查出元凶。于是，仇士良首先派出心腹干将到兴元府（今陕西汉中），把监军陈弘志以入朝另任为由，骗回京城，走到半路上的青泥泽时，便用封杖将他打死了。

接着，他们三人又请文宗皇帝下诏，任命王守澄为左右神策军观军容使，把他架空。当王守澄离开长安时，又派中使到王府为他送行，赐鸩酒一壶，命他自杀了，对外却宣称王守澄是因得暴病身亡的。接着，他们乘胜追击，把王守澄一派的宦官一网打尽了。

前门驱狼，后门来虎。虽然文宗利用宦官的矛盾，除掉了王守澄，但又扩大了仇士良的威信和权力。这个仇士良和王守澄相比，有过之而无不及。为了彻底消灭阉党，他们在文宗的支持下，正在秘密策划一场更加惊心动魄的斗争——消灭仇士良！

第二天早饭后，李商隐刚刚走进华州幕府衙门的大门，就听一位同僚说，刺史大人有要事，请他速去议事堂。

一到了议事堂，崔戎将进奏院的一份文书交给李商隐，说道："朝中已有通报，皇上圣体已经康复，赶快上表状慰问祝贺，免得奸佞之徒从中作祟，毁我名声。"

李商隐详详细细他看了进奏院的文书之后，说道："义山这就去写，今日天黑之前可派快马赶到京都，也许明天早朝时能够御览。"说完，回到自己的掌书记办公之所，略略思索了一会，便在一幅绢帛上写下《代安平公华州贺圣躬痊复表》。

写完之后，又从头至尾看了一遍，心中感到满意了，才送到议事堂，请崔戎过目。崔戎看了，连连点头称好，又安排人即刻送往京城。

李商隐想，若自己的这份奏章真的能呈到文宗面前，若文宗皇帝又真的看了，会不会得到皇上的赏识呢？要是文宗知道是自己写的，又会说些什么呢？会不会像宪宗皇帝赏识恩师那样赏识自己呢？想到这里，他不由得暗自笑了。

崔戎为了李商隐再次赴京考试，听说华州南山有一学馆，馆中有一位老先生，学问既博又精，便亲自送他到南山去求学。

7

在皇城的朝臣，有伴君如伴虎之感，而在地方任职的官员，也有朝不保夕之虑。

就在贺表送往京城不久，有一天，忽有朝廷的传诏使到了华州。

包括崔戎本人在内，刺史幕府的大小官员，都不知道皇上传诏的内容是什么。大家都聚集在议事堂内，气氛显得有些紧张。

李商隐想，是不是因为自己写的奏章不妥而令皇上不悦？要不，就是皇上十分赞赏自己的奏章，而派员前来查询？

传诏使是位中使太监，他站在议事堂中央，向跪在地上的崔戎宣读了皇上的旨意：诏崔戎为兖、海、沂、密四州观察使，与新任刺史交接之后，火速赴任！

李商隐虽然听说过有关宦官的一些说法，但真正见到皇上身边的中使太监，这还是第一次，尤其是听到他宣读诏文时的那种缺少抑扬顿挫的声调，感到很不入耳。他知道：这就是人们常说的变音。

送走了传诏使，新任刺史尚未到达华州。崔戎命人做好了交接的准备工作之后，便在前厅和后花园的草地上摆满了方桌，将衙中的官吏们统统请到了家中，用自己的薪俸和积蓄，办了一次盛大的告别宴会。席间，他频频向属僚们劝酒，有的属僚要求随他去新的任所，他爽快地点头答应；有的属僚哭着向他敬酒，他便一饮而尽，惹得更多的人流下泪来。

也许是宴会上饮酒过量，散席之后，崔戎睡了一天一夜方才醒来；醒来之后，他把李商隐叫到他的书房里，问李商隐愿不愿随他同去山东。

李商隐答应去。

崔戎说："大丈夫不图生前得失，只图身后的名节。对吗？"

李商隐点头称是。不过，他弄不明白：崔大人在刺史任上很有政绩，且受到民众的爱戴，理应受到提拔重用才对，为何却被调到远离京都的齐鲁之地？他问崔戎，是否得罪了朝中的什么人？

崔戎一听，哈哈大笑起来，他说："义山啊，你阅历尚浅，还不知道仕海沉浮身不由己的道理。你想想看，朋党之争，各方都须扩充自己的势力，我哪一方都不得罪，不就是把双方都得罪了吗？"

李商隐听了，觉得很有道理。想在朋党之争的夹缝中不偏不倚，就会被两边挤垮。

"不过，话又说回来，离他们远一点，也好，眼不见，心不烦，还可保一个清白之身，何乐而不为呢？"崔戎说得很轻松，也很开心，显示了他的大将风度和更远的眼光。

这时，一轮新月升上了夜空，给远处巍峨的少华山，抹上了一层银辉。

"义山，观察使的治所设在兖州，咱们去了之后，不但要去曲阜祭拜孔圣人之庙，还要到五岳之尊的泰山同游。这就叫作有失必有得。你说是吧？"

李商隐笑着说："大人言之有理。"

8

到了兖州的第三天，崔戎就病倒了。幕府的官吏们听说观察使大人病了，都纷纷去崔戎的府第探望。崔戎强打着精神接待了他们，并询问了一些公务事宜。午时，崔戎命管家备菜备酒，要留他们在府中吃饭；管家笑着告诉崔戎：酒菜早已备好，其中有道菜，是到泰山云游的一位道人送来的，说是请崔大人尝一尝的。

不一会，酒菜端上来了，只见其中有一道爆炒鲜笋片。那竹笋极嫩，看起来白如玉，薄如纸，吃起来，滑而不腻，脆而爽口。据说，这种竹笋名叫般肠竹，其笋极美，听说价格比黄金还贵！

李商隐还是第一次品尝竹笋，他看到崔戎也夹了几片，并连连点头称好，心中便想，也许崔大人吃了竹笋之后，会对他的病大有好处。他就悄悄离席，去了书房，挥笔写下了一首诗，题为《初食笋呈座中》：

嫩箨香苞初出林，於陵论价重如金。

皇都陆海应无数，忍剪凌云一寸心。

写完后，他便乘着酒兴回到席中，向在座的官员们吟唱了一遍，立刻赢得了大家的赞许之声。

又住了几天，崔戎便开始发起了高烧，日夜咳嗽不止，城中的名医请遍了，各种药方子也都用过，就是不见好转。

李商隐和崔雍、崔衮一直守在他的病榻旁边，有时熬夜熬得太困了，李商隐便让他们兄弟两个轮流守候，他却一直不肯离开。

六月初六夜里，崔戎的病情忽然好转了一些，也能吃一些米粥、豆腐之类的饮食，还能从床上坐起来，与李商隐闲谈来曲阜的感受，问李商隐写了几首诗。李商隐听了，摇了摇头，他说李白、杜甫、张说、高适、张九龄等前辈大家，都在曲阜写下了名篇，自己望而却步，不敢班门弄斧。他说可以把他们的诗吟给大人听一听，也解解闷儿。崔戎听了，自然高兴。

李商隐正在吟诗，没听见崔戎的反应，低头一看，见他嘴唇发乌，牙关紧咬，四肢在瑟瑟抽搐；他连忙高喊在衙门值班的官员和守夜的衙役。不一会，观察使衙门里便忙乱起来，人来人往，火把通明。好几位名医也由衙役从家里接来了。

已经没有回天力了。崔戎犹如一盏燃尽了油的灯，火焰跳动了几下，便熄灭了。

他听李商隐吟诗，是回光返照，也就是他的生命火焰跳动的那一短暂的最后时刻。

李商隐在崔戎的遗体旁长跪不起，泪水如注。崔雍和崔衮在他的身边跪着，哭得昏天黑地，谁去劝慰都劝不起来；李商隐代崔戎写的《遗表》，也是跪在地上写的。

崔戎去世以后，李商隐像大病了一场，他觉得心灰意懒。堂叔对自己培养的往事，件件历历在目，自己功未成，名未就，堂叔已饮恨走了；自己在绝望之时遇见了崔戎，崔戎像父辈那样关心、器重自己，可好景不长，他也悄然走了，自己今后怎么办？何处是归宿？他帮助安排好了后事之后，便决定回荥阳老家住些日子。

他是在荥阳遇见崔戎的，再去荥阳，城廓虽然依旧，故人却乘仙鹤去了，那将是一种怎样的心境？他不去想，也无法想象出来。

当第一阵秋风将第一片梧桐树的叶子染黄了时，李商隐离开了兖州。他回到荥阳时，已是黄叶满庭院了。

第八章

"甘露之变"引发了宦官与朝臣之间的一场血腥大屠杀。

其一

十顷平波溢岸清，病来惟梦此中行。

相如未是真消渴，犹放沱江过锦城。

——《病中早访招国李十将军遇挈家游曲江》

其二

家近红蕖曲水滨，全家罗袜起秋尘。

莫将越客千丝网，网得西施别赠人。

——《寄成都高苗二从事》

1

　　李商隐到了荥阳之后，由于伤感仕途屡屡不顺，知己者崔戎又离他而去，便渐渐生出超脱凡尘的念头，他精神恍惚，终于又复发了旧病。

　　秋末，令狐楚得知了李商隐的近况，担心他消沉下去，便派岳山管家携带他的亲笔信札，火速赶到了荥阳。

　　令狐楚让他去长安住些日子，帮他做些案头文字事宜。

　　李商隐读了令狐楚的信札后，一方面叹自己的命薄，一方面又念念不忘恩师的知遇之恩。恩师在信中嘱咐他，一定要再去京都参加会试。他知道这是恩师对自己的一种鞭策和期望。他不能辜负了恩师的一片心意。

珠箔飘灯独自归——李商隐传

091

他也想再去一次长安，去祭奠崔戎，因崔戎葬在长安北郊的阳岭旁边。

再说，听岳山管家讲，在这次朋党斗争之中，牛派暂时居了上风；而令狐楚既是牛派中人，自然春风得意。朝中重臣李德裕，在大和七年二月入朝拜相，六月罢了李宗闵的相职；忽然他在第二年，又被文宗免相，诏他去当了浙西观察使，而被罢相不久的牛党首脑人物李宗闵，却深得文宗的宠信，入朝拜相。

正是隆冬时节，李商隐与岳山管家，乘了一辆带篷的马车，来到了长安城。

他拜见了恩师令狐楚之后，又在岳山管家的陪同下，去了北郊阳岭祭扫了崔戎的坟墓。回来之后，又去了玄云观，结果仍是门卫女道姑的一句话"公主云游天下未归，请施主不必等候"，他便失魂落魄地回到相府老宅了。

在春节前夕，令狐楚让岳山管家，准备了一些米面及腊鱼腊肉糕点之类的节令之物，送李商隐回乡，与家人团聚，并约定上元节前后再回长安。

大和九年（835 年）初春，李商隐如约回到了长安。

李商隐仍住在令狐楚的相府老宅。

李商隐很想听一听令狐楚大人的一些指教，但连续几天都极少见到他，令狐大人不是很晚才回府中，便是刚刚回府，就有朝廷中的重臣来访；这位刚刚送走，另一位官员的轿子已经抬到了大门口。老宅后厅的烛光一直亮到了深夜。会客时，他既不需他人作陪，也不让家人前去打扰。李商隐觉得有些奇怪，但又不好向人打听。不过，他已预感到朝中出了什么大事，而这种大事，一定与令狐楚有关！

在春试前的一个深夜里，李商隐终于有机会见到了自己的恩师。

那一天的晚上，他看到恩师独自坐在书房中看书，便进去拜见。令狐楚让了座之后，便问他回乡过春节的情况，然后才转入正题。他告诉李商隐，朝中人事有些大的变更，自己已由吏部尚书改任为太常卿。说到这里，他突然转了话题："礼部的会试，是道必迈的门槛，你准备好了吧？"

李商隐点了点头。

"那就好。我想，凭你的才学和几经科考的经历，再次会试是大有希望的。"

李商隐原以为，恩师会为自己的会试向主考官推荐的，但恩师只字未提，他便不好再问。

李商隐哪里知道，北司和南衙的一场血战，已经迫在眉睫了。

2

一天，李商隐受到温庭筠所邀，乘车去乐游原小酌，温庭筠突然问道："义山兄，你听说过小孩儿事件了吗？"

李商隐摇了摇头。

温庭筠便把从教坊、青楼中听到的传闻，告诉了李商隐。

原来，就在前不久，京城忽然到处在传说一个谣言：郑注大人为了给文宗治疗风症，需冶炼金丹。冶炼金丹需用十岁以下小孩的心肝作为药引子。经皇上下旨，已捕了不少适龄童子，剖取心肝，正在宫中密冶金丹。

此谣言传出之后，京师的百姓们胆战心惊，关门闭户，有的把自己的孩子，送往千里之外的亲朋好友处躲避，有的锁在家中。

文宗在听大臣们上奏了这件事之后，气得病情骤重，手脚都不听使唤了。他下诏立即查清谣言来自何处。郑注素来与杨虞卿不和，便借机弹劾，说谣言是京兆尹杨虞卿捏造，并命家人传出来的。

文宗大怒，便将杨虞卿下了大狱。

李宗闵不信，认为是被人陷害的，为了救他，也受到了文宗的叱斥。于是，李宗闵便被贬为了明州刺史；杨虞卿虽然保住了性命，但也被谪为了虔州司马。连萧瀚、李汉等大臣，也因李宗闵的关系而遭到了贬逐。

"义山兄，朋党之间你奸我毒，皇上又事事受制于阉党，你说说看，中了进士第，过了殿试关，不是投靠朋党，就是醉生梦死，除此之外又能有何作为呢？"温庭筠一边说着，一边豪饮。

"飞钦兄，你虽然所言有理，但你我等士子，又能如何逃避得开呢？"

温庭筠听了，哈哈一笑，说道："这还不容易吗？可像诗仙李太白那样，'仗剑去国，辞亲远游'，也可像杜牧或愚弟这样，'十年一觉扬州梦，赢得青楼薄幸名'，总比在朋党之中——对了，义山兄，我还忘记告诉你了，浅浅姑娘，已经，已经不在人世了。"说到这里时声音低沉，陷入了悲痛之中。

李商隐也感到吃惊，吃惊之余便有一种哀怨压抑在心头。虽说他与浅浅接

珠箔飘灯独自归——李商隐传

触不多，但浅浅姑娘与柳枝姑娘都是职业乐伎，所以，他对浅浅姑娘也有一种本能的亲近感。他很想知道浅浅是怎么死的，又怕知道她是怎么死的，这正如他很想知道柳枝是怎么出家的，又怕知道她是怎么出家的一样。他觉得一阵透骨的寒意从心中向外散开，不由得打了一个寒噤。

温庭筠见他没有说话，便接着说道："你知道吗？李宗闵的内弟，是个十足的赌棍！有一次，他输钱输红了眼，以八百两银子，将浅浅姑娘转给了赢家——一个姓袁的赌徒！当那个姓袁的赌徒，把浅浅用轿子接回家时，一掀轿帘，浅浅已经咽气了。原来她上轿时，就已经服下了砒霜！"

他正想问寄奴儿的情况，忽见远处驶来一辆华丽的马车，车上有佳丽六七人，她们停车招唤温庭筠。温庭筠对李商隐说道："她们是常乐坊的乐伎，游过乐游原之后，欲回去排练《梦江南》和《菩萨蛮》，正等着我新作的四首新词。"

李商隐默不作声。

"义山，随我一道去坐一坐吧，要知道，官场无真情，青楼有知音。别愁眉苦脸的，何苦呢？"

李商隐听了，朝他苦笑着摇了摇头。

马车上的仕女们，在催温庭筠上车，温庭筠似有些难分难舍，问了一句："义山兄，你肯来看我吗？"

"你住哪里？"李商隐接着他的话问道。

"近期住长安，以后就说不定了。要想找我，就去问问她们，"他朝马车努了努嘴，"凡有乐伎处，便可找到我。"说完，他朝李商隐深施一礼，而后才朝马车跑去。

李商隐望着马车后边卷起一层轻尘，向城门方向渐渐驶去了。

3

李唐王朝开国以来，到了大和九年（835年），已有一百一十七年的历史。在这一年，文宗皇帝经历了风云变幻的多事之秋，先是被"小孩儿事件"弄得满城风雨，人心惶惶；后又接受郑注、李训的主意，利用宦官仇士良，一举除掉了独揽朝政大权多年的阉党头子王守澄。接着，朋党之争又起，结果两败俱伤，皆遭郑注、李训的排斥；而仇士良和文宗，以及宠臣郑注、李训之间的生死争斗，已经不可避免了。

大和九年六月，李商隐在崔戎去世一周年时，独自到阳岭祭扫崔戎的墓茔。在回来的路上，遇上了一场雨，便连忙躲进了路边道观旁的一个亭子中，谁知道这场雨竟淅淅沥沥地没完没了。

他斜靠在栏杆上，望着一尘不染的池水和竹林，忽然想起了远在外地的崔雍和崔衮两兄弟，也不知道他们生活得是否安定？学业上有没有新的进步？崔戎与自己虽然只相处了三个多月，但这是他有生以来最顺心的三个月。崔戎对自己寄予了极大的希望，但自己至今仍未中进士第，所以也就难以照应他的两个遗孤，心中感到惭愧和内疚。池中的荷花叶子已经枯萎了，在雨点的击打下，"蓬蓬"有声，似声声都在叩打着他的心灵。

天色将晚，阴雨不但没有收敛的意思，反而越下越大了，自己来时是搭乘别人的马车来的，本想祭扫完之后，边走边看边散心，而后再雇车或雇马返回城里。但此时此刻到何处去雇车马呢？

秋雨浸透了四周的景物，也浸透了他的愁绪，一股悲酸便涌上了心头。思绪和愁绪交替熬煎，他便从心底涌出了一首开七绝：

> 竹坞无尘水槛清，相思迢递隔重城。
> 秋阴不散霜飞晚，留得枯荷听雨声。

吟哦完了，正在思考这首诗的题目时，忽听有人问了一声："是谁在亭中呀？"

李商隐循声望去，见一道士站在道观门口，门口有一条青砖铺的小径，连着亭子。

"是怀州河内李义山，在亭中避雨。"

"李义山，哎哟哟，有失远迎，有失远迎！"说着，那道士冒雨从小径上走过来，"怎么，认不出我了？我是永道士呀！"

经他这么一说，李商隐想起来了，他就是当年在芜名观中见过的永道士。

"永道士，你怎么在这里？"异乡逢故人，又何况是在这暮色阴雨中呢，李商隐激动地还未还礼，便抓紧了他的双手。

"走，进去再叙。"永道士一边说，一边挽住李商隐的手，用道袍给他遮着雨，离开了亭子。

这座道观叫圣石观，因观中有一块刻着《道德经五千言》汉白玉巨石而得名，与洛阳的圣迹宫同属一个道教门派。他是奉住持之命，从洛阳来这里的，由于长安城郊外佛寺道观很多，名气也大，且都很富丽堂皇，这座只有一名道人的圣石观，便微不足道了。好在有位姓骆的施主经常施舍，作为善举，他还在观内观外各修了一座亭子，观外的亭子。可供路人歇脚、避雨；观内的亭子，建有窗户扇，内设床铺，置有被褥，以备骆氏人家来进香时暂时居住。

永道士做了饭菜让李商隐吃了之后，又煮了自制的药茶，二人在永道士的卧室中边饮茶边叙旧，并谈了各自的经历。夜深了，永道士才将他送至观内安歇。

4

大和九年（835年）中秋节前后，岳山管家告诉李商隐说：令狐大人身为左右仆射，是"师长百僚"，所以公事很忙。他担心李商隐一个人孤单，想让他先回洛阳过中秋节，节后一定来京。

李商隐点了点头。其实，令狐楚大人不安排他回洛阳，他也要向恩师请假的，因为他的母亲、弟弟、妹妹正等他回去，商量他的妹妹的订婚事宜。父亲不在了，长兄为大，他不能不回去。

十一月二十二日，李商隐从洛阳返回长安。

天有不测风云，人有旦夕祸福。

李商隐刚走近长安城启夏门的城门，便体验到这句世人常说的俗话了。

他眼里看到的，是血，都是血！半掩的城门旁，凝结着一大摊变成了紫黑色的血，一个身着朝服的官员，和三个随从模样的汉子，横卧在那里！再向前走了不远，见地上狼藉着一片早已僵硬了的尸体！既有身着金吾卫士服装的士兵，也有头发花白的老人！

有个年轻女子的身下，还压着一个襁褓中的婴儿，从卧倒的姿势来看，那女子是从后背被人砍了一刀之后，跟怀中的孩子一道死的。其惨状不可目睹！

李商隐连忙退出启夏门，又绕道从明德门入城，因为从明德门可直达开化坊。

明德门也没有守卫。他进了城以后，只见两边的店铺全都关了门，往日繁华的大街，偶尔能看到几个行人，也都是神色惊慌，匆匆而过。在一家绸缎铺前，躺着几个吏卒的尸体，有一匹已被杀死的黑马，横在大街中间。长安城成了一座死城！

忽然，他听到远处有吆喝声和撞击门板的响声，他连忙躲进一户人家的门楼里，从墙角往前一看，只见五六个宫中太监，正在撞击一家专卖古玩珠宝的商号，但那家商号的大门很厚，一时撞击不开，他们又骂骂咧咧地去撞击另一家店铺的大门了。

李商隐背后的门"吱哟"一声，开了一道缝，还没等他弄清楚是怎么一回事，自己便被拉进去了；接着，大门又重新关上。

"你不要命啦？还敢在大街上转悠！"那人指了指李商隐肩上斜背着的一个小包袱，"是从外地来的吧？"

李商隐点了点头，此时，他已从极度恐慌中渐渐恢复了常态，他问道："请问，京城中……"

那男子听了，从门缝中朝外看了看，连忙拉李商隐从院子里走到了正房，一边给他斟茶，一边给李商隐说："昨日，京城里大乱，听人说，先是大臣们杀了太监，后来又是太监杀了大臣，杀了个天昏地暗！这不，太监们胜了，还在各处搜捕朝中大臣和他们的家眷。这些大小太监们便趁火打劫，以搜查罪臣为名，在大街上抢劫店铺；要是店家争辩，他们便诬说你私藏逃犯，格杀勿论！"

李商隐听了，虽然知道是北司和南衙之间的一场生死搏斗，但却弄不清楚具体过程。此刻，他正惦记着令狐楚，不知道在这次事变中，自己的恩师是否牵涉进去了？眼下安危如何？

其实，这已是"甘露之变"的第二天了。他想，若是昨日进城，还不知道自己是何种结局呢！

大街上偶尔有"嗒嗒"的马蹄声和嘈杂的喊叫声传来，但都没有在门口停留。一直到了傍晚，街上的行人才渐渐多了起来。李商隐便和这家的主人告辞。"老丈，多谢你了，让学生得以避乱了大半日，学生感激不尽，请问老丈大名？待学生日后报答。"

"年轻人，说到哪里去了？同船过渡，前世之缘嘛，不必放在心上。我姓方，帮儿子开了一个参茸店，儿子去外省进货去了。以后路过这里，便进来坐坐。"

李商隐告辞了方姓老人之后，便匆匆朝开化坊方向跑去。

难道德高望重的恩师也出了事？

李商隐一口气跑到了相府的老宅，见大门紧闭，门前空无一人，连平时挺威风的卫士也不见了。看到这种情景，他的心中猛地一惊，连忙去敲大门。

还好，大门里边有人！只听里边说了一句："令狐大人不在府上，请来客改日再会。"

李商隐连忙喊道："是我，李义山呀！"

里边听了，连忙打开了门，将他让进去之后，又关上了门。原来卫士从大门外搬到大门里边来了，而且数量由两名增加到了八名。他们都认识李商隐，连忙说道："原来是李公子呀，快进去吧！"

李商隐急着问道："恩师在家吗？"

一卫士说道："老爷不在，家中只有老夫人和大少爷。"

"恩师没有什么事吧？"

卫士们摇了摇头："老爷已经有两天没回府了。"

李商隐知道他们也不了解朝廷里面到底发生了什么事，便不再问了，连忙穿过牡丹圃，向内院跑去。

令狐绪和岳山管家正陪着老夫人说话，见李商隐满头大汗地跑过来，大家又惊又喜。李商隐向老夫人叩拜之后，便将路上见到的情况说了一遍，又问京城到底发生了什么事？恩师还好吧？绹哥和纶弟如今在何处？

岳山管家见李商隐问了一连串的问题，其实，这也是他们也想知道的问题，便让他喝了一杯热茶，才把所知道的、听到的和看到的"甘露之变"，向他说了一个大致的轮廓——

李训、郑注在文宗的支持下，利用宦官仇士良以追究谋杀宪宗的凶手为由，一举消灭了王守澄之后，李训和郑注还想一鼓作气，把仇士良等阉党全部除尽，并制订了详尽的行动计划。他们计划是：郑注到凤翔去任节度使，精选兵卒数百人，手持白色棍棒，怀藏利斧，作为亲兵；趁王守澄下葬，由郑注上奏文宗，请求亲自带兵护送王守澄的灵柩去王氏的坟山，并命宦官们都去送葬，趁机将他们一举杀光。

方案已定，郑注依计开始行动。但人心隔肚皮，李训怕事成之后郑注得了头功，便又安排了一个计中计：他让自己的党羽郭行余、王璠，以赴任所上任为由，多多招募壮士为部下，和金吾台府的吏卒一起，提前动手，诛杀仇士良等宦官；参与这一行动的还有宰相舒元舆、京兆少尹罗立言、左金吾卫大将军韩约，以及御史中丞李孝本。这些人，都是李训的私党。

李训决定在早期动手，到时候各方统一行动，把仇士良及其阉党一网打尽，在铲除了阉党的同时，将郑注也一起除掉。

十一月二十一日，在皇城紫宸殿里，文宗升御座视早朝，文武百官鱼贯而入，依班序站立。这时，左金吾卫大将军韩约匆匆走进殿内。左金吾卫是保证皇上安全的重要官员，在皇上出行时，他要先驱后殿，日夜巡查；皇上止宿时，要负责皇帝的警卫任务。平时早朝之前，他要巡查各处，若无异常，便按惯例报告"左右厢内平安"，早朝便可开始。今天，他一进紫宸殿，便上奏文帝：昨天夜里，金吾厅衙门后院的一棵石榴树上，落满了甘露，陛下圣德恩泽海内外，这是上天降吉祥于陛下之兆，否则，在冬季怎么会有甘露出现呢？

李训、舒元舆等率领参加早朝的百官们齐声欢呼拜贺，并说，既然上天赐福，皇上应当率领文武百官亲自前往观看，以不违天命。文宗听了，十分高兴，便乘软舆出了紫宸门，进了含元殿，并命李训先行到金吾厅观看之后，圣驾再去。

李训去了之后，过了一会，回来奏道："臣与众人前去看过，甘露虽有，但又不太像，不过，现在还不能马上断定，否则易引起民间谣传。"

文宗一听，脸上不悦，问道："难道会有这般事吗？"于是，他顾盼仇士良和鱼志弘，示意他们带宦官前去检视。

这是李训这次行动的关键环节：在金吾厅内诱杀仇士良等所有宦官；但却在实施过程中出了差错，结果是画虎不成反类犬，以至于本可以置阉党于死地的，反而饮恨倒在了宦官的屠刀之下。

仇士良等一离开圣驾，李训马上让邠宁节度使郭行余和河东节度使王潘等，入含元殿受诏；他们二人的亲兵，都手持兵器在丹凤门外待命。谁知王潘却吓得不敢前往，在殿外徘徊；郭行余则跪伏地上，浑身发抖，想临阵逃脱。

仇士良到了金吾厅之后，便转到后院去看石榴树上的甘露。刚走到门口，迎面便碰到了韩约，见韩约神情慌张，额头上汗流不止，便感到有些疑惑。这么冷的天，韩约怎么会大汗淋漓呢？正待要问，忽然有风吹来，将金吾厅的帷幕掀开了一角，露出了里面埋伏的士兵。

仇士良一见，大惊失色，连忙抽出了佩剑，刺杀了一个守门的士卒之后，掉头向外跑，一直跑到含元殿，才上气不接下气地上奏文宗，说是有人要造反！

李训看到仇士良逃回了含元殿，知道在金吾厅内诱杀宦官的计划已经暴露，便连忙命令金吾卫士们："汝等快去救圣驾，每人赏钱百贯！"

珠箔飘灯独自归——李商隐传

金吾卫士们便冲进殿中，见宦官就杀。殿中一片刀光剑影。

这时，仇士良等太监连忙挟文宗上了软舆，见前门出不去了，便指挥身边的宦官们捣开殿后防挡燕雀的丝网，从北门而出。李训上前双手拉住软舆的扶杆，大声说道："陛下，千万不可回宫，臣有事要奏。"

仇士良在旁吼道："李训反了！"说完，冲上前去，殴打李训。李训猛地击了他一掌，将他击倒在地，又连忙抽出短剑，拼命向仇士良刺去。不料，有几个宦官冲过去，挡开了李训的手，仇士良趁机爬起来，又率领宦官们抬起软舆，挟持着文宗向后宫跑去！

李训知道这是背水一战了，他手持短剑，去追皇上的软舆，追上之后，双手抓住软舆不放。后边的金吾卫士，也呐喊着从后边赶上来了，情势十分紧迫。若金吾卫士卒追上，文宗便在李训手中，李训尚可组织兵力围剿宦官；若文宗被仇士良抢回后宫，宦官们便会挟天子以令诸侯。

就在这时，有一个太监冲到李训面前，一拳将他打倒在地，等他爬起来时，皇上的软舆已经进了宣政门，接着，两扇厚重的大门便"咣"的一声关上了。

这时，金吾卫士们已经冲进了大殿，京兆少尹罗立言率领士卒三百余众，从东面急赶过来；御史中丞李孝本也率领二百多名士兵，从西边赶到，他们会合金吾卫士卒后，到处追杀宦官；一时间，杀喊之声四起，杀死宦官有数百人之多。

仇士良将文宗抢回宫中之后，因知道文宗参与了诛杀自己的谋划，心中十分怨恨，不但对文宗出口不逊，而且还以讨伐叛官逆贼的名义，命令左神策军副使刘泰伦和右神策军副使魏仲卿，率五百禁军，和太监们进行反击！

刚才还是朝臣杀宦官，现在就是宦官杀朝臣了，他们已经杀红了眼，见到朝中的官员和左右金吾卫士卒，便大开杀戒！不到两个时辰，已杀了各衙司的官员有六七百人，朝中大臣几乎无一人漏网；还杀死金吾卫士卒一千余众。禁军与宦官们又去宫外搜捕，乘机抢杀掠夺，又杀死了不少无辜的百姓。

李商隐看到的，就是趁乱在大街上胡作非为的太监们。

岳山管家刚说到这里，听见大门响了一声，不一会，令狐绹回来了。他向李商隐施了礼之后，便将打听来的消息告诉了他们。令狐绹是令狐楚的少公子，在这种时期应该少出头露面才好，但他担心父亲的安危，又自恃有过人的武功，且城内地形熟悉，所以三五次地出家打听消息：令狐绹告诉他说，父亲在这次事变中安然无恙，只是仇士良等阉臣，已软禁了文宗皇帝，把父亲等几位与"甘露之变"无关的大臣，也暂时留在宫中。

李商隐听了，心中的一块石头才算是落了地。

6

"甘露之变"后的第三天，除令狐绹之外，全家人都坐在老夫人旁边的一间客室里，一是等待令狐楚的消息，二是打发又一个提心吊胆的夜晚。

老夫人问岳山管家："好久没见到寄奴儿姑娘了，没病吧？"

"回夫人，寄奴儿在绹郎那里，挺好的。"

"要不是兵荒马乱的，真想让她来弹弹琴，唱个曲，解解闷儿。"

"夫人说得极是，这几日城里乱哄哄的，待安定下来，再去接她。"

"唉，一个挺可人的小女子，就是命里太苦。对绹郎说，要好好待她。"

岳山管家说："绹郎待她挺好。寄奴儿一直想回夫人这边的，绹郎没有应允，说是让她给少夫人做个伴儿。"岳山管家望了望老夫人的脸色，试探着说道："其实，老夫人这边也需要个人做伴儿，寄奴儿姑娘最合适。"

老夫人听了，没有吱声。

此际，忽然听见大门口方向传来了喧哗之声，他们心中不由得都紧张起来。这时，一名仆人匆匆跑进内院，大声喊道："大人回来了，大人回来了！"

一家人由惊变喜，纷纷出去迎接。

令狐楚大人朝他们笑着点了点头，便径直去了后厅，大家也紧随而入。

坐定之后，他连续喝了两杯热茶，才开口说话："太渴了！太渴了，算来——"他想了一会，说道："已是三天三夜了，眼皮未合，滴水未进。噢，义山来了？义山啊，你这次来京可不是时候。这几天，我忙，顾不上你，你就在家歇着，千万不可去外边走动。"

李商隐连忙说道："只要恩师平安，学生就放心了。"

岳山管家在旁边说道："李公子是昨天到的，见大人未回，他几次要去皇城附近寻找，我死死地拉住他，他才没有出府。"

"那也不必。在此次事变当中，老夫为人光明磊落，故而深得皇上信赖，

珠箔飘灯独自归——李商隐传

遇事冷眼旁观，不会随波逐流。"

大门口又传来一阵喧哗声，不一会，令狐绹笑吟吟地进了文昌堂。他向双亲施礼之后，又向李商隐以及哥哥、弟弟一一道了安，才落座饮茶。李商隐从令狐绹的举止言行上，已觉到他比过去更干练更稳健了。大家见令狐楚一脸的倦色，眼中也布满了血丝，便请他先回去安歇。他点了点头，岳山管家在前面提着灯笼，他便随老夫人走了。

后厅只剩下李商隐和令狐氏三兄弟了。令狐纶便急不可待地对令狐绹说："绹哥，快说说宫中见闻！"

令狐绪和李商隐也都极想知道宫中后来发生的事变，便都央求他说出来听听。

令狐绹因在国子监任职，接近皇族重臣子弟较多，宫内宫外的事情知道得比较清楚，他讲了一些几位朝臣被捕杀的过程——

文宗被宦官们抢到宫中以后，宰相王涯、贾餗因没有参加李训的谋划，所以并不知道宫中发生了什么事，还坐在中书省里静候消息。舒元舆这时走进中书省，他也装作不知，问王、贾道："究竟是何人谋反？皇上怎么还不召集我等进去议事？"

中书、门下两省的官员，也都纷纷跑来问发生了什么事？他们三个都说尚不知道，让大家等候。

天近正午时，三位宰相正准备吃饭，忽有官吏慌张来报：左右神策副使率一千多禁兵已出了阁门，不问青红皂白，见了朝臣便杀！三人听了，仓皇逃窜。

中书省、门下省官员及金吾吏一千多人，也都纷纷夺门而出，但只走出了一小半，禁军便已赶到，将没来得及走脱的六七百人全部杀死！禁军又冲到宫外的其他衙门，屠杀了数千吏卒和商贩，并将王涯、舒元舆等朝臣捕获，身加重镣，施以重刑。可怜王涯已经七十多岁，被打得死去活来，实在受刑不过，便屈打成招，承认自己谋反。

李训见自己的谋划已经落空，便从一个被杀死的九品官吏身上，剥下一件官服套在身上，骑马逃出城去；在逃往凤翔途中被抓获，他为不受仇士良的酷刑和污辱，哀求押解他的士卒，割下他的首级，送往京城请功受赏。士卒们被他说服了，他便死在了士卒的刀下。

衙史中丞李孝本，慌乱中逃出长安，路上怕被人认出，便以帽遮面，但还是被禁军俘获。

河东节度使王潘、京兆少尹罗立言、邠宁节度使郭行余等也都相继被捕，只剩下在"甘露之变"之前已去了凤翔的郑注尚未抓到。

韩约在民间躲了数日，半夜里潜出崇仁坊，打算逃往外省，被神策军抓获。

在太监杀害钱可复时，他的一个十四岁的女儿，抱着父亲请求太监免杀，太监张仲清不许，但允免其女。其女凄然哭道："我父被杀，我有何面目求生？"遂要求同死……

第二天清晨，百官入朝。太阳已经很高了，才见开了建福门。两旁是两列持刀的禁军，空气异常紧张。不一会儿，宫内传出话来，朝官每人只带一名随从入内！

朝臣们提心吊胆地到了宣政门外，见门扉紧闭，环顾四周，又不见宰相御史，更无押班官员，大家你望望我，我望望你，都低垂默言站在那里。

宣政门的大门终于开启了。大家屏息入内，见文宗皇帝坐在紫宸殿上。

文宗皇帝面色苍白，有气无力地问道："宰相王涯为何未来？"

"王涯等人谋反，已在押候审。"仇士良抢在众大臣前面奏道。"其亲笔供状在此。"说完，就将一份供状呈了上去。

文宗看了王涯的供状之后，又将左右仆射令狐楚、郑覃召入殿内，将供状递给他们，眼中有莹莹泪光："你们仔细看看，这可是王涯的笔迹吗？"

文宗皇帝原以为这只是仇士良伪造出来的王涯供状，想让他们两位大臣予以否定或者从中周旋，以拖延时间，但他们二人不知个中缘由，只好如实奏告。

"如果真如此，就须惩办。"文宗皇帝随即命令狐楚、郑覃代理宰相起草诏书，对外宣布李训、王涯等人的罪状。

令狐楚虽然平素与李训、王涯、贾𫗧等人有些不和，但对他们谋划诛杀宦官仇士良之举，却都很佩服；对他们事败后面临的处境，又是极同情的。所以，在撰写他们谋反之事时，在文字上尽量避重就轻，在定论上尽量模棱两可。

仇士良看过之后，非常不满，只是不好当场发作。就因为这件事，令狐楚得罪了仇士良。

文宗皇帝原想让令狐楚出任宰相的，但仇士良从中作梗，文宗没法，只好让李石当了宰相……

令狐绹刚刚说到这里，令狐纶把手里的茶杯猛地向桌上一放，茶水四溅。

他愤愤地说道："这些阉党不除，皇帝受罪，朝臣难当，百姓遭殃。依我看哪，李训应当青史留名。仇士良应遭万世唾骂！"

"纶弟，朝廷大事，不许妄加评论，尤其在外边，更不可多言，不然，会引来大祸的！"令狐绪连忙制止了他。

"是啊，现在是非常时期，宦官杀人如麻，稍有闪失，给你定个谋反的罪名，你就吃不消了。所以，言行要慎而又慎。"令狐绹接着他大哥的话说道。

令狐纶一听，不高兴起来："怎么，大哥、二哥，为何都变得胆小怕事起来了？我问问你们，李训除阉，是忠是奸？'甘露之变'是福是祸？"令狐纶有些激动，"要是文宗硬起腰杆来，要是王潘、郭行余不是胆小怕事，要是韩约能够临阵不慌，要是李训跟仇士良撕打时再猛一些，或者跑来几个金吾吏卒助他一臂之力，要是——"

"要是要是！这都是你的一厢情愿。"令狐绹白了他一句，"要是压根儿就没有仇士良其人，不就万事大吉了？"

令狐纶被问得一时语塞，但他仍不服气，便掉头向李商隐说："义山哥，你觉得我说得对吗？"

李商隐虽然一直没说话，但他对令狐氏三兄弟的意见，都听得很仔细。他觉得他们说得都很有道理，但都似乎有些片面。他说："绪哥、绹哥和纶弟所言都很有道理，我对'甘露之变'所知甚少，虽有些肤浅之见，但也都是受恩师和你们几位的启迪才有的。"

"义山，反正咱们是在家里关着门说话，没有什么可忌讳的，你也说说你对'甘露之变'的看法。"令狐绪朝他笑着点了点头，示意他快点说。

"好吧，我觉得这'甘露之变'，与当今天子有关，诚如纶弟所言，若文宗能够敢作敢为，还能被仇士良等家奴所左右？此乃一；皇上用人不当，如重用李训、郑注等，而如恩师等朝野敬仰的重臣，都未能执掌朝纲，此乃二；李训除阉，谋划虽善，但也是用了难负重任之辈，此乃三；李训其人，实属奸雄。他与郑注联合铲除仇士良，属英雄之举，然——他心胸狭窄，提前起事，欲除掉郑注，是为人无义，'失道寡助'。所以，其结局才会适得其反，被应诛杀之人所诛杀！"

他看到令狐氏三兄弟都在认真地听他说话，心中高兴起来，他就顺着自己的思路，继续说下去，"至于仇士良之辈，经历了'甘露之变'之后，必会挟天子以令诸侯，变本加厉地培植党羽，独揽大权，迫害大臣。纶弟所说的'阉党不除，皇帝受罪，朝臣难当，百姓遭殃'，是一语破的。不过，要想再次铲除仇士良，就不那么容易了；而且，要切记不能再用宦官除宦官的老手法。"

令狐绪和令狐纶都觉得：他的说法切中了要害！令狐纶还觉得李商隐对自己刚才发表的意见表示了赞同，所以特别兴奋。他高兴地说："义山说得太妙了。我们住在长安城里，还天天去打听消息，应当说是身在其中了，但却没有义山哥说得这么精辟。义山哥，对此，你没写诗吗？"

"不不，也许就是'旁观者清'而已。诗，倒是写了《有感》两首，想向诸位请教。"

令狐绹说道："义山的诗，必是惊世之作。不过，朝中尚未明朗，政局亦未稳定，平时的一些想法，在家中说说可以，不可随便落笔，要提防'文字狱'之祸。"

李商隐听了，虽觉令狐绹变得世故了一些，但他说得也很有道理；再说，这也是对自己的一种爱护和关心，便连连点头称是。令狐绪和令狐绹、令狐纶因为都已成家，家中来接他们的仆人已经等在门外了，便与李商隐和令狐纶告别。

他们临走时，令狐纶忽然对令狐绹说道："绹哥，听说你要收寄奴儿为妾？"

令狐绹听了，笑着说道："还没最后定呢，以后再说吧。"

第九章

寄奴儿弹奏了那首《柳》之后，便携琴而去了。

> 照梁初有情，出水旧知名。
> 裙衩芙蓉小，钗茸翡翠轻。
> 锦长书郑重，眉细恨分明。
> 莫近弹棋局，中心最不平。

——《无题》

1

"甘露之变"后又过了几天，长安城里才逐渐平静下来了，少数店铺开始开店门做生意了。

这天晚上，李商隐正在灯下读书，令狐纶急匆匆地来到他的书房，告诉他说：郑注按事先与李训谋划的方案，在凤翔准备了五百多名精选的士卒，只等仇士良一到，便可将宦官们一网打尽。郑注听说李训背着自己提前起事，已经失败，他又恨又气又怕，结果被监军太监杀死，割下首极送到长安，还挂在兴安门上示众。

仇士良一面乱杀官吏，一面加官晋爵，他已当上了右骁卫大将军，他在宦官中的党羽也都随着升迁了。

李商隐听了，半天无语。

令狐纶还告诉他说，仇士良不但要杀参与"甘露之变"的官员和被冤屈的王涯等人，还要将他们的父母、妻妾、子孙及叔、舅、姨及儿女亲家等无辜亲属全部诛杀！仇士良已在独柳树下设立杀场，并逼迫大小官员都必须前往，在旁边观看行刑。待他们腰斩之后，再割下头来，挂在兴安门上示众。

李商隐问他："不去看不行吗？"

令狐纶说："反正我是不去的，看那些阉党们敢拿我怎么样？"

李商隐告诉他，要千万小心一些。

令狐纶点了点头，回房去了。

第二天，饭后无事，李商隐忽然想到了玄云观，不知道玄云观在这次"甘露之变"中是否安全。他便决定去那里看看。至于想看什么，他自己也说不清楚，只是有种想去看看的强烈欲望，虽然他知道柳枝姑娘仍然未回长安。

他出了大门，刚刚走到朱雀门时，忽然听见前边锣鼓震天。不一会，见一群人迎面走来，到了跟前才看清楚，前边由士卒用铜锣开道，两边是手持刀枪的神策军，中间是一些蓬头垢面的犯人。有的已年逾古稀，由其他犯人在旁边扶着；妇女居多数，也有二三岁的孩子。他们在寒风中边走边哭，哭声令人心碎，惹得路边观看的百姓，也随之抽泣起来。

李商隐知道这是在"甘露之变"中被俘的官员和他们的眷属。这时，旁边一位老者，一边指着游街的犯人，一边告诉李商隐，哪个是宰相王涯，哪个是河南节度使王璠，哪个是京兆少尹罗立言，哪个是邠宁节度使郭行余，以及宰相贾餗、舒元舆和御史中丞李孝本。他还特意指着挑在一根长竿上的人头对李商隐说："那是李训的人头，还睁着眼呢！死不瞑目嘛，人头下边的那些人，都是他们的眷属亲戚，是九族皆灭呀，太可怜了，太可怜了！"说着，两行浊泪滴落了下来。

李商隐只向犯人们看了一眼，便连忙低下了头，因为他实在不忍心再看这种惨状，也不忍心听那些妇孺们的呼喊声和哭号声。

游街示众的人群走得很慢，神策军们便用马鞭抽打他们。有一老人身瘦体弱，实在走不动，便斜斜地躺下了；一名神策军赶上前去，在他腿上刺了一刀，那老人只是身子抽动了一下，便再也爬不起来了，一汪鲜血染红了他的衣裤。

李商隐目睹了这一暴行之后，心中一直想呕吐，便走开了。他没有再去玄云观，便从原路返回，回到了相府老宅。

2

从朱雀门回来之后，李商隐的眼前，总是晃动着王涯等朝臣，被捆绑着游街示众的影子；耳边总是回绕着白发老者，被抽打时的惨叫声。他的心难以平静下来。他想得很多，也想得很远，心中充满了对这些猖獗的宦官们的愤慨和

珠箔飘灯独自归——李商隐传

仇恨！社稷要太平，天下要安宁，就必须要铲除这些宦官！靠谁去铲除这些宦官呢？还是要靠敢作敢为的栋梁之臣！自己要是能在朝中辅佐君王，决不允许这些家奴为非作歹！想到这里，却又心凉起来，自己至今未中进士第，如何能入朝辅佐君王？如何能铲除这些宦官？

这天晚上，令狐楚一回到家，便吩咐一律不会客，然后，就独自坐在后厅里。

李商隐听说恩师回来，连忙去问候。令狐楚唉声叹气的，一脸的忧虑。李商隐以为恩师身体不适，便劝他早点安歇。令狐楚摆了摆手，告诉他说，"甘露之变"已经过去了半个多月，被诛大臣们的首级尚挂在城门之下，在独柳刑场附近，尸骨堆积于荒野，并已开始腐烂，而仇士良仍不许掩埋。他和宰相李石等人，先后上奏文宗，请求文宗开恩下诏打扫刑场，掩埋犯人尸首；文宗恍惚地点了点头；但仇士良不点头，君臣都无能为力。目前，君已不君，臣亦不臣，李唐王朝将向何处去？

"自'甘露之变'至今，听说诛杀朝中官吏已超过千人，难道他们真的要把大臣们都斩尽杀绝吗？"李商隐对当前朝廷的局势不甚了解，担心宦官会制造新的惨案。

令狐楚说道："也不尽然。李石任宰相后，颇有些魄力，他曾对文宗说过，近来，长安城的天气奇寒，百姓们私下议论说，这与杀人太多有关。郑覃向皇上建议，既然'甘露之变'的主犯及其家属都已斩杀，有的还诛灭了九族，是不是他人就不要再追究了？

"文宗本来就同情这些大臣，只是不敢说出来罢了，经郑覃这么一说，便顺理成章地同意了。

"这时的仇士良也知道，由于自己在'甘露之变'中杀人太多太滥，京都之中怨声载道，他怕激起众怒，也想缓和一下，所以，由他发话，皇上下诏，对四处逃散的诸司官吏，除指名搜捕者之外，其余的一律赦免，不再追究，限三日内各回到自己的住所。"

李商隐本想问一下礼部的会试问题，但他看到令狐楚一直闷闷不乐，似有很多心事，便没有开口。不过，他心中明白，现在皇城里外已乱成一锅粥，前任的会试主考官贾餗又被仇士良杀害，崔郸现在下落不明，这次会考的主考官尚未确定是谁。就是有了主考官，又会有几个胆子大的学子们前来应试？

夜深了，岳山管家才提着灯笼将令狐楚送回内宅。

3

"甘露之变"这一年的冬天，阴晴无常。刚才天上还有一轮毫无生气的太阳，转眼之间就阴了天。在寒冽的朔风中，碎雪碰在脸上，像刀子割一般。地上的积雪已有一尺多厚，屋檐上倒挂着三尺多长的冰凌。

长安街上行人稀少，连城阙上群居的乌鸦，也冻得缩在巢里不敢出来了。

风雪交加中，长安城里迎来了又一个元旦。

这一天，文宗早早来到了宣政殿，接受百官朝拜。文武百官们按班序跪在地上，三呼"万岁"之后，站起来听宰相宣读"改元开成"、"大赦天下"的诏文。

仇士良向文宗要求：用他掌握的左右神策来保护皇城。其实，他是企图用武力来完全控制朝廷，让地方行政官员也都听命于宦官，以达到他控制全国的野心。当时谏议大夫冯定，竭力反对此举，使仇士良的阴谋未能实现。

在开成元年（836年），昭义节度使刘从谏开始向仇士良发难了。他给文宗的疏表，震惊朝野。

二月十九日，天刚放晴，令狐绪派管家驾着一辆马车，来到了开化坊，并给李商隐带来一封信，信上说，有一位李商隐的本家想见见他，在他家里专候。

李商隐连忙上了马车。

令狐绪的府第是一座重新修葺过的旧房子，虽然比不过开化坊的老宅，但这里很清静，使人感到自在一些。因为这里没有守门的卫士，也没有成排的男仆女佣。他穿过了院子之后，便到了令狐绪的"勤思斋"了。

勤思斋的东窗下，设有一张条案，一位近三十岁的男子，手握一支毛笔，正面壁而立。他的面前，铺着一幅略呈杏黄色的素绢。李商隐进去即向令狐绪施礼、问候，他亦全然不顾，也不回过头来。

令狐绪还礼之后，连忙指着那位面壁的男子说道："义山弟，这位就是李唐皇族李兄肱公。"他又转身，指着李商隐介绍道："这位就是怀州河内的李公子义山、也是李唐的族人。"

介绍完毕，李商隐连忙向李肱施以大礼，李肱也连忙还礼，并道："早已耳闻诗名，只是无缘相识，上月与令狐博士谈及本朝诗家时，得知义山住在令

珠箔飘灯独自归——李商隐传

狐大人的府第，本应前往拜访的，因京都之中百废未举，前往相府又恐招惹风波，故而便委托博士邀约义山弟来此处相晤，望见谅。"

李商隐听了他的这番话之后，顿觉此人处事有度。他是怕以皇族的身份进出老宅而不利于恩师令狐楚，所以才改在令狐绪的家中。同时，从中也看出了他与恩师的密切关系。所以，一开始，李商隐对李朓便有了一种信任之感。

他们坐定之后，李朓便像老朋友似的，对李商隐说出了自己对"甘露之变"的看法，也对宦官专权，以及对文宗腰杆子不硬，而被家奴欺凌，十分愤慨。他还说，他之所以想结识李商隐，倒不是他的诗名大振，而是在友人处读了他写的《有感二首》，心中十分佩服他的见解。在第一首诗中，为李训等人的被害深表哀痛之情；原本想杀掉阉党的，到头来却被阉党所杀；还有大批无辜的朝臣也被屠杀，整个京城里都充满了烽烟和恐惧。在第二首诗中，他对宦官进行了强烈的谴责，同时也指出了"甘露之变"失败的原因，与用人不当有关，也就是与没用"老成"的人有关。

李商隐发现，李朓虽然是皇族，但仍是一介书生打扮，身着一件粗布袍子，身上亦未佩金戴玉，待人真挚，吐谈不凡。他说话时，眼睛时时望着你的脸，那眼睛明亮、有神。他告诉李商隐说，"甘露之变"以后，文宗被宦官们软禁在后宫之中，饱受屈辱，曾经偷偷地写了一首诗：

> 辇路生秋草，上林花满枝。
>
> 凭高何限意，无复侍臣知。

"唉，连皇上写诗，都要偷偷地写，怕被宦贼子们知道了而受斥，其境之难就可想而知了。"李朓说完，眼角上已闪动着晶莹的泪花。

正午饮宴时，李朓喝了不少酒。他说，他去年曾在令狐楚大人的老宅中，参加过一次聚宴，有一乐伎表演了软舞，还以凤首箜篌弹奏并演唱了一曲《柳》。那舞姿极雅，她的弹奏和演唱，在京城也难找到第二人了。不知那乐伎如今在何处？

"那乐伎叫寄奴儿，现住在绚郎府中，绚郎准备纳她为妾。"令狐绪一边为他们斟酒一边说道，"不过，那寄奴儿很倔强，说要一辈子去伺候家母。再说，如今时局未稳，也不宜操办此事，所以，也就放下了。"

李朓听了，只是微微地摇了摇头，不再就这个话题说下去，便问李商隐："义山弟，听说你已两次会试不第？"

李商隐听了，有些伤感，他说道："义山学问肤浅，又加之命薄如纸，有负恩师栽培，所以屡屡落第。今后，义山不想再试了。"

"不不，义山弟的才学、人品，世人皆知，其中过节我等亦有所耳闻，要想辅佐君王治理天下，中进士第入仕最为直接。愚兄明年打算参加会试，请义山兄再试一次，不中第决不罢休！来，我等再同饮这一杯酒，待会儿，我为义山作一幅画，以记今日相聚相勉。"李肱说完，捧杯一饮而尽，然后离座走到案桌旁边，挽了挽袖子，提起笔来，饱蘸了浓墨，在素绢上作起画来。

他画的是一幅青松图，那青松孤直伟岸，直指蓝天，树身如铁，枝丫如虬，极为古朴、苍劲。李商隐边看边轻声赞叹。

就在这时，忽然门房的仆人来报，说令狐大人要李商隐速速回去，岳山管家正在马车上等候。

什么事这么急？李商隐朝李肱和令狐绪望了望，他们都让他不要耽搁时间了，马上赶回老宅。

李商隐刚刚出了大厅，听李肱说道："这幅画作完之后，我再专程送给义山弟。"

李商隐跳上岳山管家的马车之后，便急急地问道："岳山叔，恩师紧急召我，不知何事。"

岳山管家摇了摇头，说道："令狐楚大人早朝一回来，就问你去了何处。听说你在令狐绪这里，便命我把你接回去。至于有什么事，我也不清楚。"

回到老宅后，李商隐便匆匆去了后厅，令狐楚一见到李商隐，就忍不住内心的激动，向他叙述了一个震惊朝野的消息。

原来，令狐楚已被文宗下诏为左仆射太常卿同平章事，今日早朝时，昭义节度使刘从谏上表皇上，诘问王涯等大臣被杀的罪名是什么，并提出："内臣擅领甲兵，妄杀无辜，流血千门，僵尸万计，臣当缮由练兵，入清君侧！"他在奏折中还提到，既然这些有才学有名望的大臣已经被杀，为何还让他们带着逆贼的罪名，而含冤九泉呢？如此下去，谁还敢与陛下共同治理国家呢？

刘从谏的奏折中，有一段文字，的确令仇士良等宦官提心吊胆。他指责仇士良、鱼弘志两中尉，借机杀死了想铲除宦官的王涯宰相。假若王涯有罪，也应交司法机构正其刑典，宦官有何资格和权力滥杀大臣呢？

"说得好，说得好！刘从谏大长了朝臣们的志气，灭了阉党们的威风！"李商隐听到这里，兴奋地站了起来。

令狐楚还说，刘从谏的奏折，如一块巨大的石头投入水中，大臣们心中痛快，宦官们心中害怕。刘从谏已连续向皇上三次上表，文宗御览之后，又交给大臣们传阅。仇士良老奸巨滑，他知道刘从谏的疏表对自己极为不利，便建议文宗晋升刘从谏为检校司徒，妄图以此拉拢。谁知刘从谏不吃那一套，又上表辞让。他在疏表中说，他的上奏，是为了国家的命运。若认为他的意见可行，就应洗清王涯等人蒙受的罪名；若认为不可听，也不应该随意赏赐官位。哪有死者冤案未申，而自己加官的呢？

虽然仇士良又诬陷刘从谏的疏表是窥伺朝廷，但毕竟疏表击中了他的要害，所以心中十分惊慌，其凶焰也稍有收敛。令狐楚瞄准这个机会向文宗上奏：王涯等人及其家属的遗骸，暴露于野，已过百日，应派人掩埋，以顺阳和之气。

文宗便命京兆尹派人收葬王涯等十一人，并下诏每人赐给衣服一套。

谁知仇士良当面不敢违抗旨意，但在背地里依然使鬼：当王涯等人的遗骸埋葬了之后，他又私下里命人，掘开坟墓，扒出骨骸，扔在渭河里，以此发泄他的私愤。

李商隐知道，恩师是为刘从谏在疏表中提出的"清君侧"而激动。他更是感慨万端，以为刘从谏的重兵到京城门外之日，便是仇士良等人的受诛之时。想到这里，他又有感而发，接《有感二首》之后，又口吟了一首七律《重有感》：

玉帐牙旗得上游，安危须共主君忧。

窦融表已来关右，陶侃军宜次石头。

岂有蛟龙愁失水，更无鹰隼与高秋。

昼号夜哭兼幽显，早晚星关雪涕收。

他刚刚吟哦完毕，令狐楚便大声赞道："好好，此诗酷似杜工部的《诸将五首》，这使老夫想起'独使至尊忧社稷，诸君何以答升平'这两句诗了。"

李商隐连忙说道："恩师过奖了。我想，有恩师和刘从谏这样的重臣，社稷和天下一定会转危为安的。"

令狐楚听了，叹了口气，说道："冰冻三尺，非一日之寒哪！在这多事之朝的多事之都，谁知道日后还会发生什么风浪呢？"

令狐楚说对了，在文宗这一朝代和长安这座皇城中，上一次的风浪尚未平息，新的风浪已经悄悄地兴起来了。

他们都没有想到，这次的风浪，终于波及了资深位高、有不倒之翁之称的令狐楚身上了。

4

开成元年（836年）春末，经历了火与血煎熬的京都长安，渐渐恢复了平静，大街上出现了当年的繁华，店铺商家生意兴隆，酒肆茶馆顾客满座，青楼里丝竹喧天，曲江边游人如织。

在高高的皇城墙之内，却仍然不很平静。刘从谏三次送上表疏之后，仇士良很是慌张了一阵，但发现刘从谏并无讨伐的行动，胆子便又渐渐大了起来。他首先将文宗置于自己的严密控制之下，指派自己的心腹党羽，时刻不离文宗左右；同时，对朝臣们进行清洗，他因前宰相王涯的事，一直对令狐楚耿耿于怀，把他视为眼中钉，想趁机将令狐楚挤出长安。

就在上个月，被贬到袁州任长史的李德裕，改任滁州刺史。四月，李宗闵也由潮州司户改任衡州司马。这样一来，李牛两大朋党的斗争又渐渐抬头了，而这一次，则是李党暂时占了上风。又过了月余，文宗下了一道诏令：令狐楚为兴元尹，充山南西道节度使。

令狐楚知道，自己的被贬，是迟早要发生的事，但一旦下了诏令，他仍然觉得十分突然。

令狐楚本来已经年迈多病，诏令下达之后，想在家养养病，并与家人们好好团聚些日子，但君命难违，要他即刻启程上任。

临离开长安的前一天夜里，令狐楚把李商隐叫到他的后厅，把自己的一些想法告诉了李商隐，要李商隐也做些防变准备。他说，阉党报复，一向歹毒。自己被贬出京，也许是件好事，因为远离了阉党，眼不见，心不烦。说到这里，他对李商隐说："义山呀，你写的几首诗，已经在京城朝野之中传开了，早晚会被宦官们知道的，你不如随我一起去兴元吧，暂时避一避风头。"

李商隐听了，两行热泪簌簌地落了下来，他知道这是恩师替自己的安全着想。

珠箔飘灯独自归——李商隐传

但是，自己若去了兴元，不是给仇士良等人再次报复恩师留下了借口吗？不能，不能那样！于是，他对令狐楚说道："学生想先回家去避一段时间，然后，学生直接去兴元，追随恩师左右。"

令狐楚听了，点了点头。

第二天寅初时，天色未亮，老宅的大门便打开了。令狐氏三兄弟拥着令狐楚上了马车，但此时却没有看见李商隐，岳山管家去客房找过，见房门虚掩，人已离去。这黑灯瞎火的，他会去了哪儿呢？令狐楚有些不放心，向三个儿子交代说，自己走了之后，他们兄弟三人要像对待自己的亲兄弟一样照顾好他；还特别嘱咐令狐绹，要他通过一些朝臣的关系，帮助李商隐会试中第。他们一面说着，一面走着，出了明清门以后，天色已渐渐亮了。

忽然，他们看到驿道上立着一个人影，见令狐楚的马车到了跟前，那人便跪在路边，一时还看不清楚人影是何人，还是令狐楚心中有数，连忙喊了一句："义山吗？快快起来！"说完，便跳下车去；令狐氏三兄弟和岳山管家也纷纷跳下车来，把李商隐拉了起来。

原来，李商隐为了能给恩师送行，昨晚离开令狐楚之后，便独自步出了长安，一直守候在路边上。

送令狐楚上路之后，令狐氏三兄弟和李商隐又一同回到了老宅。

5

令狐楚去兴元上任之后，家中除了仆人之外，便只剩下老夫人、令狐纶和李商隐了。不过，令狐绪怕他们寂寞，便和少夫人搬回了老宅，以便早晚能够照料他们。令狐绹结识的朋友颇多，所以应酬唱和之类的社交活动也很频繁，他就留在自己的府第中。

李商隐准备离开长安回洛阳，他将自己的想法告诉了令狐绪。

第二天，李商隐听令狐绪说，绹郎已经升调为左拾遗了，准备宴请宾客；还特别嘱咐他说，要李商隐一定参加，还要在席间即兴吟诗，因为礼部侍郎兼知贡举——也就是明年会试的主考官高锴，也将出席。

李商隐明白令狐绹的良苦用心，他想让李商隐在主考官面前显露才华，以期引起重视和好感。李商隐也觉得机会难得，多少学子为了能见上主考官一面，托人送礼，日夜奔波，而自己不但能够与他同桌同饮，说不定，还能和他唱和呢！

家宴开始时，令狐绪因陪母亲、姐姐，尚在宅内叙谈，便由令狐绹主持。他一一介绍了来宾之后，接着建议：为礼部侍郎高锴莅临，为裴十四离京，为同人好友们光临，连饮三杯！然后，由家中的乐伎献艺助兴。

李商隐与李肱坐在一起，却没有见到寄奴儿。

唱和开始时，按照惯例，是年长者为先，其次是位高者。今日之宴，高锴既是年长者，也是位高者，其余皆是校书之类的年轻官员，最后，便是布衣庶子了。所以，便由高锴先吟，吟诵完了，令狐绹带头鼓掌，其余人便纷纷吟哦起来。

令狐绹走到李商隐跟前，很有礼貌地把李商隐拉到主席跟前，对大家说："这位便是李商隐，《有感》和《重有感》就是出自他的手笔。请他吟哦大作。"

李商隐朝李肱看了看，李肱笑着点了点头，他腼腆地说道："在下李商隐，遵主人之命，献拙诗一首，以抛砖引玉，题目叫作《关门柳》。"

> 永定河边一行柳，依依长发故年春。
>
> 东来西去人情薄，不为清阴减路尘。

他刚刚吟完，厅中便响起了一阵掌声和喝彩声，连坐在首席的高锴，也放下了手中的酒杯鼓起掌来。

一直坐在旁边独饮独斟的李肱站了起来，他朝众人说道："今日之宴已有好酒，酒已品味过了；今日之吟，已有佳篇。义山弟的七言诗耐人玩味，今日之聚，若再有雅艺助兴，则是锦上添花了。"说完，又坐下饮酒。

高锴听了，十分中意，他接着说道："听说府上有位寄奴儿姑娘，舞姿冠京华，弹奏无二人，不知我等的耳目有无此福？"

令狐绹知道这是在将他的军。寄奴儿已有多时不曾演奏了，理由是病体不支。不光是不曾演奏，就是平时见到她时，她也不肯与自己多说半句话。他想不通，论才学，论长相，论地位，他比一般同龄人要优越得多，且已传出话去，想纳她为妾，这不是一个乐伎梦寐以求的好事吗？为何她总是冷冰冰的不开颜？他知道自己命人去让她前来献艺，必定会碰上一颗不硬不软的钉子，弄得主宾都很尴尬；但不去叫她，又会在宾客面前丢人现眼，正在为难时，令狐纶站起来说道："我去请寄奴儿出来表演。"说完，便大步走出了大厅。

能不能将寄奴儿请出来呢？大家都在拭目以待，令狐绹的心中却在打鼓：要是她不肯来，或者来了不肯表演，自己将会多么难堪。

不一会儿，寄奴儿随着令狐纶款款走进了大厅。只见她一扫平日里的愁眉，眸子里流盼着亮丽的光泽，脸上洋溢着动人的笑容。她朝老夫人和高锴行过大礼之后，又深深地朝宾客们施了大礼，然后，手持凤首箜篌，弹奏了李商隐的那首《柳》，那琴声，有时似春雨洗叶，清溪淙淙；有时又如怨如诉，凄凄切切。诗句从她嘴中吐出，字正音圆，如粒粒圆润的珍珠。

自寄奴儿走进大厅开始，李商隐便一直目不转睛地看着她的一举一动，一笑一颦。此时的寄奴儿未施脂粉，但她自然自如，光彩照人。他发现她边演奏，边朝自己这边看，与自己的目光相遇时，并不羞涩回避，而是坦露出一种会意的笑意，令李商隐怦然心跳。当她在骤然而起的掌声和喝彩声中站起来道谢时，又大胆地朝李商隐遥遥点头致意，然后携琴轻盈而去。

宾客们的赞赏，使令狐绹显得尤为兴奋，他觉得寄奴儿能出场表演，是为自己争了脸面。忽然有人提出，想看看寄奴儿姑娘表演的软舞。

令狐绹当然更为高兴，便命人再去请时，任你千呼万唤，寄奴儿就是不肯出来！老夫人在旁边解围道："不要难为她了，让别的姑娘表演助兴吧。"

等其他乐伎相继登场表演时，令狐纶悄悄告诉李商隐说："义山哥，你知道吗？我骗寄奴儿姑娘，是义山请她表演，她才欣然出场的。"

李商隐听了，心中涌起无限惆怅，他再也无心欣赏乐伎们的表演了，只是默默地独自饮酒，眼前又叠现出寄奴儿带着泪花的眸子，和闪烁着喜悦的眸子，叠现出她纯情无邪的脸和无限惆怅的脸，以及她的春风拂柳般的舞姿，和幽兰吐蕊般弹琴的素手。他又想到自己出身贫寒，屡考不第，一个命薄如纸的白衣庶子，一个寄人篱下的诗人，敢表达自己对意中之人的爱慕之情吗？还有，自己心中说不清道不明的柳枝去了玉阳山，在李商隐看来，似乎远如蓬莱仙山……他就这样饮着，想着，一直到散席。

回到客房之后，他挥笔写下了一首《无题》：

相见时难别亦难，东风无力百花残。

春蚕到死丝方尽，蜡炬成灰泪始干。

晓镜但愁云鬓改，夜吟应觉月光寒。

蓬山此去无多路，青鸟殷勤为探看。

第十章

看不透玉阳山上的皇家道观，寻不到的那个难忘的身影。

云母屏风烛影深，长河渐落晓星沉。
嫦娥应悔偷灵药，碧海青天夜夜心。

——《嫦娥》

1

端阳节之后，李商隐准备离开长安去洛阳。因他接到了羲叟托人带来的信，信上说，他母亲打算迁到济源县去居住。临走之前，他分别去拜访了令狐氏三兄弟。令狐绪说："长安城里仍然不很太平，宦官凶焰又起，回家去避一避也好。"

令狐绹让他明年正月一定进京参加会试，他说他已疏通了不少关节，中进士第极有把握。

令狐纶则担心他父亲年龄大了，身体又不好，吃不消边远地方的困苦。李商隐明白，他的意思，是想让自己去兴元，参加他父亲的幕府。

临行前的一天，李肱为李商隐送画来了。他不但画好了，而且还装裱起来。李商隐打开一看，立刻便被画面的青松吸引住了。在令狐绪家里看李肱画此画时，只看了一个局部便被岳山管家接走了。今日再看时，便觉得李肱的青松图确实不同凡响，那古松粗犷豪迈的神韵，便都跃然纸上了。从画面上可以看出作者的抱负和品格。

李肱恳切约他明年来京应试。李商隐应允了。

这年的六月初二，李商隐随他母亲到了济源。

安顿下以后，他就急着要去玉阳山。他母亲问他去玉阳山干什么，他说他

珠箔飘灯独自归——李商隐传

的一位朋友在山上修道学仙，他想去拜访他，同时也想借此散散心。他母亲听了，便放心了。

其实，在李商隐的心目中，玉阳山不但是座道教名山，更重要的是与柳枝姑娘有关。自从听温庭筠说柳枝姑娘随公主去玉阳山听经去了，他便把玉阳山这个名字深深地记在了心头。后来，他又亲自去玄云观打听多次，柳枝姑娘仍然没有回观。难道是她留在山上，不肯再见凡尘了？还是已经修炼成仙了？于是，便萌生了也去玉阳山学仙的念头，尤其是在几次会试落第之后，这种念头便更加强烈了。在骆氏亭与永道士相遇后，他们谈道谈仙，很投机缘。听说永道士要去玉阳山，他想随他上山，出家为道，但一想到母亲苍老的脸和慈祥的眼神，想到柳枝姑娘和寄奴儿，尤其是想到第二年的会试，心中便犹豫不决起来。永道士也说他的尘缘未绝。六根不断，可学道学仙而不可出家，所以，便没有带他上山。

几天后，他起了个早床，便匆匆出发了。

玉阳山在济源县的西边三十多里处，二山东西对峙，西边的一座叫西玉阳山，东边的一座便叫东玉阳山。睿宗皇帝李旦的女儿，也就是唐玄宗的胞妹，玉真公主，就是在这里修道的。

玉阳山高不及华山、泰山，但风景极佳，处处古木森森，涧中瀑布如练，众鸟鸣于枝头，麋鹿觅食阳坡。自山脚至山顶的山路，随处可见隐在青松翠竹中的道观庵堂。当他走到山路的一个拐弯处时，远远看见有棵数人合抱粗的古松，枝丫被山谷的风吹向一边，如一老者在做伸臂迎客状。有人称此松为迎客松。

李商隐越看越觉得此名取得极妙。

他由眼前的玉阳山，想起了玉真公主，又由玉真公主想起了李白。

少年时的李白，就十分崇尚道教，还在四川绵阳的大匡山上，隐居学道，又去了青山城拜师求道。他出川到了长安后，十分崇拜唐玄宗的胞妹玉真公主。这位已经出了家的公主，也十分青睐风流倜傥的年轻诗人，让他住进由她在终南山中的别馆里，并且住了月余。当听说李白生活潦倒时，她赠送了千金，托道士元丹丘转送给了李白。

李白曾多次写诗赞美过这位公主，以表达自己的仰慕之情，其中有一首《赠持盈法师》：

玉真之仙人，时往太华峰。

清晨鸣天鼓，飙欻腾双龙。

弄电不辍手，行云本无踪。

几时入少室，王母应相逢。

持盈法师，就是玉真公主的法名。

不知是在诗中暗恋过这位皇室公主，还是二人真的有一段姐弟恋？

其实，玉真公主还与另一位诗人王维，有过一段不寻常的感情，而李白又是一位擅长交结文朋诗友的人，却未发现二人有过交往或唱和的诗歌！于是，有人猜测，两位诗人之间，是否是一种情敌的关系？

2

李商隐边走边看，当走到灵都观下边的一座草庵时，已是暮色四合了，同时，他的双腿也像灌了铅那么沉重。脚上已经磨出了泡，每走一步都是钻心的疼。他知道，说是山路三十里，七拐八扭地走上山来，就绝对不止三十里路了。自己再向上走一步，都有力不从心的感觉。山大庙多，当晚要找到永道士恐怕已是不可能的了。他看到草庵的门楣上有一木匾，上边写着"上善"二字。于是，他就去扣草庵的庵门，想在庵中投宿。

庵门开了，原来是个十二三岁的小道童。李商隐报了姓名，并向他说明了来意之后，他一句话也没说，便将他引到了殿堂。殿堂不大，只有三间，后有藏经阁，左右各有客舍数间，里里外外都很洁净。不一会，小童先送来了茶水和洗漱用水，又过了一会，端来一个漆木食盒，里边盛了一碗高粱米饭和一碟咸萝卜条，然后，便侍立在一旁。

李商隐觉得奇怪，这小童为什么不言语？难道是个哑巴？他从身上取出了一些银子，想作为餐饮和住宿的费用，那小童连忙摆手不收。李商隐更觉得奇了，哪有不肯收施主施舍的庙宇呢？再说，这草庵也不像有多少产业的样子，为何如此大方、好客？正想着，那小道童开口了："你说你叫李义山，对吗？你说你是来访友的，对吗？"

李商隐边点头边答道："对呀！"

"是师父临走时交代我的。"

珠箔飘灯独自归——李商隐传

"师父？你的师父是谁？"

小道童便将他领到了东厢，打开了客舍，又点了蜡烛，指着墙壁说："你认识吗？"

李商隐借着烛光一看，原来上边挂着已装裱好的一首诗：《寄永道士》。

这首诗是自己所作的呀，是谁书写装裱的？一看落款，心中便恍然大悟了。原来，在骆氏亭与永道士相别时，李商隐写了这首诗。永道士上山以后，他自己书写并进行了装裱，挂在了这间专门会客的客舍中。

"师父说了，若怀州河内的李义山来庵，便如此接待。"小道童齿白唇红，一双眼睛黑白分明，十分有神，一看就知道是个聪明伶俐的孩子。

李商隐问他："你的师父呢？"

小道童说："师父到西玉阳山访友去了，三两天不一定回庵。你就住在这里吧，明日，我领你去山上看看。"

李商隐听了，心中寻思：我是来求道学仙的，哪能住在这里呢？但又不好拒绝永道士和小道童的一片好意，便试探着问他："听说山上有不少有名的道观，离这里远吗？"

小道童说："山上有灵都观、三清宫、老君殿、祖师祠、玉皇宫、玉虚宫、吕祖宫、天宝殿、天师堂……"他一口气报了几十个道教的道观名字，"反正道观太多了，光东玉阳山就有九洞十八宫三十六观七十二庵，够你看的了。不过，这几天有些地方不能去了。"

"为什么？"李商隐问道。

"因为净山。前几天，一位皇后带了四十多位道姑，刚刚离开，接着又来了一位公主，也是带了一大群道姑，住进了灵都观，不许闲人进去。"说到这里，小道童问道："师父说你是一位大诗人，大诗人有大学问？你说说看，那些公主们住在京城里该有多自在！为何要爬山过河，到这里来受苦呢？"

李商隐听了，为小道童提出的既幼稚又简单的问题给逗乐了，但仔细一想，他所提出的问题，却很古老很复杂。古代的哲人贤士没说清楚，近朝的帝王将相也没弄明白，就是让自己回答，也难以用三言两语说透彻。他只好避开这个话题，向小道童说："喝酒不吃菜，各有所爱嘛。这样吧，明天你带我去山上看看，好吗？"

小道童点了点头，将碗盏收拾好，提着食盒走了。

第二天清晨，李商隐便随小道童出发了。

清晨的雾，如一缕缕洁白的轻纱，一会儿从岩石和树丛中逸出来，缥缥缈缈地遮住了山峰和石径，一会儿又袅娜而去，挂在了悬崖绝壁之上。没有雾的时候，便显出了奇树怪石和神殿红墙。雾漫过来，便只能听到松涛阵阵，流水哗哗了。他们不知不觉中走到了静如宫，便跨进了宫门。

在神案之前点上了香烛之后，李商隐便同一位打扫庭院的老道士攀谈起来。老道士告诉他说，静如宫原是西汉的张廉夫草创的，张廉夫是江西瑞州人，字静如，号乐山，曾在终南山修道多载，得师传道，遨游天涯，后来在这里筑草庵一所，供奉三宫大帝神像。后人为纪念他，在原址筑庙修堂，前殿供奉张廉夫，大殿供奉三清神像。他又指了指院子中的一株柏树道："相传这就是张廉夫手植的'汉柏'。"

"师父，听说大唐开国以来，有不少公主嫔妃来这里出家修道，是真的吗？"李商隐是故意发问，其目的是想问出文平公主是否到过山上。

他说道："那可多呢，每位公主出家前，先要拨出巨银修筑道观，供公主居住。公主并不总是住在山上，有时外出云游，有时也返回京都。不过，她每次上山前，都要事先派人净山，弄得人心惶惶，劳民伤财。"

"要是世人无意中碰上了，怎么办？"李商隐问道。

"那可就犯了大罪啦！要视具体情况定罪，有的驱赶下山，有的斥责鞭笞，若被定为'刺控皇室，图谋不轨'者，可就性命难保了。不过，也有运气好的，听说有个书生长得眉清目秀，且有一肚子的才学，在游山时，无意中与一位修道的公主，在一条仅容一人可行的羊肠小道上相遇了，那书生既不能下跪礼拜，也不能原路退回，便伸手拉紧了公主的双手，抱住公主就地转了一个圈，公主便安然过去了。

"事后，随从的太监说，那书生触碰了公主的身子，要将他杖杀！

"那公主连忙斥退了太监，将书生扶起来。后来，听说还把那个书生带回京都去了。这就叫作'因祸得福'。"

老道士说完，朝李商隐看了一眼，又嘱咐他道："施主，西玉阳山的清都观里住着一位公主，太平宫里住着一位王妃，山上还住着两位妃子和一位有病的老公主，你游山时多留点神儿，千万别碰上她们，惹是非！"

李商隐又问他："公主带来的那些宫女，都要当道姑吗？"

"那还用问！君让臣死，臣就得去死。公主出了家，宫女们当然也要出家啦。不过，有的也只是身穿道袍念念经罢了，要求得也不是很严格。"

"请问师父，你可曾听说过有个叫柳枝的道姑？"李商隐看他见多识广，便趁机打探柳枝的消息。

"柳枝？这个名字，没听说过。不过，常常听到清都观里传出琴弦之声，那琴声十分动听，在夜深人静月儿明的晚上，那琴声能传出十余里，听说，是一位道姑奏的《柳》。可惜呀，我等身份的道士，只能在墙外窃听一点余音而已。"

难道她就是柳枝姑娘吗？李商隐心中"突突"狂跳起来。他谢了老道士之后，便和小道童朝西玉阳山走去。

珠箔飘灯独自归——李商隐传

122

4

清都观在西玉阳山的南坡上，山门前立着一对巨大的石虎，青砖砌成了围墙约有两丈高，站在墙外，只能看到一重重的殿堂，整整齐齐地朝山上排去，一律是琉璃瓦，瓦上的彩釉鲜艳夺目。两边的飞檐高高翘起，山风吹来，风铃声声。一看那气派，就知道是帝王之家的道场，非寻常道观可以比拟。

李商隐站在山门外边徘徊良久，仍没想出去叩大门的理由。小道童拉了拉袖子，小声说道："快走吧，要是被公主看见了，会挨打的。"

李商隐一边随他朝前走，一边在心里嘀咕道："要是碰上才好呢，也许还能够见到柳枝姑娘。"

真是心想事成，当他们走了不到二里地，忽见前面站着四名太监，打老远就向他们招手，要他们回避，原来这里净山。

他们连忙躲进路旁的山林中去了。

躲了半个时辰，仍不见路上有什么动静，他们便悄悄地向山坡上攀登。刚刚攀到一棵歪倒的大松树下，便看到山谷有一片空阔的草地，草地上有四五十名道姑，坐在蒲团上，另有一位年长的道姑，站在一个高坛上，手持经书，正在讲着什么，因为离得太远，所以既看不清楚，也听不清楚。在道姑后边的林子边上，还站着一些太监、卫士。

李商隐一看就知道，这位讲经的道姑，就是公主了，但不知道柳枝姑娘是不是也在这里。因为温庭筠也好，他自己也好，都去玄云观打听过了，玄云观的道姑不是都说"跟随公主云游未归"，就是说"随同住持去玉阳山听经了"。到底哪位是公主？公主是不是玄云观的住持？却无法打听出来。

他们躲在松树后边，既不敢动弹，又不敢离开，尴尬极了。小道童看了一会，竟卧在一块石头上睡着了，他睡得很甜，脸上还不时地笑一笑，或咂一咂嘴唇。李商隐想：大约他梦见了什么高兴的事吧？唉，这小小的年纪就出家为道，何时才是个出头呢？又一想，这样也好，自小出家，没听说人世间的恩恩怨怨，不知道官场上的凶险恶毒，便会超脱一切烦恼，一心修道，平平静静地度过一生。想着想着，自己的眼皮也垂下去了……

他走在一座独木桥上，柳枝姑娘从对面盈盈走过来，二人在桥中间相遇了。柳枝姑娘怕掉下桥去，连忙说道："义山哥哥，快抓紧我的手！"

他伸出双手去抓她时，她却一下掉进水里去了。李商隐一急，也一头扎进水里。柳枝姑娘不见了，他在水中要找啊，找到了一个院落，院落中央有一个醮坛，柳枝姑娘静静地立在坛上。他刚要伸手去拉，却发现原来是寄奴儿姑娘！寄奴儿姑娘双眉紧锁，一脸愁容。她想向他诉说什么，但没有说出声来，两颗泪珠便无声地滚落下来了；接着，她又凄然一笑，轻舒双臂，缓缓起舞。她跳的就是在令狐楚家宴上表演过的"软舞"。

忽然，有一名大汉猛地推了他一掌，他醒了。

原来，是小道童正在用手推他。

再向远处一看，草地上已空无一人了。

太阳已经西沉，他们只好返回了上善草庵。

5

李商隐无论如何都没想到，当他和小道童刚刚走到上善草庵门口时，永道士已经笑吟吟地出来迎接了。他对李商隐施过礼之后说道："义山贤弟，我猜你一定会来的嘛，果然就来了，这就是缘分。"

李商隐连忙还礼。

"来来来，我这里已经备下了一桌山珍海味，请义山贤弟品尝。若拙，快去后房搬酒。"

原来这个小道童叫若拙，自己昨日竟忘了问他的名字。

坐下之后，李商隐发现盘中的菜肴，皆是以蔬菜仿制的，比方鱼吧，便是用一长条山药刻制成鱼的形状烹调的；那几只山鸡，却是萝卜雕出来的，猴头蘑菇是新鲜的，蘑菇下面的八只孔雀蛋，又是用南瓜削成了。这些素菜做得十分精致，乍一看，还以为是真的呢，不但可以饱眼福，还可大饱口福。

若拙歪歪扭扭地抱着一只陶瓷罐子过来，一打开封盖，只觉得香气四溢。永道士告诉李商隐说，这酒是他亲自酿制的，味微甘，多喝不易醉。

头三杯过了之后，李商隐指了指草庵的大门，说道："永道士，我想向你请教一件事。"

"请教一词用得不当。什么事？你说吧！"

"草庵门楣上的'上善'二字，作何解释？"

永道士笑着说道："上，即最也。老子说，上善之人，如水之性。也就是说，最善的人，如同水一样。"

见李商隐有些不解的样子，永道士接着说道："水的特性有三：一、柔。二、停留在卑下的地方。三、能够滋润万物而不相争。这正如上德者的人格一样，其性如水。"

李商隐觉得，永道士不仅给这个庵名取得好，而且，他对老子的主张理解得颇为透彻。他对永道士又多了几分敬佩。

"义山贤弟，这酒如何？"

李商隐点头称好。

"你可知道这酒是以什么酿制的吗？"

李商隐摇了摇头。

永道士告诉他说，这酒用的原料，是千家之汗，用的水，是万叶之珠。他见李商隐听不明白，又解释说，酿酒用的粮食，是他云游四方时，走村串户讨来的，难道不是千家之汗吗？酿酒用的水，是在山上收聚树叶上滴落的露珠，这么一罐子，又何止万叶呢？说完，爽爽朗朗地大笑起来。

李商隐很羡慕永道士因修道而达到的忘我境界，他游遍了名山大川，也经历了无数磨难，他曾是豪门富户家中的座中客，也曾在屋檐底下熬过了风雪之夜。他与山松苍鹰为友，以日月星辰为伴，结交道家高人、世外仙山，修身养性，有滋有味地活着，该有何等的自在！这正如老子所说的：古之善为道者，微妙玄通，深不可识。也就是说，道，精妙深玄，而又通达，非一般人可理解。

李商隐想起了白天的经历，便有意识地打听柳枝的情况，说："我还有一事不解，想请教道长。"

"说吧。"

"世俗的人世，有贵贱之分，尊卑之别；在道观仙界，是否也要等级森严？"

"人间的事，由人间的人去评说吧，我只说离开了'六境'的为道者，都应脱胎换骨。帝王将相也好，芸芸众生也好，只要是出了家，就不分贵贱尊卑了，只是看谁修道下的功夫深了。"

"那么，为什么皇室的公主出家修道，还要让宫女们都当道姑呢？"

"其实，也不尽然。公主出家前，朝廷为她大兴土木，出家之时，携金带银，随从众多，一呼百诺，与在后宫并无二样。再说，她在道观住久了，便回京都；在京都住腻了，又去云游天下。其实，她还是公主，她的那些宫女，只是身着道袍，头戴道冠，伴随公主左右而已，她们中有不少人，还不是还俗了？当然，也有人终身修道，不再问津人间俗事。比方说，京都玄云观的那位柳枝——"说到这里，他忽然打住了，"喝酒喝酒，休说人间的闲事，败了你我的兴致。"他一边说，一边以双眼的余光望着李商隐。

李商隐到玉阳山学仙，其本意有一大半是冲着柳枝姑娘来的，经永道士这么一说，心中异常激动。永道士既然已经提到了柳枝姑娘，就一定知道她的情况，便连忙放下手中的杯子，急切地问道："柳枝姑娘怎样了？请道长明示。"

"有什么可明示的？我只知道她刚刚住进玄云观时，便遇上了一位皇室公主要到玉阳山来。那位公主十分喜欢她，除了带了一些宫女、道姑之外，也把她带着上了山；又去云游了两年多，后来，公主回玄云观居住，她便留在山上了。"

"她如今在何处？"

"山上道观很多，我也不知道她在何处修道，真可谓是'只在此山中，云深不知处'了。"

李商隐这才渐渐明白，原来永道士是绕着弯子在逗自己。但不管怎么说，永道士是认识并知道柳枝姑娘下落的人，他又不明白永道士是怎么知道自己和柳枝姑娘这层关系的。他想再问明白一点，无奈永道士却守口如瓶，不再多说一个字了。

珠箔飘灯独自归——李商隐传

山月当空，清风解凉。永道士多喝了几杯，便伏在桌上"呼呼"睡着了。若拙怕他受寒，连忙将他扶回卧室。

院子里只剩下李商隐，他无法排解心中的思念和惆怅，只恨岁月流逝得太快了。当年在洛阳时，自己与柳枝两小无猜，后来在汴州也只见了一面，便匆匆离去。而今，彼为道，此为俗，同在一座名山上，却无缘相见。逝川东去，白云归山，难道要等到地老天荒吗？

想到这里，他没有半点睡意，便借着皎洁的月光，出了上善草庵，顺着白天走过的山路，信步向山上走去。

6

一缕若有若无的声音，从远处的山坡上飘逸过来，李商隐听了，心头一震。再仔细听时，觉得那声音有些耳熟。他环顾四周，除了月色、树影之外，并无其他异样，难道是自己听错了？

过了一会儿，那缕声音又响起来了。他循声望去，远处山坡上有一片树林，有高高的屋檐高出了树冠，朦胧中还能透过树影看到灯光。对，那声音就是从那里传过来的！此时他已顾不上脚下的草丛和石块了，也忘了这正是野兽出来觅食的时候，便高一脚低一脚地朝前摸去。

原来这是灵都观的一座偏殿！殿后有一排青砖瓦房，那声音就是从瓦房里传出来的。他站在墙外又用心听了一会，确信那是用凤首箜篌弹奏的《柳》！

不用说，这月夜弹奏者就是柳枝姑娘无疑了！

也不知道是从哪里来了那么大的力气，他搬了几块斗大的石头，叠在墙根之下，扶着墙慢慢地爬了上去，踮着脚尖可以看清墙内的情景。

原来，墙内是一个庭院。一位道姑正在月光下弹奏，琴桌前摆有金色的蟾蜍形香炉，有青烟从香炉里飘出。那道姑始终低首弹琴，目不旁观。不远处有一间竹轩，似有人在灯下走棋。这正是一幅绝妙的月下听琴图。李商隐想喊柳枝的名字，但又怕被下棋者听到；不喊她的名字，又怕她不知道自己就在墙外，急得浑身火烧火燎的。

正在此时，忽见竹轩中一位下棋者站了起来，对外边弹琴的道姑说道："问风，今晚就练到这里吧！"

问风？谁叫问风？

那弹琴的姑娘应了一声"是"，便停了下来。也许是低头低久了，她对着月亮扭动了一会颈子，又慢慢地站了起来。李商隐终于看清楚了，那弹琴的女子，仅仅是个十三四岁的小道姑，个头还不及柳枝姑娘的肩头呢。再看两个下棋的道姑，她们也都不是柳枝姑娘！

问风随着下棋的道姑走了。李商隐觉得浑身发冷，他又慢慢地扶着墙爬下来，高一脚低一脚地回上善草庵去了。

也许是深夜受了风寒，李商隐当夜就发起了高烧，双颊泛红，嘴唇裂出了血丝，嘴里还不断地说着呓语。他不吃，不喝，一直处于昏睡状态。

永道士为他试过脉、察过舌苔之后，知道他是伤风引起的病症，便让若拙在庵中照料他，自己荷了锄头，挎了个篮子，上山采药去了。下午回来后，将药草洗净，用瓦罐煨好，让李商隐服下。连续三天如此，到了第四天上午，李商隐便渐渐退烧了，人也清醒了许多，只是觉得浑身乏力，每个关节酸疼。永道士对他说，伤风发烧，七日可好，再静养几天，可下床走动了。

第七天早上，李商隐已完全恢复了常态，他问若拙："你师父到哪里去了？"

若拙说："师父这几天常去清都观。"

"去做什么？"

"东玉阳山有个灵都观，西玉阳山有个清都观，都是皇上为公主们建的。灵都观的公主昨日回长安了，清都观的住持近日病了，请师父去诊治。"

李商隐听说灵都观的公主已下山回京城了，便黯然神伤起来。

不一会，永道士回来了。他和李商隐坐在树荫下的石桌旁，品尝他采摘、烘烤、搓制的玉阳毛尖茶。永道士看到李商隐闷闷不乐的模样，便笑着说："义山贤弟，全怪我，是我害你得了一场大病。"

李商隐摇了摇头，说是自己不小心受风寒引起的。

"不不，要是那一夜我不提柳枝这个名字，你也不会深夜上山的。"永道士见李商隐睁大了眼睛，一副大为吃惊的样子，便把内情告诉了他。

原来，永道士离开长安以后，又去岐山县的五丈原云游了一番，他在那里遇见了温庭筠。在交谈中，永道士将李商隐的诗给温庭筠看了，温庭筠说，他和李商隐是好朋友，二人越说越投机，温庭筠便把李商隐和柳枝姑娘的关系，以及柳枝姑娘去玄云观出家、李商隐考场失利、官场失意，却总忘不了柳枝姑娘的前因后果，都告诉了永道士。永道士回到了玉阳山之后，便打听到了柳枝姑娘的下落。

当时，皇室的公主不少是自己要求出家的，与李商隐年龄相仿的就有八九位公主。在玄云观出家的那位公主是文平公主，文平公主能歌善舞，且对音律和古代舞谱颇有造诣。她先后嫁过两次，但都郁郁寡欢，便自请出家为道。

她看到刚刚进观的柳枝秀外慧中，便手把手地教会了她由西域传来的软舞，而且将柳枝带在自己的身边，住在西母宫中，与自己形影不离。平时，便让她教习从宫中带来的女冠们舞蹈，传授技艺。安康公主每次上山，也是命人传她去表演、传授琴舞技艺。那天夜里，李商隐听到和看到的那个弹箜篌的小道姑，就是从柳枝姑娘那里学会的。

柳枝姑娘出家以后，文平公主给她取了一个法号，叫双木子。

因为永道士不但博学善交，而且谈吐不俗，血气方刚，所以很受文平公主的赏识，二人经常谈经论道，还相邀去山林密处炼丹制药，去悬崖绝壁采撷灵芝。有时相携而行，去山径踏月，在花前轻语。

"怎么，你与文平公主这么熟？"听到这里，李商隐禁不住问他。永道士已知道自己失言，见若拙不在跟前，便悄悄对李商隐说："男女情事，连上天的仙家都不避，况乎我等凡夫俗子！"

李商隐过去也曾听说过出家的公主与道人相恋的传说轶闻，只不过是饭后茶余的消遣而已，而今天从永道士口里听到这种说法，而且是永道士的自述，就不能不令他大为震惊了。

永道士已察觉到了他的心理变化，又接着说道："柳枝姑娘——不，双木子女冠，已经知道你到玉阳山来了。"

"真的吗？她是怎么知道的？"

"是我让文平公主告诉她的，不过——"永道士似有为难之处，他停顿了一会，想了想，还是如实说出来了，"双木子女冠在西母宫中住过，她说了，她不认识你。"

李商隐听到这，不由打了一个寒噤。柳枝姑娘会说不认识自己？不，不可能，她这样说，必定会有她的道理。

"道长，走，现在就带我去西母宫。"

永道士看了看天色，摇了摇头，说道："天已不早了，再说，这里离西母宫有八九里山路，当我们走到那里，西母宫的大门早就关了，我们去何处投宿呢？"他看见李商隐着急的样子，便宽慰说："明天一早，我们就出发，早课时就能见到她了。"

李商隐虽然急于想见到柳枝姑娘，但永道士所说的，也是真情实话啊，要是贸然去了被拒于门外，受一晚上风寒，岂不是又要病倒？

7

西母宫坐落在清都观下边的一个山谷中，四周种了不少楠竹，竹园旁辟有百花圃和药草园，几株银杏树，长得挺拔茁壮，台阶上干净如洗，门楣上一尘不染，显得十分清静、安详。

当永道士去敲门时，李商隐的心都快要跳出来了，他想象着与柳枝姑娘见面的情景，想象着一身道姑打扮的柳枝姑娘，是个什么样子？

大门开启了，值更的女冠见是永道士，施过礼之后，便请他们进去了。

大殿上正在早课，女冠们整齐地站在两边，中间坐着一位年老的道姑，她正在领头诵经。她们似乎根本就没看到或者听到有一道一俗两个男子进来了。

值更的女冠一直将他们领到了客室，又吩咐人端上茶来，才回大门去了。

不一会，一位身着紫色道袍的道姑走了进来，她向永道士施礼问安之后，又对李商隐施礼，并问道："这位施主是——"

永道士在旁边代答道："这位就是怀州河内的李公子义山，特来——"

还没等永道士说完，那位身着紫色道袍的道姑便说道："听说文宗皇上近日有疾，昨日，双木子与安康公主一起回长安了。她临走时向我吩咐过了，叫我转告李公子：出家之人，不再过问人间俗事了，请公子不要去打扰双木子修道。"

李商隐听了，恰如当头挨了一棒，但又觉得此话不太可信，这真的是柳枝姑娘的本意吗？若出家之人真的不再过问人间俗事，那么你文平公主和安康公主，不是也已出家为道了吗？为什么还要去看文宗皇帝的病情？还不是因为文宗皇帝是你安康公主的亲哥哥？想到这里，他的气就来了，但又不好发作，只好央求道："师父，学生只求见她一面，听她说几句话就行了。"

"见面恐怕迟了。不过，她倒是给你留下了几句话。"说完，看见外头散了早课，便喊了一个年轻的道姑，让她带他们去清都观找青月住持。

珠箔飘灯独自归——李商隐传

"她在清都观？"李商隐问道。

道姑说："前几天，公主让她搬到清都观去了，因为青月住持病了，不能讲经，要双木子帮她整理经稿。"

李商隐想见柳枝姑娘的心情太切，没等道姑说完，就转身出了客室，穿过院子，匆匆向大门走去，惹得散了早课的道姑们，都好奇地望着他。

其实，那位道姑还有话要向李商隐说，见李商隐急急走了，便向永道士交代了几句。

李商隐虽然没去过清都观，但出了门，只有一条上山的路，清都观又坐落在西母宫的上面，沿着山路向上走，必然能到清都观。

不一会，永道士从后边赶了上来。他告诉李商隐说，在一百多年前，玉真是睿宗的公主，玉真公主初封崇昌县主，不久进号上清玄都大洞三景师。天宝三年，她向玄宗提出：父皇许我出家，今仍称公主，食租赋，我愿意免去公主号，所有皇家的优待，都归交国家。她的哥哥不许，她又对玄宗说：我是高宗之孙，睿宗之女，陛下的妹妹，"于天下不为贱，何必称公主号、食汤沐邑，然后为贵？请入数百家之户，延十年之命。"

玄宗知其真心实意，便答应了。

玉真公主后来一直在山上修道。

玄宗的女儿寿春公主修道时住在清都观。这位公主曾下嫁外蕃，因病回来后，在清都观养病修道，后来便死在这里了。

目前，寿春公主的西母宫中，还住着十几位年逾古稀的老道姑，其中有几位道姑，还是前几朝的才人、昭仪呢！先帝遗留下的一位百岁太妃，住在这里养病，虽未入道，也和出家没什么两样了。

永道士边走边讲，想让李商隐的情绪平静下来，但李商隐根本就没听清他讲的内容，一心想马上见到柳枝姑娘。

进清都观可就不同于进西母宫了。说是一座道观，但更像长安的后宫，门口有两位坐在靠椅上打瞌睡的太监，不远处还有两名佩刀的卫士。还没等他们走过去，就被卫士喝住了。

永道士认识他们，也认识门口的太监，他向太监说了几句，一个太监便领他进观去了。

不一会，里边走出来一位中年道姑，指名要李商隐进去，李商隐在心里说，这次能见到柳枝姑娘了吧？

李商隐进了大门，穿过用糯米和沙泥烧制的"金砖"铺的大院子，没进大殿，便被人引到了一座宽敞明亮的厅房，这厅房既不像客房，也不像书房，更不像诵经修道的道场房：四周摆着雕花的红木大方椅，墙上悬挂着一些被山中湿气浸成霉色的字画；地上铺着红毡，香笼中燃着檀香，长桌上摆放着玉如意、红珊瑚、蓝田玉雕、金叶兰草等极为罕见的珍品古玩。厅房中处处显示着高贵之气。

"你是李义山吧？请坐。"一个苍老的声音从帷幔后边传出来，接着，有四名道姑将一位头发雪白的瘦弱女道姑，连同座椅一块儿抬了出来。李商隐见她是道姑打扮，便知她不是才人、昭仪或养病的太妃，心中就不那么怯场了。

那位道姑接着说道："贫道是这里的住持，叫青月。"

李商隐听了，连忙礼拜。

"双木子在临走之前，在我这里住了几月，为我抄经。昨日，与乙妙一块儿下了山，去江南云游去了。"青月说道。

刚听到这，李商隐觉得自己都快站不住了，他连忙扶住椅子的扶手。

青月又说："临走之前，双木子留下了几句话，让贫道说给你听：'吾不识访者，故拒见。若义山及进士第来访，乃吾之兄长。'听明白了吗？"

李商隐已听得一清二楚了，但他没有回答。青月住持又重复了一遍，见李商隐已泪流满面，便向旁边招了招手，四名道姑又将她抬进帷幔后边去了，厅房中只剩下他和永道士两人，再就是从香炉将军肚袅袅上升的青烟了。

"走吧。"永道士拍了他一下，他才从恍惚中清醒过来，跟着永道士回上善草庵去了。

一回到草庵，李商隐就向床上一躺，大睡起来。

第十一章

一封无字信，信封里只有半根琴弦，虽然考中了进士，但却未能授官。

望断平时翠辇过，空闻子夜鬼悲歌。

金舆不返倾城色，玉殿犹分下苑波。

死忆华亭闻唳鹤，老忧王室泣铜驼。

天荒地变心虽折，若比阳春意未多。

——《曲江》

1

李商隐在济源住了些日子，整理了自己在玉阳山写的一些诗稿，还托人给令狐氏三兄弟和李肱送去了信。过了中秋节后，便去了东都洛阳。

李肱虽然是位皇室的近族，但极重友情，他又让人将信送到了洛阳，约李商隐尽早进京，希望他住在自己家里，以便早晚可以磋商学问。信中还问及了他对《山松图》的印象。李商隐又取出《山松图》，并挂在壁上品味了一会，便有了构思，他一口气写下了两张纸的长诗，题目是：《李肱所遗画松诗书两纸得四十一韵》。

在这首长诗中，李商隐通过自己展图欣赏的时间，以及对画上松如君子、如壮士、如惊虬等的描写，表达了自己的心志，当然也提到了他到玉阳山学仙的事。总之，他以松为题，加以生发，抒情寄慨，波澜迭起。这是他自己十分满意的一首诗。他写完后，又反复修改了一些字句，便书在纸上，在城中裱了，打算去京都时当面送给李肱。

开成二年（837 年）的春节一过，李商隐就到了长安。他没有住李肱家，而是先到了开化坊令狐家的老宅。

春节刚过，老夫人便从兴元到了京都，回到老宅之后，绪郎已偕妻来为老夫人拜过年了，绚郎因弘文馆的同僚们轮流宴请，他又要回请同僚，所以一直还未回到老宅来，只是派管家送来了一些干果糕点之类的食品，说是元宵节时一定携眷回来。

老夫人一见到李商隐，眼圈便红了，她先是问了李商隐家中的情况，问得很仔细，把家里的每个人都问遍了，又唏嘘着说道："义山呀，你母亲拉扯你们兄弟姊妹，不容易呀！你要叫她抱上孙子，要让她多享几天福，要守在她身边——"说到这里，她竟然说不下去了，连忙以手帕擦拭眼泪。停了一会，她又慈祥地说道："你要考中进士，做了官，便把你老娘接到自己身边。人老了，还有几天日子？图的就是个天伦之乐，那是用金银珠宝都换不到的福分啊！"

李商隐被老人的一席话所感染，眼中也涌出了泪花。不过，他明白，过去见到老夫人时，她除了随着别人说上一两句话以外，总是以笑代语，从来不主动提到什么，好像没有她这个人的存在一样。但今天她为何说了这多的话，而且多是伤感之语？是她的几个儿子让她生气了，还是因守在偌大的相国老宅中，发出来的冷寂之感？

"义山呀，令狐相公这次去兴元，觉得有些力不从心，还时常念叨着你，说你是一个很少见的人才，可惜无用武之地。"老夫人忽然想起了什么，问道："你娘没在洛阳为你提亲吗？"

李商隐如实回答道："因家中贫寒，义山又没有功名，所以——"

"噢，噢。"老夫人听了，没再问下去，接着说道："既然如此，春试之后，不管中与不中，你就随我到兴元吧。令狐相公很想你，他身边也需要一个贴心人。"

老夫人说得坦直、诚恳，李商隐很受感动，他马上答应了老夫人的要求。

2

会试前夕，应考的大街小巷都人来人往，十分热闹。这不仅仅是因为春节刚过，人们还在忙着走亲访友，还因为来自全国各地的应试学子们，都已陆续来到了京城，还有不少学子带着仆人或管家，各处的客店几乎都已客满，而离考场最近的客店，显得尤为拥挤。有的客店，早在一个月以前便被人预订了房间。还有的应试者，因家境不济而未进城，在京郊的小客栈或庙宇中栖身，只到会试时才会进长安城。

就在学子们摩拳擦掌地准备春试时，朝廷中的官员乃至文宗，都十分关注这"甘露之变"之后的第一次会试。

令狐绚已经接到了他父亲的信，令狐楚要他为李商隐的会试，尽心尽力地去通融有关官员，自己还亲笔给高锴写了一封长信，在信中竭力推荐了李商隐。

令狐绚除邀请高锴参加家宴之外，还亲自去高锴府上回访，并送去了一些礼品。这位主持礼部知贡的高锴大人，是位官场的老手，他不但要考虑数朝重臣令狐楚这层关系，还知道了令狐绚与李肱交往从密，掂出了李肱这位李唐皇族的分量。最主要的是，他已看出了令狐绚虽然眼下官职不大，但今后一定会大有发展，其位必定超过其父。所以，他也想在这次会试中送个顺水人情，今后，也许对自己大有好处。

二月初六，早朝之后，文宗把高锴召去，问了一些有关这次会试的情况。高锴便将会试的总人数、各省的人数、学子们何时入场、何时放榜等情况一一奏明，并呈上了一份应试学子的名单。

文宗接过之后，只翻了一遍，便放在一旁了。接着，文宗又问了今年会试时赋与诗的题目，高锴答道："臣已初拟了题目，赋题为《曲江春游赋》，诗题为《铜镜诗》，不知妥否？臣恭听陛下圣谕。"

文宗听了，点了点头，又问道："此次会试，不知有无皇族子弟？"

高锴听了，将宗正寺推荐的皇族子弟应试名单呈给了文宗。文宗接着又说道："会试乃天下学子之试，我大唐开国以来，一直惜才爱贤，不论出身门第，对学子一视同仁，以才学录取。"

高锴答道："陛下圣命，臣已牢记。"

出了大殿以后，高锴边走边在心中思忖：皇上既然说不论出身门第，可为什么又问了有无皇族子弟参加会试？他回到家时，心中已经有个谱了。

当天晚上，令狐绚再去拜访他时，他没有将与文宗的对话全盘端出，尤其没提文宗问及皇族子弟应试的内容，只是有意提到了李商隐，说他的诗写得不错，令狐楚也很器重他等等。

令狐绚已从他的话中听到了弦外之音，他连忙说道："家父与高大人一样，一贯爱惜人才。义山确有才学，几次会试未第，皆有别因。此次会试，幸有德高望重的高大人主司，人才才不会埋没，家父也了却了一件心事，小侄更是为朝廷中有伯乐再世而涕零。"

令狐绹不愧为令狐家的后起之秀，这一番话，既抬举了高锴，又推荐了李商隐，还拉近了自己与这位礼部大臣的距离。一举三得，又滴水不漏。

高锴听了，满脸堆着笑容，谦逊地说道："贤侄之语，令老夫羞愧了。"说完，要人备酒，打算留令狐绹在家中吃饭。令狐绹连忙站起来，说是要回老宅去看望母亲，便告辞了。

他将从高锴那里知道的情况，向李商隐说了一遍。李商隐自然十分高兴，老夫人的脸上也露了由衷的笑容。

3

二月二十四日，是放榜的日子。那一天，李商隐早早就起了床，洗漱之后，天才刚刚发亮，他便匆匆看金榜去了。

到了大街上他才发现，城里已有不少人了，有乘豪华马车来的，大多数还是步行来的，起得比他还要早。他们有的是来京城应试的学子，有的是皇亲国戚或豪门富家的子弟。当然，也有平民百姓，都潮水般地朝子城（又名皇城）方向涌去。

天渐渐亮了，长安城里有一百多个街坊，还有东市和西市两个商家贸易中心，街道两旁的店铺都提前开了门，楼房上的窗子，也都卷起了帘子，主人探头张望着大街上的热闹场面。

李商隐好不容易才挤到悬挂着金榜的大堂外边，但根本就看不清金榜上的名字，要向里边挤，实在太难了。他被人挤得动弹不得，额头上已经冒汗了。

"义山——"正在这时，他忽然听见有人在喊他，回头一看，原来是令狐绪和令狐纶骑着马赶来了。他连忙跑了过去。

"义山，来，上马吧。"令狐绪手中还牵着一匹白马，他把缰绳丢给了李商隐。

"我还没看榜呢！"李商隐地说道。

"义山哥，不用看了，你已经考上了！"令狐纶把一张抄着名字的白纸递给了李商隐，"这是我让人在半夜里等着，在那里抄下来的。"

李商隐接过去一看，上面列了四十个人的名字，第一名是李肱！李肱高中，他感到一阵激动。

他自己的名字，排在第十六名上。

他觉得有些眩晕，一把抓住了马鞍。令狐纶连忙把他扶上马去，三个人骑着马，朝春明门奔驰而去。

"嘚嘚"的马蹄声，在和煦的春风中，显得格外清脆。

4

出了春明门之后，三人穿过乐游原，直奔曲江而去。

曲江，是京都里外最佳、也是最大的名胜风景区。开元年间，对曲江进行过大规模的疏通，遍植花卉树木。那里烟水明媚，亭榭如画。每当三月，风和日丽，京都居民便成群结队地去曲江游赏、踏青，往往出现倾城出动、万人空巷的盛况。但"安史之乱"以后，曲江一带便渐渐荒废了。文宗想恢复当年的景物，于大和九年（835年）二月，派出神策军对曲江进行过一次修整，并于"甘露之变"前，也就是李训、郑注掌权、王涯为宰相时，文宗还在曲江之畔，赐宴过文武百官。

他们到了曲江之后，便在岸畔的"兰桂轩"前下了马。店中小二接过缰绳，说道："韩公子已经在桂子园等候三位公子了。"

李商隐觉得有些奇怪，韩公子？桂子园？他有些摸不着头脑，便问令狐绪："绪哥，我们应先回去禀报老大人，为何来到这里？"

令狐纶抢着说道："义山哥，你还不知道吧？到这里来，是家母事先安排好了的，你等着吧，有好戏看呢！"

李商隐如堕五里雾中，再想问清楚一些，无奈令狐绪和令狐纶都笑而不答。

过了一条水上栈桥，进了一个月形拱门，又绕了一段路，才来到了兰桂轩的"桂子园"。

一进桂子园，便见一位比自己稍微年长的公子，坐在一把竹椅上，靠窗的水榭边有两位年轻的女子，两位女子的衣着、面貌都有些相似，只是年龄稍有差异，年长的一位有二十六七岁，年轻的那位只有二十岁左右。

"两位令狐公子。畏之有失远迎，望勿见怪，请里边坐。这位是——"那位自称"畏之"的男子，一边向令狐两弟兄施礼，一边指着李商隐问道。

"这位是怀州河内的李商隐，义山弟。"令狐绪又朝李商隐说道："这位就是华州的韩公子韩畏之，是与你同科的进士。"

李商隐连忙朝韩畏之施礼。韩畏之一边还礼，一边指着水榭边的两位女子说道："那是我妻六妹和七妹。来，过来见过令狐两兄弟和李公子。"

姐妹俩连忙走过来，向他们施礼。

七妹施过礼之后，脸羞得通红，连忙躲在姐姐的身后。

分宾主坐下之后，李商隐悄声问令狐绪："绪哥，老夫人她老人家——"

令狐绪笑着说道："家母本打算也出来散散心的，因为身体有些不适，让我和纶郎陪你去看金榜，游曲江，也来会会韩公子和王氏姐妹。待吏部试后，再请韩公子及王氏姐妹去老宅叙谈。"

来曲江会韩畏之，倒是说得过去，因为是同科进士嘛。要请韩畏之和王氏姐妹去相府老宅叙谈，他就觉得有些奇怪了。他忽然想起了老夫人曾问他定亲没有，难道老夫人是想——，想到这里，便不由得红了脸，再也不敢抬头去看王氏姐妹了。

"李兄，记得否？七妹在洛阳时就曾见过你，李十将军还替她向你讨过诗呢？以后，她就念念不忘，当然喽，是念念不忘你的诗，是不是，七妹？"韩畏之边说边朝七妹望了一眼。七妹垂首不语。

经韩畏之这么一说，李商隐记起来了：李十将军是王茂元大人的女婿，他与李商隐的交情很深，有一次，李十去洛阳看望岳母，适逢李商隐在洛阳闲住，便去崇让坊的王府拜访李十。二人在饮酒时，李商隐说他在长安时，曾去李十家拜访，但李十携全家游曲江去了，他只好扫兴而归。

李十妻三妹来席间见面时，见七妹躲在屏幕后偷听，问她是否对李商隐有意？七妹避而不答，只说她很喜欢李商隐的诗。

三妹将此事悄悄对李十说了，李十听了，十分中意，便将七妹唤到跟前，当场替她向李商隐讨诗。李商隐朝七妹看了一眼，只觉得眼前一亮，便不好多看了。他先是写了一首七绝，题目是《病中早访招国李十将军遇挈家游曲江》，觉得意犹未尽，又挥笔写了一首。写完之后，不待墨干，七妹便双手托着拿走了，连他自己也记不清楚第二首的诗句了。

"实在抱歉，因是应酬戏作，已记不起诗句来了。"李商隐感到有些难为情。

"不要紧，七妹记得。"六妹连忙对七妹说："七妹，吟一遍听听。"

七妹也不扭捏，望了李商隐一眼，便轻轻地吟出了那首诗：

家近红蕖曲水滨，全家罗袜起秋尘。

珠
箔
飘
灯
独
自
归
——
李
商
隐
传

七妹吟完了，令狐纶大声笑着说道："好！'网得西施别赠人'，都说义山的诗难懂，可这一句最直、最白，也最妙。"说得大家都笑了，唯七妹不敢抬头。

其实，李十回长安后，曾托人向李商隐的母亲提过亲事，李母因李义山尚未考中进士，便推说有了功名之后再说，事情就搁下了。

会试之前，李十又将此事向令狐老夫人说了，老夫人很热心，所以，才有今日的曲江之会。

在唐代，婚姻观念比以前各朝都要开放。其一，不同民族可以通婚，破除了"非我族类，其心必异"的观念。其二，贞节观比较淡薄，白居易就曾写过长诗《妇女苦》，为守节妇女鸣不平。唐代以来，以不守节为荣。唐代有二十三位公主再嫁，有四位公主三次嫁人。当时，丈夫可以休妻，妻子也可以休丈夫！

颜真卿在临川做官时就遇上了这么一件事：儒生杨志坚，好学而家贫。其妻提出离婚再嫁，杨志坚不得已只好同意。颜真卿虽然为杨志坚不平，但又无法阻挡，只好找了一个借口，将杨妻打了二十板子，才让她再嫁。

因为离"上巳节"只有八九天了，曲江一带已柳条滴翠，百花斗艳，到城郊来踏青的人熙熙攘攘，又加上今日放榜，更有不少人，看完金榜之后，便顺道出城到曲江游赏，所以，兰桂轩旁边的柳林、堤岸和萋萋草地上，都坐着不少游人。有的带着熟食春酒，并席地野炊；有的吟诗唱曲，自娱自乐；也有五七挚友，在水边"曲江流觞"，相与为乐；还有的在水边垂钓，或在林子外边放风筝。更多的是穿戴鲜丽的仕女们，她们如树梢上的鸟儿那样，在江边说着笑着，互相打闹着、追逐着。当然，也有人借踏青的机会与意中人相会，或由女伴们陪同，来曲江相亲。杜工部就曾写过曲江踏青的诗，其中"三月三日天气新，长安水边多丽人"这两句，就是写的这种场面。

午餐时，韩畏之提议席间唱和，他自己先吟了一首诗，接着令狐绪和令狐纶也各吟了一首，轮到李商隐了，他朝兰桂轩外边望了一眼，看到今日曲江的胜景，便想到了"甘露之变"，想到了成千的重臣官员和无辜百姓士卒惨遭屠杀，尤其是宰相王涯，死得更冤枉。去年，他曾独自来过曲江，还在江边背诵过王涯写的两首游曲江的诗。

"义山贤弟！"义山吟过一首《曲江》之后，正有些冷场，忽听轩外有人喊李商隐，声到话到，李肱喜气洋洋地走了进来。

李肱还是一袭粗布白袍，但他神采飞扬。互相施礼之后，李商隐问："李兄，你怎么知道我在曲江？"

李肱说道："我去相府老宅找你，听老夫人说，你与令狐家的两位公子去了曲江，说是——"说到这里，他又转头望了望王氏姐妹，又低声说道："相亲？"

李肱的声音虽然不高，但在座的都听得清清楚楚。令狐绪、令狐纶和韩畏之都笑而未答，王氏姐妹脸色绯红，尤其是七妹，连忙低头望着脚尖，但双耳都已经羞红了。李商隐连忙岔开，说道："李兄的山松图确实不凡，貌似神更似，丹青见品格。我给李兄写的拙诗收到否？"

"已经收到了。我以涂鸦之作，换了一篇佳作墨宝，划得来，划得来。"说完，哈哈大笑起来。

接着，他们又谈及这次会试的试题。韩畏之把令狐绪引到外边的回廊上，二人低声谈了一会复又入内。韩畏之向李肱、李商隐等人说道："各位公子，岳丈从泾原任上来信，要七妹速回洛阳，再随岳母由洛阳去泾原，明天清晨动身，因要收拾行李，愚弟只好先告辞了。"说完，和王氏姐妹一块儿站起来告别。

他们走出桂子园门口时，七妹又回头朝李商隐深情地望了一眼，才恋恋不舍地跟在姐姐的身后走出了园子。

李商隐心里觉得李肱来得不是时候，所以，谈兴便小了许多。李肱因在高墙大院中长大，平时接触的多半都是皇族子弟，对民间的风俗习惯和应酬交往知之甚少，又加上有些粗心，所以，没有觉察到李商隐的情绪变化，仍旧按照自己的意思大声谈论着。

过了一会，他们又一同浏览了芙蓉园和大雁塔，所到之处，有不少人都朝他们望着，还低声谈论着。李商隐知道，他们是在谈论高中第一名的李肱。

一直到夕阳渐渐西斜，他们才上马返回长安城里。

5

游过曲江之后，李商隐又接到了一些同科进士的帖子，他感到很累，除了在中第的第一个晚上给恩师写了封报喜信之外，其余时间都花费在应酬上了。

珠箔飘灯独自归——李商隐传

他很想念自己的恩师，也很感激令狐绹为自己着力推荐，所以，他提出要随老夫人去兴元。老夫人让他先回洛阳去看望母亲，把中进士第的喜讯让家里人也高兴高兴，安排好家事之后，再由洛阳直接去兴元。

　　临离开长安前，老夫人在老宅设家宴，为李商隐送行，并让令狐氏三兄弟携眷参加。李商隐听了，心中自然高兴，因为他可以借此机会见上寄奴儿一面了。他还想问一问寄奴儿，她不是说想在老夫人跟前侍候一辈子吗？此次能否随老夫人一道去兴元？

　　家宴那天，李商隐喝了不少酒，他先向老夫人敬了酒，又分别向令狐氏三兄弟敬酒，最后还特意向令狐绹连敬了三杯，以感谢他的推荐之情。由于没请外客，所以也不安排家中乐伎演唱助兴。

　　李商隐以为寄奴儿也不会来了。

　　其实，寄奴儿早就来了，她正和令狐绪、令狐绹的夫人一道，坐在内宅另置的一桌席上。

　　散席之后，令狐绪、令狐绹和他们的夫人要离府回家，在他们向老夫人告别时，李商隐忽然看到了寄奴儿！

　　她和令狐绹的夫人一道，款款走进厅房里向老夫人跪拜之后，便转身而去。只是在出厅房大门时，不经意地回头一瞥，向李商隐看了一眼，李商隐觉得她的那双眸子里，有怨、有恨，也有期待。那是只可意会不可言传的一瞥。这让李商隐想起了柳枝姑娘天真无邪的眼神，想起了寄奴儿表演软舞时神采照人的眼神，想起了柳枝姑娘含着泪花的眼神，想起了寄奴儿此时的眼神，心中便有了一种怜惜和恐惧的感觉。

　　晚上睡下之后，忽听有轻轻的叩门之声，李商隐觉得奇怪：令狐绪、令狐绹住在府外，令狐纶因为公事要处理，已去了衙署，一排客房除了自己之外，全都是空着，一般仆人也不允许随便进后院来的，那么叩门人会是谁呢？

　　他轻轻地披衣而起，点上灯烛，刚刚开了房门，便看到烛光亮处站着一个女子。李商隐认得她，她叫哑丫，是专为家中乐伎们做饭的女仆，是个哑巴。还没待李商隐问话，那哑巴已如一阵清风不见了，地上留下了一封信。

　　李商隐拾起来一看，信封上无一文字。抽出信笺一看，信笺对折着，展开一看，除了有根不太长的丝弦之外，信笺上也如信封一样，空无一字！

　　李商隐将丝弦放在烛光下看了半天，推测出这是已经断了的半根琴弦。寄信人是谁？为何信上不着一字？寄来半根琴弦有何寓意？他由哑丫想到府中的乐伎，又由府中乐伎联想到了浅浅和寄奴儿，对，是寄奴儿！只有她才会这样别出心裁，只有她才会寄上半根琴弦！那琴弦一定是凤首箜篌的琴弦！寄奴儿怎么啦？为什么要用这样的方式，寄送这样的信？他猜想了一夜，设想出了种种可能，但最后又被自己一一否定了。不过，他心中也明白，寄奴儿那里一定是出了什么事，她想告诉他，又怕告诉他。

寄奴儿是位十分聪明的姑娘，她想用这种聪明的方法，把自己的心事告诉给聪明的人，可惜，李商隐并不聪明。

不过，就算李商隐聪明绝顶，又能怎么样呢？

第二天清早，李商隐骑上令狐绪早已为他准备好了的马匹，独自一人出了相府大门。刚刚走过东市，进了常乐府，忽听后边传来一阵匆促的马蹄声。他勒住马回头一看，见一红衣少年策马奔来，到了跟前，便滚鞍下马。李商隐一看，原来是温庭筠。

寒暄了几句，温庭筠便说明了来意。

原来，温庭筠也参加了今年的会试，如他自己所料的一样，又是名落孙山！不过，这位看重青楼而不重功名的温公子，对此一笑了之。他对李商隐说："义山，我刚才去过了令狐家的老宅，仆人说你要回洛阳，刚刚出府，我便追来了。"

"什么事这么急？"

"你还不知道哇？"温庭筠说着，便将他拉到城门旁边的一个刚刚开门的酒肆里，向店家要了一壶酒和几个小菜，二人边饮边谈起来。

温庭筠是个不拘小节的浪荡公子，一天到晚嘻嘻哈哈的样子，好像天生就不知愁为何物！而今天却不一样了，他叹了一口气，对李商隐说道："义山兄，我要提醒你一句，虽说令狐绹这次会试帮了你的忙，也很感激他，但此人心胸狭窄，容不下人，尤其容不下比他强的人！再说，他为自己能向上攀，便会不择手段。"

李商隐虽然是在认真地听着，但并不完全同意他对令狐绹的评价。

"你就是专为此事才来追赶我的？"

"不，我想把寄奴儿的情况告诉你。"

李商隐一听到寄奴儿的名字，便预感到发生了什么事，这与昨晚收到哑丫转来的信之后，心中产生的预感有些不谋而合。他便停下了手中的杯子，焦急地问道："寄奴儿怎么了？"

"寄奴儿被令狐绹收为小妾了。"

"小妾?"李商隐反问了一句。

"对,小妾。"

李商隐手捧酒杯,半天无语。

"寄奴儿要求赎身,令狐绹不肯;寄奴儿要去侍奉老夫人,他还是不肯;寄奴儿想步柳枝姑娘的后尘,他便将她关在家里,不许出门半步,且常常辱骂她,甚至当着仆人的面骂她。可惜、可怜、可悲!一个才华横溢的大活人,竟成了笼中之雀。"

李商隐心如刀绞,他以手按住前胸,他的前胸怀中,还揣着那封无字信和半根琴弦。

"怎么啦?义山兄,病了吗?"

李商隐摇了摇头。

温庭筠接着说道:"寄奴儿曾给我写了一封信,她要我告诉你,让你在令狐大人的面前,帮她求求情,让她去伺候老夫人。可我上哪里去找你呀?结果……"说着说着,他便说不下去了。

李商隐这还是第一次看到温庭筠的眼泪,温庭筠也是第一次在朋友面前落泪。李商隐受了他的感染,眼泪也情不自禁地滚落下来。

李商隐想,温庭筠说得对!寄奴儿是抱着一线希望才给温庭筠写信的。若自己能及时为她去求情,让她待在老夫人的身边,也许就不会出现今天的悲哀了!虽然自己曾经埋怨过柳枝姑娘不该遁入空门,但与浅浅和寄奴儿比起来,她的选择应属上策!

温庭筠还告诉李商隐,他打算去游历湖广一带。

分手后,李商隐心事重重地出了城门,信马由缰地走着,回想到温庭筠说的话和昨晚的情景,想起了清都观住持转告他柳枝留下的那些话,他觉得对不起柳枝姑娘,也对不起寄奴儿,心中痛苦万分,可又无法向外人诉说,包括自己十分信任的温庭筠,他都不敢透露自己的内心感情。一路上,寄奴儿的泪眼时时在他眼前浮现,凤首箜篌的音韵反复在他耳边萦绕。

6

李商隐刚刚回到洛阳家中,一些亲友邻居们得知李商隐考中了进士,都纷纷前来祝贺。他母亲和羲叟、堂兄让山，里里外外地招呼前来贺喜的客人。

住了几天，家中的客人渐渐少了些，李商隐便把曲江相亲的事说了一遍，让母亲对他这件婚事做主，谁知他的母亲满口答应了。虽然王家的府第仍在崇让坊，但王茂元在泾原为官，老夫人和七妹也都去了泾原，除留下一位管家和几个仆人守门之外，家中并无做主之人，他母亲只好托人捎信去求亲。

到了七月，岳山管家风尘仆仆地从兴元来到了洛阳，给李商隐送来了令狐楚的亲笔信，原来，令狐楚想让李商隐早一些去参加吏部的释褐试。

这次见到岳山管家，李商隐发现他衰老了许多，不但两鬓已全白了，眼睑都垂下来了，背也有些驼，不像当年在汴州见到时的那种干练精神的样子了。岳山管家还带来了一些新的消息：令狐绹自被授为左补阙后，很得皇上赏识，有望再度晋升。一进五月，李德裕由浙江观察使改任淮南节度使，牛僧儒由淮南节度使授为东都留守。上个月，寿安公主下嫁成德节度使王元逵……

"寿安公主不是文宗皇帝的堂妹吗？为何要嫁给藩镇呢？"李商隐早就听说过王元逵父子的一些情况，所以感到很吃惊。

岳山管家愤愤地说："还不是皇上害怕藩镇造反，才用公主去和亲笼络！"

李商隐听了，不满地说："要是藩镇们一个个都不听从天子之命，难道都能用公主下嫁，而去求平安吗？"

原来，由于宦官弄权，朋党争斗，皇上顾了里边就顾不了外边，一些藩镇便趁机凭借武力割据地方。李唐王朝对此无能为力，便一味姑息妥协。成德节度使王庭凑，自恃拥有兵力，不但敢于对抗天子之命，平时更是为所欲为。大和八年（834 年），王庭凑病死之后，其子王元逵承袭了节度使。文宗皇帝为维系李唐天下，妥协苟安，下诏让寿安公主下嫁王元逵。

李商隐对文宗的此种做法极为不满，认为此举不但不能从根本上解决李唐王朝和藩镇的矛盾，反而会祸患无穷！他取来纸笔，写下了自己的忧虑和愤激心情：

> 沩水闻贞媛，常山索锐师。
>
> 昔忧迷帝力，今分送王姬。
>
> 事等和强虏，恩殊睦本枝。
>
> 四郊多垒在，此礼恐无时。

写完了，又写了一个题目《寿安公主出降》，"出降"二字的用意十分清楚：降低身份，屈辱下嫁。

岳山管家边读诗边点头，称赞说："义山啊，你这首诗与以往的诗风不同，对当朝天子敢直言抨击，对国事关切忧患。这实在需要真胆量和大勇气。这首诗写得好，好！"

岳山管家在李商隐家住了三天，第四天，李商隐去了长安，岳山管家回兴元去了。

李商隐此次到长安，是去参加吏部的释褐试。只要释褐试合格了，便可授官。在吏部试博学鸿词科时，他的对答得体，不但自己满意，而且座上的几位官员也都点头称好。谁知后来许久都没有音讯，急得令狐绪、令狐纶和李商隐团团转。最后，令狐绹去吏部打听，也没有打听出原因。

李商隐决计立即到兴元去，令狐绪为他准备了一匹好马。第二天清晨，便送他出了城门。

第十二章

　　诀别了病榻上的令狐楚，老夫人将一面镂着菊花的铜镜送给了李商隐。

> 猿鸟犹疑畏简书，风云常为护储胥。
>
> 徒令上将挥神笔，终见降王走传车。
>
> 管乐有才真不忝，关张无命欲何如？
>
> 他年锦里经祠庙，梁父吟成恨有余。
>
> ——《筹笔驿》

1

　　十月的汉中平原，一派萧瑟景色，树上的枯黄叶子，不时地从枝头上飘落下来，又被阵阵秋风卷起，在半空中飞扬着。

　　李商隐的坐骑是匹良种军马，一路上总在奔驰，就是在山路或河滩上行走，也是迈着小碎步，但他还是嫌速度不快，便拼命地抽打。他有一种预感：恩师一定病得很重，正因为有了这种预感，所以才想早早赶到恩师跟前。

　　他是天黑之前赶到兴元府的，因门口的卫士不认识他，让他稍候，便转身进去禀告。不一会，岳山管家匆匆地迎出来，连忙拉着他的手去见令狐楚。

　　走在路上时，岳山管家对李商隐说："义山，令狐大人这次病得可不轻啊，在病前和病中，他多次念叨着你。昨日，他还对老夫人说：'义山这两天就会到兴元，他的住处安排好了没有？'还要我把你的住处安排得离他的卧室近一些。唉！说真的，他可是把你看得比他的三个儿子还要重哪！"

　　当他们走到令狐楚的卧室门口时，忽然听见里边传出话来："来的可是义山吗？快快进来。"

李商隐边答应边推门进去，见令狐楚靠在病榻上，便连忙跪下叩拜。

令狐楚脸上挂着笑容，向床边指了指，示意他起来，坐在自己的身边，说道："你写来的信，我读后很高兴，中了进士第，是件大喜事，过了释褐试，就能授官了。好啊，总算熬出来了。"

李商隐听了，不断点头称是。他不敢把进京参加释褐试未录的事告诉他，怕他听后心烦，加重病情。他看着恩师雪白的头发和苍老的面容，心中很不是个滋味。当年，就是这位老人，横刀立马，征南战北，立下了赫赫战功。到了京都，又勤于朝廷，忠于职守，辅佐天子，闯过多少惊涛骇浪！要是没有这位老人，自己怎么能在汴州立足？又怎么能中进士第？恩师之重，重于山，深如海。想着想着，便不由得流下了泪水。

"你这是怎么了？累了吗？还是饿了？对啦，岳山啊，义山在路上一定十分劳累，你快些准备热水，让他洗一洗，解解乏，晚上好好睡上一觉。"令狐楚想得很周到。

李商隐听了，越发地哭得厉害了。岳山管家连忙把他叫出来。他洗完之后，喝了一大碗红枣小米稀饭，带着满脸的笑容，又回到了令狐楚的身边。

老夫人听说李商隐来了，也连忙来到了令狐楚的卧室。

不一会，有女仆进来，将已煎好的汤药放在一只带盖的玉碗中，用托盘托着，送到床前。令狐楚一看到还冒着热气的汤药，便皱起了眉头，连连摆手，说道："我早已说过了，好药难治心病！我本无病，唯感年事已高，心有余而力不足而已，何必要以人参灵芝等物来自欺欺人！义山，你能否给我吟几首你喜欢的好诗？"

李商隐说："学生前不久在老宅整理恩师的旧稿时，看到了恩师早年写了不少诗，首首都有阳刚之气，没见过边塞之月，没遇过疆场之风，是难写出那种豪放诗句来的。我吟一首给你听。"说完，他吟诵了令狐楚的《少年行四首》：

> 少小边州惯放狂，骣骑蕃马射黄羊。
> 如今年老无筋力，独倚营门数雁行。
>
> 家本清河住五城，须凭弓箭得功名。
> 等闲飞鞍秋原上，独向寒云试射声。
>
> ……

李商隐吟到第四首时，见令狐楚双眼微闭，脸呈安详，已静静地轻轻睡着了。老夫人向李商隐悄悄说道："自从他病了以后，还是第一次这么高兴，也是第一次睡得这么安稳、舒心。"

李商隐见恩师睡着了，便与老夫人悄悄退出卧室，一起来到了客厅。

客厅里坐着不少幕府的官员，都是前来探望令狐楚病情的。

2

令狐楚的病情开始时好时差。过了中秋之后，便渐渐加重起来，腹部疼痛，不思饮食。后来，便干脆难进饮食了，有时痛起来，头上便渗出黄豆大的汗珠。

岳山管家同老夫人及李商隐商量过，让李商隐写了一封信，叫令狐氏三兄弟火速来兴元。信由专人快马送往长安。

老夫人这几天日夜守在丈夫的病榻旁，半匙半匙地为丈夫喂药，也喂一点人参汤之类的补药。一见到丈夫痛楚不堪的样子，她就悄悄地落泪，一天要换好几条手帕。李商隐担心时间长了，老夫人也会病倒，便和岳山管家一道劝她回房稍睡上一会，由自己替代她守候在恩师身边。

说来也怪，只要令狐楚睁开眼睛，看见李商隐坐在身边，就是再痛苦，他也会勉强地笑一笑，有时还强打精神和他说几句话。

又住了几天，令狐氏三兄弟日夜兼程来到了兴元。下马之后，没顾上擦拭脸上的热汗，便去了父亲的卧室，齐刷刷地跪在父亲床前，向父亲请安。

令狐楚听说三个儿子来了，心中甚是高兴，他问了些京城的情况，令狐绹如实地说了一遍。当问到北司是否仍如从前一样专横，王涯等人是否已经昭雪时，李商隐连忙向令狐绹摇手示意，令狐绹便以"南衙尚可，北司亦有敛"等模棱两可的话应付过去。令狐绹知道李商隐的用意，怕父亲听了朝廷中那些既不顺心又不顺耳的话会生气的，而一生气，便会加重病情。

这天晚上，因为令狐氏三兄弟守候在令狐楚身边，李商隐便去旁边的客室睡觉。也许是好几天没有睡足的缘故，他一躺下，便睡熟了。

他好像又去了浙江，跟着在浙江幕府的父亲，在一条山路上走着。他父亲领着他走进了竹园，园中有一个亭子，亭子旁边有一条弯弯曲曲的小溪，溪中清水见底。父亲指着亭子说，这就是兰亭，当年的王羲之，就是在这里写下了《兰亭序》。就在这时，又听见有人在旁边吼道："不要贪玩，要好好读书才有出息！"他转身一看，父亲又变成了堂叔，堂叔手中拿着一卷书，一脸的严肃，正在生气……

"义山哥，快起来，父亲叫你去一下。"令绪纶的喊声搅醒了李商隐的梦，他连忙爬起来，披了衣服，跟着令狐纶就走。出了门一看，外边一片漆黑，天上还飘着碎雪。

进了令狐楚的卧室，见他已经坐起来了，令狐绪和令狐绹在两边扶着他。一见李商隐来了，他便说道："义山呀，我的病，我有自知之明。我想，写一份遗表，呈给皇上……我本想自己写的，可是我……有些，力不从心。他们三个人的……文笔，又都不及你。所以，想由你……代笔。"

李商隐听说是代写遗表，心中极为悲痛。他一面点头应诺，一面悄悄用衣袖擦去眼中的泪水。令狐绪已准备好纸笔，大家只等着令狐楚开口了。

令狐楚虽然说话已经十分吃力，但他还能断断续续把心中的意思表达出来。他说的主要内容，除了表达自己的忠君之心，更主要的是向皇上表明：自己之所以陈尸上谏，是请求皇上为"甘露之变"中受冤被杀的大臣们平反昭雪，以皇恩感天下，请求皇上采纳他这个行将就木的老臣的忠言。说完之后，已是满面的泪水了。

李商隐按照他说的大意，匆匆写完了遗表的草稿，又带着草稿去客厅修正了一遍，抄正后，加了个题目：《代彭阳公遗表》，到卧室念给令狐楚听。令狐楚听了，点了点头，又凄然一笑，说道："义山写的……遗表……很好。待我走了之后，速速派人送，送长安……"说完，显得十分劳累。令狐绪和令狐绹连忙帮他躺下，让他休息。

天将亮时，李商隐和衣上床想睡一会。也许是心情过于激动，总是睡不着。他想起恩师一生都在为李唐天下操劳，就在不久于人世之时，他还惦念着国家社稷的安危，惦记着被杀害的王涯等人，确是朝廷中有胆有识的忠良之臣。若是这样的忠良之臣再多一些，若文宗能重用这样的忠良之臣，仇士良之流还能翻起恶浪来吗？一想到仇士良，他心中便涌出一股愤慨之情。忠良之臣遭排挤，无辜大臣被杀害，都是这些阉党宦官所为！若自己有一天能辅佐君王，便一定大清君侧，铲除这些祸国殃民的家奴们！

想着想着，他终于睡着了。

几天以来，令狐楚一直处于昏迷状态。李商隐和全家人都守在他的病榻前，想听听他临终前有何遗嘱。但他一直没有睁开眼睛，只有微弱的一口气，像游丝般，似断未断。

有一天夜里，北风呼号，大雪纷飞，卧室中虽然燃着几盆极旺的木炭火，但大家仍冻得瑟瑟发抖。

忽然，令狐楚的手动了一下，接着，又睁开了眼睛，他朝旁边看了一眼，见家人和李商隐都在身边，便示意让人把他扶起来，背上垫上软垫，靠在床头上，脸上竟然露出了少见的笑容。令狐氏三兄弟见父亲的精神比前几天好多了，都十分兴奋。

李商隐的心头一沉，他看到令狐楚的眼神中炯炯有光，且脸色似有红晕，便觉得有些不妙，他想起了崔戎临终前的征兆，他认为这是一种回光返照。

果然不错，当听到鼓楼传来二更响时，令狐楚让人将挂在壁上的佩剑摘下来，他用手抚摸了一会儿，又让人重新挂好。接着，他便让李商隐再为他吟诵几首诗，李商隐吟的仍旧是令狐楚当年写的《塞下曲二首》：

> 雪满衣裳冰满须，晓随飞将伐单于。
> 平生意气今何在？把得家书泪似珠。

李商隐吟诵完第一首时，令狐楚的脸上有一种十分安详的笑意。他朝三个儿子和李商隐示意，让他们再靠近病榻一点，指着李商隐说道："吾爱义山，如爱吾子。"又指着令狐氏三兄弟说道："尔等要善待义山，视义山为兄弟。"停了一会，又说了一句："我的后事，一定从简……俭办。"

兄弟三人听了，连连点头。

"义山啊，还有一首呢？"令狐楚朝李商隐看了看，意思是让他继续吟哦。

李商隐接着开始吟诵第二首诗：

> 边草萧条塞雁飞，征人南望泪沾衣。
> 黄尘满面长须战，白发生头未得归。

珠箔飘灯独自归——李商隐传

吟着吟着，李商隐似乎也被诗中的苍凉情绪所感染，似乎自己也到了尘烟滚滚的边塞，看到了南飞的大雁和无边的衰草，看到了寒风中的白发征人。当他吟完再抬头时，见恩师已安详地睡熟了。他轻声地叫了一声，没听恩师回应；他又叫了一声，仍未见回应。

令狐氏三兄弟见状，齐齐地大声叫他，他仍无动静。闻讯而来的岳山管家和几位医生，试了试他的脉搏，都低下了头。一位老医生说道："大人已经仙逝了。他走得很自在，很从容。这是大人生前修得的福分。"

这是一句安慰的话，为的是能让生者心中减少些许的悲哀。

室内，一片悲哭之声；室外，北风依然呼号，满天的大雪依然在飘舞。

这是开成二年十二月的深夜。

4

令狐楚病逝，岳山管家忙着布置灵堂，令狐绪安排人专程将《代彭阳公遗表》送往长安。李商隐去内室看望慰问了老夫人一番之后，便回到自己的客室，连夜写了一篇《祭相国令狐公文》。

随着府主的病逝，兴元幕府的幕僚们到灵堂拜祭了之后，有的还滞留在当地，有的便离开了兴元。

令狐楚的后事处理完毕之后，李商隐便随着老夫人和令狐氏三兄弟扶柩回京。他们一共有十多匹马骡和八辆马车，浩浩荡荡地沿着驿道，向京都行进。

当他们走到陈仓与大散关之间时，见两边的高山没入云霄，在大山的悬崖之侧的石壁上，画有许多神像，其形上赤下素，其状宛如仙女，当地人称这些神像为圣女神。山下建了一祠，祠名就叫圣女祠，祠内香火很盛，来求圣女保佑的香客们络绎不绝。

他们在圣女祠旁停下马来，在一个不太大的饭庄吃饭，也为牲口加料、饮水。在饭菜尚未做好之际，李商隐信步走进圣女祠，从前殿看到后殿，又转到一尊圣女像前，和别的香客一样，烧了香纸。他抬头望着山壁上巨幅的圣女图，圣女由天界下谪人间，想到自己的坎坷遭遇，尤其是想到恩师去世之后，更觉得自己的前途迷茫。

护丧的队伍晓行夜宿，很是辛苦。好在这年冬季天旱，没有雨雪，所以，一路上还比较顺利。

李商隐骑着一匹不很高的黄马，黄马很温顺，走起来也很稳，反正马车走得很慢，用不着催马急行，所以，他坐在马背上，松开手中的缰绳，也不用担心坐骑会离开驿道；就是打瞌睡，也不怕从马上摔下来。在这漫长乏味的旅程中，为了打发寂寞，他便在马背上吟诗，吟成之后，在打尖住宿时，匆匆记下来。

走到长安城西郊的陈家庄村头时，既听不见狗叫之声，也没有跑出村来围观的孩童，李商隐觉得很是奇怪。

进村之后，见有数栋房舍已被焚过，断墙残壁上留着燃烧过的黑灰。村子中死气沉沉，像发过瘟疫一样。他们在村子中的十字路口停下车马，提水饮马。这时，李商隐看到一间尚未倒塌的房子门口，坐着一位年迈的老农，他便走过去问安，又打听村子里为何不见人？

那老农见李商隐说话和气，又未带兵器，才战战兢兢地说道："不瞒小哥你说，才听说有大队人马进村，以为是神策军又来了，大伙都躲藏起来了。"

李商隐听了，大为吃惊，问他是怎么一回事。

老汉对他说，"安史之乱"时，安禄山的军队把村里抢劫一空，还杀害了八十多名青壮年，弄得庄稼没人种了。前年，又逢"甘露之变"，也就是宦官杀大臣。有一天，来了一队神策军，是来搜捕李训的，因为李训从长安逃出来以后，在村里讨了一碗水喝，便策马去了终南山。神策军硬说是村子里藏了李训，便搜遍了全村，烧了一些房舍，还抓走了二十多人，把值钱的东西抢劫一空，才扬长而去。

说话的时候，有些人陆陆续续地走出来了。他们衣衫破旧，有的在这天寒地冻的冬天，还打着赤脚，穿着单裤，孩子们更是蓬头垢面，一脸的惊恐之色。李商隐不忍再问再看了，他从怀里取出一块碎银塞在老农手里，牵上黄马，默默出了陈家庄。

出了陈家庄之后，他望着庄外荒芜了的田陌，心中异常难过，便在马背上吟了一首题为《行次西郊作一百韵》的长诗，在这首诗中，他不但描绘了人祸之后西郊农村的衰败惨象，还控诉了"安史之乱"和"甘露之变"造成的空前浩劫；并指出朝政日非，国事艰难，要想复兴，必须先用贤才；他还直截了当地表明了自己的心迹："……又闻理与乱，系人不系天。我愿为此事，君前剖心肝……"

珠箔飘灯独自归——李商隐传

回到京都之后，已是腊月二十三日了。这一天，李商隐正在陪着老夫人说话，岳山管家匆匆给他送来了一封信，并说送信人告诉他，这信很急，要他一定转交给李公子，他在前厅立等回执。

李商隐一看信，便说道："是同年韩畏之所写。"抽出信笺看时，不由得锁起了眉头。

"出了什么事？"岳山管家问。

李商隐便将信笺递给他，岳山管家看了，竟笑起来了。原来，韩畏之是请他明日去他新建的府第饮宴。同时，信上还说，他的岳丈岳母已经应允了这门婚事，并要他在年前与王七妹完婚。他的岳丈还请李商隐去他的幕府任掌书记。

李商隐有两大为难之事，一是恩师刚刚去世，自己马上离京，不太合适；二是托媒求婚之事是母亲操办的，完婚的日子应由双方父母商定才可。他将自己的想法，老老实实地向岳山管家说了。岳山管家本来想放下信就走的，听了他的话之后，思忖了一会，又坐下来，语重心长地说道："义山啊，我虽然不是从小看着你长大的，但我熟悉你，比熟悉绪郎、绚郎他们三个还要透彻。我比你长一辈，拿你当我的孩子。你就听我一句话吧：令狐大人已经去了，今后凡事要靠自己了；至于洛阳的家中，我会安排好的，你就给送信人写个回执吧。"

李商隐觉得岳山管家的话十分中肯。他提笔写了一封短信，交给了岳山管家，岳山管家便匆匆去了前厅。

当天晚上，他去看望老夫人，老夫人告诉他，她很赞成这门婚事，还让岳山管家带上礼品到洛阳去贺喜。

李商隐辞别老夫人时，她打开柜子，取出了一面小铜镜，铜镜后边镂着一朵菊花。她说，这是她出嫁时的嫁物，分为春夏秋冬四面，绪郎、绚郎和李商隐媳妇各一面，余下的一面留给纶郎媳妇。

李商隐高高兴兴地接过了铜镜。

第十三章

陶醉在新婚宴尔中的诗人，被自己的挚友从背后刺了一刀。

下苑他年未可追，西州今日忽相期。
水亭暮雨寒犹在，罗荐春香暖不知。
舞蝶殷勤收落蕊，佳人惆怅卧遥帷。
章台街里芳菲伴，且问宫腰损几枝。

——《回中牡丹为雨所败二首》

1

第二天，李商隐如约来到了丰邑坊韩畏之的住处。

这是一座完工不久的新宅，门前有一对半人高的石狮子，门楼油漆一新。李商隐刚刚叩了几下，门便开了，一名仆人问了他的姓名之后，便进正厅禀报，不一会，韩畏之满面春风地迎了出来。

到了正厅以后，见厅中已有了一些客人，李商隐连忙拱手施礼，然后按照韩畏之的指点，坐在自己的座位上。

这位韩畏之依然是大大咧咧的，一副讨人喜欢的样子。他低声告诉李商隐说，他已通过了释褐试，并已授官获得俸禄了。住几天，他还要去泾原接他的妻子六妹。

席间，忽然有人风尘仆仆地走到了韩畏之跟前，将一封信交给了他。韩畏之看过之后，朝李商隐使了眼色，二人便离席去了旁边的一间书屋。

"义山兄，岳丈派专人从泾原送来一封急信，让我转告你，请你速速做出决定。"说着，将信交给了李商隐，李商隐不知道出了什么事，连忙看信。

珠箔飘灯独自归——李商隐传

原来，濮阳郡侯王茂元在信上说了两件事：一是要韩畏之和王氏赶到泾原过春节；二是他已派人去过了洛阳，与李家商定好了婚期，要李商隐速去泾原。

李商隐觉得事情太突然了，正在犹豫之时，韩畏之说："义山兄，木已成舟了，你快回去收拾一下，我明日寅时接你出城。"说完，又回到正厅应酬去了。

李商隐也匆匆回到了开化坊，他先向岳山管家说了此事，岳山管家又连忙引他去见老夫人。老夫人听了，也觉中意，便让岳山管家连夜去准备一份贺礼。

她看到李商隐似乎有些为难之意，便问缘由。李商隐说，他还没来得及把这件事告诉令狐氏三兄弟，心中有些不安。

老夫人说，绚郎的妻弟新近授了官，他们兄弟三人，都到绚郎的岳丈家赴宴去了。等他们回来时，由她向他们说一声说行了。李商隐听了，才稍微安心了一些。

第二天，刚到寅时，韩家的马车就停在相府老宅的大门口了。

李商隐告别了老夫人和岳山管家，便随韩畏之夫妇离开了长安城。

自此，李商隐在婚姻的阳关大道上，是春风宜人，恩爱有加，但在仕途上却是越来越窄，越走越难，终于走进了朋党之争的夹缝之中。

2

泾原府（今甘肃泾川）虽然地处边远，但由于是那一带的政治、经济、文化中心，又加上是军事重镇，所以，显得比较繁华。

王茂元虽然出身行伍，但与京都多有交往。由于他屡建战功，在元和年间已晋升将军了，并与宰相王涯、郑注等人关系密切。"甘露之变"后，宦官以他为王涯、郑注重用为由，亦想对他下手，但他不在长安，且又拥有兵权，再加上他曾派人带着重金去京都活动，所以也就渡过了难关。不久，他被文宗诏授为濮阳郡侯。现在，小女儿七妹即将出嫁，女婿又是当今才子，心中十分得意。

李商隐和韩畏之到泾原城那天，已是腊月二十五了，卖鞭炮烟火的，卖香烛烧纸的，卖糕点糖果的，卖牛羊肉的和卖各种年货的小摊，将大街两旁塞得满满的，置办年货的人，也都是一个个筐溢篮满。他们的马车几次在街上受阻，当进了节度使府第时，天已经快黑了。

听说韩畏之夫妇和李商隐来了，不但仆人们都拥到了大门口迎接，而且节度使大人的家人也都出来了。李商隐在韩畏之的指点下，一一向他们施了礼。

正在这时，李商隐猛然听到有人喊了一句："哥哥，你好！"这声音怎么这样熟悉？他抬头一看，原来是弟弟羲叟！李商隐既惊又喜，连忙问道："你怎么来了？"

羲叟说道："王大人派人去接母亲时，母亲本来打算来的，因受了风寒，加之路途太远，所以，就打发我来泾原了。"

当晚，王茂元在府第举行了盛大家宴，还邀请了幕府中的官员。他在宴会上宣布：腊月二十八日，是黄道吉日，李商隐与七妹完婚！

李商隐听了，心中有些着急，虽然听韩畏之说过，岳丈岳母已准备好了一切，不用李商隐操心，但李商隐还是觉得有些突然了。好在有弟弟在自己身边，他按母亲的吩咐，已与王家商定好了一切，心中才觉得踏实了一些。

新婚之后，就是春节了。白天，李商隐几乎每天都和来贺喜的、来拜年的亲友和幕府官员们宴饮应酬，没有跟妻子待多长时间，只有到了深夜，小夫妻才在红烛之下说上一些知心话，然后，又羞答答地灭灯入帐。第二天，七妹对着铜镜梳妆以后，再把丈夫叫醒，二人去向父母请安。

过了上元节，羲叟便回洛阳去了。李商隐按照岳丈的安排，要去长安参加释褐试。临行前，李商隐和七妹谈了一宿，也没谈完二人的知心话。天亮时，七妹含着泪说："愿夫君此去高中，七妹在家专候佳音。"忽然又想起了什么，她对李商隐说："父亲为了推荐夫君，已给主持释褐试的周墀和李回两位大人，各写了一信，并在前天派人送往京都去了，父亲要我不告诉你。"

李商隐一听，心中乐了。岳丈不让七妹告诉自己，七妹却偏偏说了。俗话说，儿子是"娶了媳妇忘了娘"，那么女儿呢？能不能说女儿是"嫁了夫婿丢了爹"呢？想着想着，忍不住笑出声来。七妹问他笑什么？他说，岳丈想得太周到了。

七妹将李商隐一直送到了城郊的三官庙，才恋恋不舍地望着丈夫上了马。李商隐第一次尝到新婚离别的滋味。他走出很远了，勒马回头看了看，还能看到七妹站在庙前的老槐树下，频频地晃动着手中的白手帕。

到了长安之后，李商隐直接去了开化坊。

令狐家的老宅已经冷清多了，进了大门，穿过了牡丹园，一直走到了后院，只见到两个年迈的仆人在打扫院子。仆人和守门人一样，都认识李商隐，便停下来向他打招呼。

"老夫人在家吗？"

"老夫人去华州的女儿家了。"

"岳山管家呢？"

"病了，在东厢房睡着呢！"

李商隐再也顾不上问别的了，直奔东厢房。

"岳山叔！"李商隐一进门，便大声喊道。

岳山管家已经听出是李商隐的声音，连忙坐起来，说道："是义山来了啊，快坐快坐。"

李商隐看到岳山管家比以往明显衰老多了，清瘦的脸上多了几块黑斑。算起来，也就是一个多月的光景，岳山叔怎么老成了这个样子？

岳山管家问了他在泾原的情况以后，连声说道："好，好，你成了家，我也就放心了。"说着，他把令狐氏三兄弟的情况说了一遍：老夫人去了华州以后，令狐绪旧病复发，不大出门；令狐纶是晨出暮归；令狐绹已请了风水先生，准备再建一座府第，想把老夫人接到新府第去住，把老宅卖给别人。老夫人高低不允，说这是他父亲留下的一点家业，虽值不了多少银子，但住在这里心里踏实些。

其实还有件事，岳山管家没有说出口来。原来令狐绹打算卖了老宅之后，让岳山管家去太原的祖籍"安度晚年"。岳山管家天南地北追随令狐楚大人一辈子了，祖籍已没有什么很亲的亲属了，他孤零零的一个老人家，怎么起居？就是有些银子，也难以"安度晚年"啊！

"商隐啊，我要告诉你件事，你听了，可要沉住气哪。"岳山管家拉着李商隐的手，低声说道："令狐绹对你的婚事，尤其是去泾原成婚，非常生气。"

"为什么？"

"表面上，他说你把他没放在眼里，这么大的事，也不告诉他一声，而且，又是不辞而别，没给他留下一点面子。"

"因为走得很急，来不及去他那里告别，再说，老夫人不是说由她向他们兄弟三人说一声吗？"李商隐觉得自己受了委屈，有些不自在。

"老夫人是说过了，绪郎、纶郎都还没什么，唯绹郎恼火，还说娶妻当然可以，千不该万不该，不该娶王茂元的女儿！"

李商隐听了，更摸不着头脑了，为什么不该娶王茂元的女儿？

岳山管家听了，长长地叹了一口气，说道："义山呀，我知道你和令狐大人一样，最恨朋党之争，也决不站在任何一边，但是，人在官场中，便身不由己了。事到如今，我把内情摊开给你看看，这官场有多么险恶！"

他说，牛僧孺一直与李德裕在明争暗斗着，令狐楚等人均是牛党中人，而王茂元却是李党中人。两党的成员，遍布六部九衙门。李商隐是令狐楚的门生，李党当然把他看成牛党中的人了，而这次却成了王茂元的乘龙快婿，牛党又把他视为了李党的成员。李商隐便不知不觉地卷进了这个险恶的旋涡之中了。

李商隐听了，如梦初醒。他对岳山管家说，过去，自己既不知恩师是牛党中人，也不知道王茂元是李党中人，今后，他更不会参与任何一党的活动，请令狐绹放心好了。

岳山管家说："我若有机会，一定向绹郎解释一下。不过，绹郎很看重朋党中事，且固执己见。他不一定会听我的，我劝你专门向他解释一下，也许会好些。"

李商隐听了，决定第二天就去拜访令狐绹。

第二天晚上，李商隐去令狐绹府第拜访时，门房说，令狐大人不在府中；第三天再去，仍"不在府中"；第四天，他决定晌午去，心想，令狐绹要回来吃饭吧？吃了饭要午间休息一会吧？必然会见到他。结果去了之后，又碰了一个软钉子：门房说，令狐大人身体不适，夫人交代过了，三日之内不会客。

李商隐听了，知道他不想同自己见面，他眼里含着泪，转身离开了。

岳山管家听了李商隐说的经过之后，愤愤地说道："这个绹郎怎么这么绝情呢？绪郎、纶郎就跟他不一样，他们今晚还要设宴为你接风呢！"

晚上，令狐绪和令狐纶都早早回到了老宅，令狐绪因为身体瘦弱，怕风寒

珠箔飘灯独自归——李商隐传

侵身，多穿了些衣服，但依然咳嗽不止。令狐纶虽然已有官职，但回到家中，还不时地冒出一些孩子气来。他们三人，边饮边叙，直到二更方散。

刚过正月，李商隐在韩畏之陪同下，去参加吏部的释褐试。主考官是周墀和李回，他虽然知道岳丈大人已经给这两位大人写过信了，但心中还是有些紧张。经过"身"、"言"、"书"、"判"四道关口，他终于被吏部取中了。

李商隐满面春风地走出了考场之后，便和韩畏之去了丰邑坊，六妹听说李商隐被吏部取中，非常高兴，连忙让女仆为他们准备了酒菜，以示庆贺。

晚上，他又把这消息告诉了岳山叔和令狐绪、令狐纶。

令狐绪第二天见到令狐绚时，把这一喜讯告诉了令狐绚，令狐绚听了，说道："被吏部取中者，还须送到中书省审核认定后，方可授官。"

令狐绪说："按往年的规矩，进士经吏部取中授官，中书省是不会推翻的。"

令狐绚说："那也不一定。"

令狐绪回来向李商隐和岳山管家说起此事时，他们也觉得不会出什么变故。

也许在别人身上不会出现的变故，却偏偏出在了李商隐身上。

又住了几天，吏部把一些经释褐试合格拟任官职的名单送到中书省时，其他人都被选录了，唯独没有李商隐的名字！

令狐绪曾去打听过，也没弄清落选的原因。最后还是韩畏之托李肱去中书省打探，才知道是中书省长者杨嗣复命人将李商隐的名字从名单中抹去的，还扔下一句话："此人不堪。"

"此人不堪"？到底有何不堪？

李商隐猜测不出，自己与这位中书长者从无交往、无冤无仇，更没有得罪他，他升任宰辅时，自己还代岳丈给他写过贺状嘛，可为什么他对自己这样不公道呢？

痛定思痛，他独自去了城郊的乐游原，躺在尚未返青的草地上，仰望着蓝天，回忆着这几天的经历，便渐渐悟出了其中的原因。原来，过去几次会试未第，主司是李党中人，便理所当然地把令狐楚的门生当成了牛党中的人了。今日的中书长者，是牛党中的大员，也理所当然地把王茂元的门婿当成了李党中的人了。

过去，自己命运不济，他认为是上天对自己不公；今日仕途受挫，才知道是人对自己不公！他有苦难言，有屈难诉，两行清泪由面颊落到经冬的荒草上了。

在回城的路上，李商隐望着城中的宫阙和城墙上的城楼，心中有了一种过去不曾有过的感慨。过去，自己每每来到长安，便有一种亲切感，因为长安城里有自己的恩师，有柳枝，有寄奴儿，有温庭筠和令狐氏三兄弟，还有心地善良的岳山管家和老夫人。如今呢，恩师不在了，柳枝出家了，寄奴儿像雀儿关在牢笼中了，令狐氏三兄弟各忙各的，老夫人去了华州，岳山管家老了、病了。再进长安，便有了一种陌生感，觉得自己不属于长安，长安也不需要自己。

进城之后，他径直去了丰邑坊，因为韩畏之不但是他的同年、他的连襟，也是唯一能和自己谈得来的朋友。

一见李商隐来了，韩畏之一改往日嘻嘻哈哈的样子，把他让进书房中，愤慨地对李商隐说道："义山，你恩师的那位令狐绹公子，真不是个东西！我去向他打听你未被授官的原因时，你猜他说了些什么话？'不识抬举'，'自讨的'！还说你去泾原完婚，受聘幕府是'见利忘义，背恩向敌'！我看啦，这小子一定在杨嗣复那里做了手脚！"

"畏之，不要乱说！绹哥待我不错，这一定是个误会，以后自然会消除的。"

"你呀你，事到如今了你还护着他！以后，你还会吃他的亏的！"

六妹见李商隐来了，连忙命人去准备酒菜。李商隐也不推辞，他饮了几杯酒之后，对韩畏之说："畏之，我在城中无所事事，在乐游原上写了三首诗，请你赐教。"说完，找来纸笔，挥笔写了下来：

> 不妨何范尽诗家，未解当年重物华。
>
> 远把龙山千里雪，将来拟并洛阳花。

> 沈约怜何逊，延年毁谢庄。
>
> 清新俱有得，名誉底相伤。

> 雾夕咏芙蕖，何郎得意初。
>
> 此时谁最赏？沈范两尚书。

韩畏之听了，以指叩击着桌面，说道："义山兄以何逊串联三诗，是借古人之酒，浇自己之块垒也。好诗，好诗啊！"说完，便向李商隐敬酒。

六妹忽然笑盈盈地走到席前，手持一锦绣双鲤，对李商隐说道："义山，

珠箔飘灯独自归——李商隐传

你看这是什么？"

李商隐一看，心中便知那是七妹寄来的双鲤书，便红着脸去接。

六妹把书信放在背后，说道："要信可以，须再喝一杯酒。"

李商隐喝了一大杯酒之后，才从锦鱼腹中取出了七妹的信笺。七妹没写别的话，只是问他何时回泾原。

李商隐看完信后对他们说，他想在近日之内回泾原去。韩畏之听了立即表示赞同，并答应给他准备好马匹。

4

李商隐进进出出长安城的次数已经不少了，唯独这一次的离开，令他倍感惆怅。

当他到了马嵬坡时，见坡上杂草丛生，荒冢累累，不时还能见到野狐出没于枯丛洞穴之中。他望着坡上的衰败景物，想象着当年在这里发生的那幕悲剧，又想起了白乐天写的长诗《长恨歌》，便觉如鲠在喉。杨贵妃为什么会被勒死？还不是玄宗皇帝过分迷恋声色，宠杨贵妃，才导致安禄山叛乱？白乐天讲的是个悲悲戚戚但又感人肺腑的爱情故事，但避开了造成这幕悲剧的原因。也许因他在世时，离"安史之乱"的年代太近，而有所顾忌吧！

想到这里，他脱口吟了《马嵬二首》：

其一

冀马燕犀动地来，自埋红粉自成灰。
君王若道能倾国，玉辇何由过马嵬。

其二

海外徒闻更九州，他生未卜此生休。
空闻虎旅传宵柝，无复鸡人报晓筹。
此日六军同驻马，当时七夕笑牵牛。
如何四纪为天子，不及卢家有莫愁。

吟完了，他觉得心中舒坦多了，又策马前行。

5

李商隐回到了泾原，岳丈王茂元非常高兴，也不问他在吏部的考试中了与否，便设宴为他洗尘。

王茂元虽然长得威武彪悍，但对家人尤其是子女们，却十分疼爱。

三月三日这一天，偏远的泾原城与长安城一样，城里的官员和商贾市民，都成群结队地去城外的泾水河畔踏青春游。李商隐随着王府的眷属们，乘了三辆马车出了城，来到了离城较近的沙洲上。年龄大一些的女眷，便在草地上斗草、采花、剜地菜、捕蚱蜢、捉蝴蝶。两位小公子总喜欢跟在李商隐身边，央求他诵古诗，讲故事，讲述在长安的所见所闻。

王茂元是个坐不住的人，再加上城里的许多名流绅士都认得他，见到他时，少不了要过来问候、施礼，弄得他不还礼不礼貌，还礼又还不赢。正在他感到尴尬时，一抬头看到了高高的北门城楼，便提议登上城楼去看看。李商隐便携两个妻弟，随王茂元登上了城楼。

"等等我。"七妹边喊着边跑过来，她本来一步也不想离开李商隐的，但父母和几位长辈就在身边，便只好和女眷们待在一起。见两个弟弟左右不离自己的丈夫，心中既羡慕又忌妒。听说他们要去登城楼，便再也忍不住了，要跟他们一起去，实际上她是想跟在自己丈夫的身边。

"不行不行，城楼太高，楼梯又太陡，摔下来怎么办？"两个弟弟不想让她去，便吓唬她说。

李商隐也没登过这座城楼，怕真的有什么危险，所以，也劝她就在楼下等着。

七妹见丈夫也不同意自己跟他们去，便委屈地站在那里，眼睛已经泪汪汪了。

王茂元平时就十分喜欢这个年龄最小、长得最好、性格最乖巧的女儿，便说道："好吧好吧，不过，爬到半路爬不动了，可没人背你下楼来哟。"

"我不要人背！"七妹听了，破涕为笑，便跟着他们向城楼登去。

安定，也叫泾州（今甘肃泾川县），是泾原节度使的治所，安定城的城楼威严地高耸在城墙之上。登上城楼以后，城外的河流，河边的杨柳，通向远方的驿道，和苍苍茫茫的原野，以及横空出世的远山，都一一收入了眼底。望着

珠箔飘灯独自归——李商隐传

这边塞大漠，李商隐便想起了自己的抱负和经历的坎坷，心中涌起了一种难以名状的激动。这时，守城的军官听说节度使大人上了城楼，连忙上来拜见。王茂元向他挥了挥手，表示不需要，让他下楼去了。

"义山，登高远眺，思古论今，可有诗吗？"王茂元虽说是位武将，但他知道登高望远是出诗的最佳时候，便以此话来激励他。

"好吧，我就以《安定城楼》为题，吟一首七律吧！"

迢递高城百尺楼，绿杨枝外尽汀洲。
贾生年少虚垂泪，玉溪春来更远游。
永忆江湖归白发，欲回天地入扁舟。
不知腐鼠成滋味，猜意鹓雏竟未休。

当天晚上，李商隐与七妹在房中谈论白天登楼的趣事和那首《安定城楼》时，七妹说："夫君，你写的诗，凡是我能收集到的，已不下百首了，最近，六姐从京都寄信来时，还把你写的《漫成三首》也寄来了。"

李商隐忽然想起来了，自己接到妻子的锦书后，曾经吟过一首《无题》，怕韩畏之夫妇看了取笑，所以没敢写出来。今日七妹一提，便想起了这首诗。于是，七妹替他研好了磨，又将素笺铺在书案上。李商隐回忆了一遍，便一口气写下来了：

照梁初有情，出水旧知名。
裙衩芙蓉小，钗茸翡翠轻。
锦长书郑重，眉细恨分明。
莫近弹棋局，中心最不平。

李商隐写完之后，七妹轻轻地吟了一遍，便红着脸笑了。她笑得真诚，笑得动人，在红烛的照耀之下，她的脸儿像五月的石榴花。

红袖添香夜读书。七妹的温存和体贴，让李商隐的身心得到了极大的慰藉。

第十四章

初到住所，便遭到了奇耻大辱。重审冤案，不惧淫威，宁肯弃官也不肯折腰。

嵩云秦树久离居，双鲤迢迢一纸书。
休问梁园旧宾客，茂陵秋雨病相如。

——《寄令狐郎中》

1

幕府的生活虽然枯燥、刻板，但李商隐觉得兴元幕府，不同于自己在郓州、华州和兖州、太原等幕府的感觉。兴元幕府的公务本来就不算太多，自己是掌书记，就比较清闲了，再加上自己是住在岳丈府第里，食宿有序，七妹对自己又体贴入微，所以心情颇好，脸色也多了许多红润。白日应酬完了，小两口回到自己的房里，李商隐灯下读书，七妹就坐在床边刺绣；有时二人也论诗下棋，十分恩爱。

这天夜里，七妹悄悄地对李商隐说，她从小存下的私房钱，一分半毫都没用过。她想让李商隐带她去洛阳拜见婆婆。

李商隐听了，心中十分感动。自己成婚，母亲虽派羲叟来了兴元，但毕竟没有见到媳妇的面，李商隐心中就有些不安。但泾原离洛阳的路程太远，自己身在幕府也身不由己，所以，他虽有这种念头，但却一直不好说出口来。经七妹这么一提，当然满口答应，可又有些为难之状。七妹对他说道："此事夫君休管，由我张罗。"

第二天吃早饭时，王茂元当着全家人的面，对李商隐高声说道："义山呀，为臣忠君王，人子孝双亲，你们成婚已近半载，为何还不带七妹去洛阳拜见高堂？

是不是七妹不愿去呀？衙门的事，你不用管了，这几天，你们收拾一下，去洛阳探亲。"说到这里，又向几位夫人望了一眼，"我们是不是也打点一些礼品，让他们带上啊？"

见丈夫发了话，大夫人连忙应诺。三夫人——七妹的母亲，怕他批评自己教女无方，连连称是。其他几位夫人也都说好。

李商隐知道，这是七妹把自己的想法告诉了岳丈，岳丈又用激将法把此事压在了大夫人的头上，不但大夫人要以全家的名义办上一份厚礼，其他几位夫人，也要明着暗着送些体面物品的。

第三天，李商隐和七妹就启程了，当他们赶到洛阳时，刚好是五月端阳。

李商隐的母亲见到自己的儿媳以后，心中万分高兴。七妹和李商隐跪下，要给她叩头时，她一边说"不用了，不用了"，一边拉起了七妹。七妹双手把婆婆扶到座位上，恭恭敬敬地行了大礼。礼拜见了，婆母把七妹拉到自己的身边，摸着七妹的手，看着七妹的脸，脸上堆满了慈爱的笑容。

听说李商隐把新媳妇领回家来了，李家的亲戚、朋友和邻居们，都纷纷前来贺喜、探望。羲叟和让山置办了不少酒菜，在院子里摆上从邻居家借来的八张大桌，留下大家饮喜酒。

席间，李商隐和七妹亲自执壶，到每张桌子去敬酒。每到一桌，由李商隐介绍每位亲戚和客人，七妹便一一施礼，有礼有节，温良、恭谦，深受亲戚和客人们的赞扬。

晚上，因家中屋小室少，羲叟把自己的床铺让出来，铺上了拆洗一新的被褥，让哥哥和嫂嫂用，自己打算到让山那里临时住几个晚上。正在这时，王家府第的管家，听说七小姐回到洛阳来了，便来看望，并建议七妹和李商隐去崇让坊住宿，因为崇让坊府第有许多房间都空闲着。

七妹不同意，她说她要和婆婆同住，要李商隐和弟弟同住，兄弟俩可多说说话。

大家听了，虽觉七妹住在婆婆家有些不便，但她说得在情在理，也只好按她的意愿去办。

七妹很勤快，在婆家住了半个多月，总是亲自洗菜、淘米、做饭，全家人吃完后，又抢着去洗碗，还帮着拆洗被子和棉衣，又从兴元带来的衣料中，选了几幅颜色合适的，亲手为婆婆和羲叟裁了几套衣服，连夜在灯下缝好、叠平。

有天夜里，婆婆因受风寒咳嗽不止，七妹亲自去煨好汤药，又双手捧到床前，服侍婆婆服用。李商隐的母亲看在眼里，想在心中，她曾悄悄对李商隐说过：七妹心地善良，待人厚道，要好好待她。

离开洛阳前夕，七妹跟李商隐商量，她想把带来的一部分私房钱，留给婆婆，除了补贴家用之外，要羲叟把房屋翻修一下。同时，她还想去看看李商隐恩师的遗孀，她特别珍惜老夫人赠送的那面菊花铜镜。她也想去看看岳山管家，虽然她从未见过岳山管家，但已从李商隐口中多次听说了他对丈夫的情义，所以，她对岳山管家怀有深深的感念之心。

李商隐觉得她想得很周到，也很得体。老夫人在华州，岳山管家在长安，去探望完全应该，但自己离开兴元已有多日，再去华州和长安，少说也需要两个月，幕府中的公事耽搁太久，容易误事，所以得先回兴元，以后再寻机会去拜访两位长辈。七妹听了，觉得在理，便同意按照丈夫的安排行事。

回到兴元之后，已是六月初了。

与李商隐同时到兴元的，还有一位从淮南来的客人，这位客人带来了一个令人吃惊的消息。

2

来客很神秘。

王茂元既未在幕府衙门接见他，又没有让他住进驿馆，而是直接在家中接见了他，并安排他住在自己的府第。

过去，有重要的官员客人来访时，一般都在驿馆设洗尘宴，还请幕府中的一些官员作陪。这一次的洗尘宴是设在府主家中，且不要李商隐作陪。

一更刚过，李商隐正欲与七妹入帐休息，忽听有人叩门，说是王大人请他去书房。

一进书房，那位客人连忙站起，笑着说道："这位就是义山侄吧？"

王茂元连忙说道："义山，这位便是李公德裕大人的挚友阮大人。"

李商隐连忙施以大礼："学生李商隐叩拜阮大人。"

叩拜完了，李商隐规规矩矩地坐在下首。

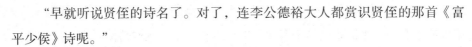

"早就听说贤侄的诗名了。对了，连李公德裕大人都赏识贤侄的那首《富平少侯》诗呢。"

李商隐没有见过李德裕，只是在令狐恩师家中，从令狐绹等人那里听熟了这个名字，也知李德裕是牛僧孺的对头。不过，自己写那首诗的时候，还不曾与七妹成亲，更与岳丈王茂元无任何来往。李德裕能抛开朋党的门户之见而赞赏自己的诗，这说明他是一位心胸大度的人。

显然是这位阮大人已与岳丈谈过很久了，而且重要的话题已经谈过了，叫自己来陪，无非是见见面，说些客套话而已。

这位阮大人约有五十岁出头，精神饱满，又很健谈，他先从高锴谈起。

曾为会试主司的高锴大人，已诏为鄂岳观察使了。

在这之前，京都曾经出了一件震惊朝野的事件。

"甘露之变"后，因令狐楚在起草诏令宣布王涯等人的罪状时，没完全按仇士良的意愿去写，便得罪了这些宦官，因此，便没有授为宰相。最后，文宗拜李石为相，以辅佐朝政。

李石当了宰相之后，并非事事都按仇士良的意见办。仇士良便动不动就抬出李训、郑注叛乱这件事来压制李石。李石火了，便当面顶撞仇士良道："李、郑确有死罪，但他们当年还不是你仇士良提拔起来的？"一句话，就戳到了仇士良的痛处，他便不好公开与李石作对了。

有一天，李石骑马上朝，走到亲仁那里时，忽听见耳边"嗖"的一声，射过一支箭，幸好，只擦破他肩头的表皮，没有伤着要害地方。随行的家丁知道有刺客躲在暗处，便四处搜查，亦未见凶手。李石惊魂未定，也没有去上早朝，便打道回府了。

当他行至一半，从路边又冲出一持刀的刺客，那刺客拦住了马头，挥刀向李石砍去。李石双腿一夹，坐骑向前猛冲，那刺客的刀没有砍中李石，却把半截马尾巴砍下来了！

文宗知道此事后，十分震惊，连忙赐良药补品，派人去他府上慰问，并命六军卫士二十余人守卫宰相，还发布了诏令，在京城中四处搜捕凶手！但凶手早已无踪无影了。事后，有些朝臣害怕被害，上朝的百官骤然减至二三十人。

文宗明白，李石宰相明白，文武百官也都明白，这起刺杀的主谋者，一定是仇士良无疑，但谁都无能为力。李石害怕还会遭遇不测，便以有病为由，向文宗奏表，请求辞去宰相。文宗只好让他去担任荆南节度使，另诏户部尚书杨嗣复和户部侍郎李珏为宰相。李宗闵由衡州调往杭州任刺史去了。

李商隐听说杨嗣复已经当了宰相，心中"咯噔"了一下。上次吏部释褐试时，就是他把自己的名字抹去的。今日他又任宰相，自己就更没有翻身的日子了。

由于李商隐属于晚辈，又非朝廷命官，所以，阮大人说话时并不避嫌，他接着说："杨嗣复虽属牛党中人，然与阉党并无甚瓜葛。最近，从后宫传出消息说，文宗一直病体未愈。仇士良已有另立新帝的打算，不知此事是否空穴来风？还须拭目以待之。"

听说了阮大人的这些消息后，李商隐隐隐地感到，朝廷中并不太平，宫廷中又一场较量就要开始了。

立冬之后，李商隐偕七妹来到了长安。过去李商隐到京都，都是住在开化坊，而令恩师已逝，自己又已成了家，再去开化坊就不大方便了，所以，他们就住进了丰邑坊的韩畏之家。

六妹听说七妹和妹夫来了，十分高兴，姐妹俩好像有说不完的话。韩畏之和李商隐谈论着时局情势。

又住了几天，李商隐打听到老夫人从华州回来了，便带七妹去叩拜。老夫人拉着七妹的手，左看右看就是看不够，看得七妹不好意思起来。吃完饭，老夫人硬是不让他们走，说是要把三个儿子都叫回来，在老宅里聚一聚。这多年了，老宅里总是空荡荡的，借这个机会，也让冷清的老宅增添些热闹。

聚饮以后，李商隐和七妹又去厢房看望了岳山管家，岳山管家是双腿风湿，易在冬季发作。七妹心细，在兴元时就买好了一些虎骨、藏红花、鹿筋等药材，送给他泡药酒治腿疾。

他们一直在相府老宅里住了三天，老夫人才抹着眼泪送他们走了。

3

刚刚回到丰邑坊，韩畏之就风风火火地回来了。还没等李商隐开口，他就先说起来了："义山兄，宫中又出大事了！"

"什么大事？"

珠箔飘灯独自归——李商隐传

"文宗要废太子！"

"废太子？鲁王永不是文宗在大和六年立为皇太子的吗？为什么要废？"

韩畏之接着便把这件事的来龙去脉告诉了李商隐。

文宗共有两个儿子，长子名永，为后宫王德妃所生，大和四年正月被封为鲁王。次子宗俭，被封为蒋王，十岁就夭折了。鲁王永便被立为了皇太子。

谁知这位皇太子，虽然长得一表人才，但却喜爱踢球骑马，斗鸡走狗，屡屡出入青楼娼家，行为十分放荡。他还仗着自己是位王子，有时参加宴乐时，当着文宗的面，敢与宫女们调笑无忌。这还不算，他竟敢调戏皇上的新宠杨贤妃，这无疑为他的被废埋下了祸根。

原来，在鲁王永未被立为太子时，曾在教坊中认识了长相十分俊美的杨贤妃，二人花前月下，如胶似膝。谁知事也凑巧，仇士良等人为了控制文宗，常常从教坊中挑选一些女子送进宫去，其中就有杨贤妃。

文宗临幸以后，居然对她十分钟情，并由太监们把她娶进宫来，册立为杨贤妃。

满朝的文武大臣，纷纷迎合皇上的心意，上表进贺。四方官员，进献脂粉珠玉。

文宗为了讨杨贤妃的欢心，不但在煦春殿上大摆廷宴，赐群臣饮酒，还传各王子、公主在后宫拜见贤妃，并尊以母礼。太子永忍住一肚子的气，拜罢贤妃以后，就悻悻地回到东宫，不过，他心中一直丢不下杨贤妃。

有一天黄昏，太子永悄悄溜进后宫，躲在一蓬树丛后边，想与杨贤妃见上一面。无巧不成书，杨贤妃刚好由两个小宫女服侍着，从回廊走来。太子永一看到自己的昔日情人，也顾不上谁大谁小了，一把抱住了杨贤妃！杨贤妃当时就吓了一大跳。四个小宫女又大声喊着："抓刺客！"

远处的太监们闻讯，当即吆喝着向这边跑来。太子永一看，害怕了，连忙钻进花丛中，从侧门溜出去了。

杨贤妃已认出是太子永所为，她不但又气又羞，最重要的是怕，若此事被大臣们和文宗知道了，不但自己会失去皇上的恩宠，说不定还会被打进冷宫或凌迟处死呢！于是，她心中便有了一个恶毒的主意。当天夜里，文宗来临幸时，她跪在地上号啕大哭，说太子永进宫调戏她。文宗一听，便火冒三丈，又问了四个小宫女，小宫女们也战战兢兢地说，是皇太子所为。

第二天，文宗在延英殿召见群臣，提出"太子行多过失，不堪承统，应废立为是"。

大臣们都极力反对，认为立、废太子是社稷大事，不可草率。有位御史谏道："太子年少，近虽有过，将来自能知改。且储君关系国本，不可轻动，还望陛下矜全。"

文宗听了，仍坚持己见。

给事中韦温跪下大声谏道："陛下只有一子，不善教导，乃至陷入狎邪。这岂尽太子过失？"

文宗听了，不便决议，只好怏怏退朝。

李商隐听了，既觉得这位皇太子永太不争气，又觉得不该废他，因为文宗就这么一个儿子，若是废了，不是又要为争夺储君，而闹得乌烟瘴气吗？便说道："只要不废皇太子，宫中便可太平几年。"

"不废皇太子？哼！鲁王永不但没保住皇太子，连性命都没保住！"韩畏之接着告诉李商隐，杨贤妃见文宗没有废皇太子永，便与太监们串通一气，指使坊工刘楚才和禁中女优张十十等人，到处诋毁太子永，并有意传到文宗耳中。文宗便多次将太子永召至跟前，当面斥责，但却不提废立之事。太子永为避谣言，便在宫中不出。

有一天夜里，太子永突然急病而卒。文宗闻讯，赶去验视，见他五官流血，四肢发青，死状甚惨，便默思暴毙原因，认为是中毒无疑。但无任何证据，也只好验葬了事。

永王的母亲王德妃，本来就在宫中失宠，加上杨贤妃总是在文宗面前说她的坏话，文宗便把她幽禁在冷宫中，不久她便撒手人世了。

李商隐听了，感慨不已。一个皇太子，竟然不清不白地死了。身为一国之君的皇帝，却无能为力，真乃可悲、可怜！他叹了口气，唉，若如此下去，文宗不是成了傀儡皇帝了？

"恐怕仇士良他们，连傀儡皇帝都不会让他当！"韩畏之接着又说起了宦官逼文宗皇帝让位未遂的过程。

仇士良因怨恨文宗与李训等策划"甘露之变"，所以总想废掉他，以泄私愤。

有一天，已是二更时分，翰林学士崔慎在前衙值班，一个小太监说皇上召他入宫。他觉得有些奇怪，但又不敢违旨，便提心吊胆地跟着小太监进了一座偏殿，抬头一看，哪里是皇上召见？只见仇士良等人坐在那里，一脸的杀气；殿中点着蜡烛，四周的帷帐遮严了窗子；外边有神策军士守门，气氛异常紧张。

"崔学士请坐。现在，皇上病重不能临政，过去的政令又多有过失，皇太后有旨，要别立新帝。请你来，是让你起草诏书。"

崔慎听了，吓得双腿站立不稳，身上冷汗直冒。他虽然害怕，但心里明白是怎么一回事，便壮着胆子问道："废除文宗皇帝，必会引起天下大乱，万万不可。我崔氏家族中，有一千余口，仅兄弟辈便有三百多人。我宁可死，也不敢冒天下之大不韪，成为千古罪人，亦不愿九族被灭。"说完，他就跪在地上，准备赴死。

谁知仇士良听了他的这番话之后，竟也怕成为千人讨伐万人唾骂的罪人。他想了想，又改变了主意，不但没杀他，还带他去见了文宗皇帝。

他们来到宫里的一座小殿里，见文宗呆呆地坐在里边，仇士良以手指点着文宗，数落着朝廷的过失，就像主人训斥仆人。文宗则低着头不敢作声。仇士良最后说："今晚要不是崔慎学士当值，你恐怕就不会坐在这里了。"他又警告崔慎道："今晚之事，不许泄露！否则，你家九族千余口人，皆不得好死！"

崔慎出了宫门以后，就像是出了地狱，心跳仍然不止。为了以防不测，他回家后，便将此事的经过都记录下来了，藏在了枕头中。直到临死，才告诉了家人。

李商隐边听边想，这些阉党们，竟敢如此明目张胆地废立皇帝、皇太子，这不但在李唐开国以来前所未有，就是秦代的赵高、东汉的张让、北魏的刘腾等遗臭万年的奸臣，也难以同仇士良相比！要想根除家奴专权，就要让有胆有识、忠心不仁的大臣辅佐天子。而这样的大臣又在哪里呢？自己虽有鸿鹄之志，却连释褐试这一关都迈不过去，如何能一展壮志？

大约韩畏之已经觉察到了他的心思，便说道："义山，吏部的释褐试快到了，依我说，你一定要去参加。"

"唉，过去，他们把我当成了牛党中人，不录；现在，又把我当成了李党中人，不取。我真是跳进黄河也洗不清了。"

"我的看法恰恰相反。上一次，周墀、李回录取了你，是杨嗣复从中作梗，才把你的名字抹去的。现在，杨嗣复已经拜相，常在文宗身边。再说，不论牛党李党，虽然水火不能相容，但一旦阉祸再起，两党都受其害。现在阉党又在蠢蠢欲动，两党中人便顾不上释褐试这样的事了。所以，我觉得明年的释褐试反而会有利于你，你不妨一试。"

李商隐觉得韩畏之说得很有些道理，试一试也可，反正自己已在朋党之争的夹缝里了，要想办法挤出去。他说："畏之兄说得极是，明年初的释褐试，我一定参加。"

4

一场大雪，下了整整两天两夜，第三天晴了，长安城便像银铸的一般。

李商隐本来要回兴元的，因他坚持要参加恩师令狐楚的周年祭奠，想在恩师的墓前，读焚他早已写好了的一篇祭文，所以决定留在长安过年，年后便去吏部应试。

祭奠活动之前，岳山管家早已按时俗安排好了一切。令狐氏兄弟和众多的亲戚、门生和令狐楚的生前挚友，陆陆续续地来到了墓前。李商隐紧随在令狐氏三兄弟的身后。在祭奠之前，先由僧道诵经，以超度亡魂。李商隐跪在恩师的墓前，望着刚刚拭去积雪的汉白玉石碑，好像恩师坐在文昌堂的椅子上，正在询问他的学业；又好像在问他：义山啊，吏部的释褐试你考得如何？他从怀中取出祭文，大声吟诵起来；他边吟边哭，悲痛欲绝，泪水早已打湿了手上的祭文，最后竟支持不住，以头抵住石碑，才坚持吟完诵文。令狐氏三兄弟和亲友们，也都纷纷落下泪来。

岳山管家把李商隐扶起来，再和令狐氏三兄弟一起祭奠。

许是悲伤过度，加上身子过于单薄，又在城外受了凉，李商隐回到韩畏之家中之后，就发起烧来。七妹心细，请郎中看了，知是伤风，便亲自为他抓药煨药，服侍周到，李商隐才慢慢好了。

吏部释褐试那天，韩畏之想陪李商隐一起去，被他谢绝了，说道："我也不作大指望了，听天由命吧！"

出人意料的是，李商隐被试博学鸿词科录取之后，再也没人作梗，终于榜上有名，授官秘书省校书郎，正九品上！

回到韩宅以后，韩畏之夫妇极为高兴，当即设宴庆贺，还让李商隐写了一封信，派人去兴元向岳父报喜。

临上任前，他又分别去开化坊拜见了老夫人和岳山管家。韩畏之为了替李商隐消除朋党之间的误会，还特意将令狐氏三兄弟请到家中宴饮。在宴饮时，多次提到李商隐婚前不知王茂元是李党中人，婚后亦不参与朋党中事等语。令

珠箔飘灯独自归——李商隐传

狐绪和令狐纶根本就不计较这些事，令狐绹听了，亦明白韩畏之的用意，只是模棱两可地说道："那就好，那就好，知错能改就好。"

李商隐听了，心中很不是滋味，知错？自己错在哪里？如何改法？难道要自己跟七妹一刀两断？

令狐纶也听不下去了，他是个有话直说的人，便反问道："绹哥说得倒轻巧！难道要义山哥现在就去休了嫂嫂不成？"

令狐绪怕为此争论起来弄得大家不欢而散，便从中打圆场说道："算了算了，这有什么好争论的？义山和我们情同手足，又是家父的门生，别人还说他是牛党中人呢，冤不冤枉？好了好了，咱们为义山的荣选干一杯！"

"不不，让我再敬绪哥、绹哥和纶弟一杯。"李商隐说着，双手捧起了酒杯。

令狐氏三兄弟将杯中的酒一饮而尽。

"义山啊，秘书省之名是南朝所定，高宗时改名兰台，则天帝又改为麟台，现在才复旧称。"不知令狐绹是关心李商隐，还是想炫耀自己在宫廷中的地位，他接着说道："初次授官下三品的下上，胜于下中和下下两品。只要好自为之，必有作为。"

李商隐点头称是。其实李商隐也知道，校书郎虽品阶不高，但被朝野所重视，历朝也有一些名臣，如元稹、白居易等，都是由校书郎成为宰辅的。他还想，只要自己勤于司职，再加上自己的才学，就一定会得到同僚和上司重视的。

李商隐到任之后，虽然勤勤恳恳，埋头公务，但极度寂寞、孤独，且并无多少公务可干，有时回首往事，感慨极多，便写了《无题二首》，用极为含蓄的手法，来抒发自己内心的情感。其中一首是：

闻道阊门萼绿华，昔年相望抵天涯。
岂知一夜秦楼客，偷看吴王苑内花。

谁知过了不久，他便调往弘农县任县尉去了。

这是为什么？自己既无过错，又未得罪上司，为何要调离秘书省？

他百思不得一解，他想起了令狐绹所说的"只要好自为之，必有作为"的话，心中便有些数了。

王命难违。李商隐心中虽有不服，但又不便说出来，只好前往弘农上任。

李商隐万万没有想到，他还没到弘农县任所，就受到有生以来的奇耻大辱。

弘农县（今河南灵宝县）是个小县，属陕虢府管辖。陕虢观察使孙简，是牛党中人，听说王茂元的女婿李商隐来任弘农县县尉，便想找岔子整他。

李商隐全然不知道内情，按照惯例，新官上任，首先要去拜访上司，他到了陕虢之后，便立即前去拜见孙简。

谁知到了观察使衙门拜见孙简时，孙简正在伏案批阅公文，对李商隐的叩拜和礼仪之语，不作任何表示，亦不开口说话。李商隐等了好半天，见他仍不抬头，以为他公文太忙，为了不影响他批阅文书，便站起来说道："如果大人公务太忙，下官明日再来。"

李商隐见他仍没说话，以为他已默许，便转身出去了。还没等他走出院子，忽见几名衙役拦住了他的路，说道："按孙大人吩咐，凡对上司不尊之官吏，一律受打二十棍。"说完，并不听李商隐的申辩，按倒在地上就打。待打完了，便扬长而去。

这真是一场飞来的横祸！

李商隐被打之后，已经爬不起来了。他初来乍到，人生地不熟，又突如其来地遭到暴打，真是喊天天不应，呼地地不灵，只能躺在地上，不住地呻吟。

幸好，有位因自己的货物被几个无赖所讹，来衙告状的中年汉子见他可怜，便把他背到一家客栈里，又给他敷了些外伤药粉。身在异乡为异客，能遇到这么一位热心快肠的人，李商隐心里非常感激。当这位商人听了李商隐道出事情的经过之后，便告诉李商隐，这位孙简大人，仗着与牛僧孺有点亲戚瓜葛，便成了陕虢的土皇帝、活阎王。若今后在弘农县为官，可要千万小心些。

第二天，他又为李商隐雇了一辆车，送他去了弘农县。李商隐取出一锭银子给他，他说什么也不要。李商隐又问了他的姓名、籍贯之后，才与他分手上路。

上任之后，李商隐才知道，这个县的县令，也十分惧怕孙简。

县尉，是县令的佐官，专司治安捕盗之事。有一天，他去牢中查点囚犯时，有个瘦得皮包骨头的年轻犯人，见来了个新的官员，便连忙跑到李商隐的面前，大声呼喊冤枉，请求大人做主。

李商隐从这名囚犯的陈述和狱卒的嘴中，听明白了案情。原来，这个犯人姓马，名林，他十五岁时去走亲戚，看见路旁有一女子将毙。他因为年幼，吓得掉头就跑。不料被人撞见，再去查看时，那女子已死。于是说他见色起心，先奸后杀，便被关在死牢中，一关就是数年。李商隐又去问县令，县令也说犯人冤屈。但此案是孙简所断，旁人便不敢过问了。

李商隐又详细地找了当事人，翻阅了当年画押的口供和乡里的证词，确认了马林无罪，便为他写了一份奏折，托人送到了京都的大理寺，陈述了案情；并提出，马林见死不救，亦应定罪，但案发时马林尚不足十五岁，故应改死罪为活罪。不久，大理寺发来文书，同意改判活罪，由弘农县量刑。

孙简知道此事后，不但气得跺脚骂娘，还亲自去弘农县，斥责李商隐。县令、县丞和主簿等官员，都在为李商隐求情，但孙简的淫威未减，扬言要罢他的官，治他的罪！李商隐实在是忍无可忍了，他想起高适、杜甫等人当县尉时的苦闷，想起了刚到陕虢所受的耻辱，便大声说道："不需大人劳神，本官现在即辞！"

县令和其他官员，见李商隐不惧淫威，大义凛然，也都嚷着要辞官为民。那孙简一向自高自大，还没遇见这种场面，若全县官吏全部辞官，皇上追究起来，自己如何交代？他只好悻悻地离开了弘农县……

不久，朝廷派来姚合接替孙简，出任陕虢观察使兼陕州刺史。姚合非常赏识李商隐的诗名，更佩服他敢于辞官抗恶吏的品格，所以上任不久，就去弘农县看望李商隐，劝他留任复职。晚上，县令宴请时，姚合问李商隐来弘农写了哪些诗？李商隐便取出了一些诗稿，让姚合看。其中有一首：

陶令弃官后，仰眠书屋中。

谁将五斗米，拟换北窗风？

姚合看了这首《自况》后，说道："李县尉，你才二十有七，虽受波折，却是来日方长，不为五斗米折腰，其精神可钦；但要弃官隐居，悠悠然地采菊东篱下，却为时过早了。虽然你在弘农县是大材小用，但县令及同僚挽留你，你就留下吧！"

李商隐见观察使大人诚心诚意，便只好暂时留在弘农任上。

第十五章

温庭筠带来了寄奴儿的消息，皇家崇道，关闭了城西的观音寺。

瑶池阿母绮窗开，黄竹歌声动地哀。

八骏日行三万里，穆王何事不重来？

——《瑶池》

1

开成四年（840 年）正月辛巳日，文宗皇帝驾崩于太和殿。

二月二十八日，李商隐收到了韩畏之的一封信，向他透露了一些宫中的消息——

自太子永死后，文宗一直在为立谁为皇太子而犹豫不决。安王溶是文宗的弟弟，因与杨贤妃是叔嫂关系，所以与杨贤妃明着暗着都有些往来，杨贤妃便竭力在文宗面前为安王溶进言，请求立安王溶为皇太弟。以李珏为首的朝中大臣则要立敬宗的少子陈王成美为皇太子。文宗有些犹豫不决，此事便搁置下来了。

有一天，文宗去会宁殿观看俳优演出，见一个十来岁的男童爬上了一根长竿，在半空中观看节目。一名中年男子连忙在竿下守候、保护，生怕那男童从空中摔下来。文宗便问左右：那男子为何人？旁边有人回答：是男童的父亲。文宗听了，忽然想起了太子永，于是，心中悲痛起来。心想：自己贵为天子，却不能保全自己唯一的儿子，还不如一个玩杂耍的艺人呢！

他再也看不下去了，起驾回宫后，立即将刘楚材、张十十等人召至眼前，一面哭一面骂道："都是尔曹构害，太子才死于非命，朕今要尔等偿命！"说完，命人将他们交付京兆尹，当天便将他们杖击而毙！

珠箔飘灯独自归——李商隐传

175

到底立谁为皇太子？宦官们与朝中大臣又进行了一番较量。

为了拥立安王溶为皇太弟，杨贤妃用黄金买通了宫中宦官。有一天，仇士良率领一班总管太监二十多人，气势汹汹地去见文宗，奏请立安王溶为皇太弟。文宗明知他们已与安王溶串通好了，但又不敢当面说破，便推说立储乃国家大事，应与宰相商量。

待仇士良等退下后，文宗将杨嗣复、李珏等召至密室，将仇士良等要立安王溶为皇太弟的事说了一遍。李珏力言不可，文宗叹气地说道："朕的身心，都受制于宦官啊！"说着，眼泪"哗哗"地流了下来。

李珏连忙跪下，哭着奏道："老臣自有办法。"说完，匆匆出宫，在自己的相府中召集文武大臣商量此事。

众大臣都请立陈王成美为皇太子。李珏便让大家联合具名上奏，一共有五百多人！文宗看到有这么多的大臣支持，胆子就大些了。仇士良看到有这么多大臣扶持成美，也不敢公开反对。最后，还是册立陈王成美为皇太子。

文宗在仇士良等宦官的折磨下，终于一病不起。他知道自己将不久于人世，于是，便命太子监国。因仇士良在后宫安插了不少心腹，他们见宰相与文宗在寝宫密议，又从寝宫传出密诏，便从半途中将密诏劫去。

当夜，就由仇士良等人颁发了伪诏：立穆宗五子李炎为皇太弟监国，并宣布："太子成美，年龄尚小，不便继承帝位，复封为陈王。"就这样明目张胆地废了皇太子。

第二日，文宗驾崩。有人说是病死了的，有人说是仇士良用一条白练将他缢死的。太子成美听说皇上驾崩，便哭着去了寝宫。谁知刚走到寝宫门外，便被几个人拖进了一间密室，用一根麻绳活活地勒死了。

皇太弟李炎见皇太子已死，便在仇士良等人的拥立下，当天继位，这就是武宗皇帝。

李商隐看完信后，心中知道，京都的斗争并未完结。一朝天子一朝臣，既然武宗继承了皇位，朝中一定会有重大人事变更的。

果不出李商隐所料，武宗即位以后，首先就向后宫开了一刀。

仇士良怕立安王溶为皇太弟一事暴露，引起武宗的怀疑，于是，便在武宗面前连逼加劝，要武宗除去杨贤妃和安王溶，以绝后患。一是武宗刚刚即位，不敢与宦官抗衡；二是也欲趁机除去自己的政敌，于是，武宗便下了一道诏书：赐安王溶和杨贤妃自尽！于是，一个倾国倾城的先帝宠妃，一个差点成了皇太弟的安王，便泪流满面地喝下了皇上赐予的鸩酒，去九泉之下陪伴文宗皇帝去了。

仇士良借武宗之手，杀了两王一妃，又因拥立武王有功，便升为了骠骑大将军，封楚国公，封户三百。武宗也趁机巩固了自己的皇位。

紧接着，仇士良又以"甘露之变"为由，对亲近文宗的大臣，或杀或贬，连乐工及内侍也不放过。武宗先是一味迁就他，别的大臣又不敢说话，一时间，长安城内又是一阵腥风血雨。

武宗是个精明强干之人，他借助宦官的力量夺得皇位，半年之后，便开始大力整顿朝纲，又任免了一批大臣。他首先将杨嗣复罢宰相，接着又诏为湖南节度使；罢宰相李珏，出任桂管（今桂林）观察使。李德裕被召入朝拜相。不久，王茂元也由泾原调回京都，任御史中丞。

这年秋天，李商隐由弘农告假，回到洛阳去看望母亲。因王茂元的儿女们都先后从外地迁回了长安，所以，他也偕七妹迁到了关中的樊川居住。

樊川在长安南郊，离城不远，且风景宜人，又可时常与岳丈一家往来。到了秋天，他干脆辞去了弘农县尉，和七妹暂时过着一种半隐居式的平静生活，并开始整理抄录自己的文稿《樊南甲集》。

2

李商隐是个极重感情的人，他对恩师令狐楚和令狐氏一家，总是惦记在心。

有一天，李商隐去长安开化坊，拜访了恩师夫人和令狐绪、令狐纶及管家岳山之后，又去拜访令狐绹。因为令狐绹为父守丧已经期满，已任左补阙，为史馆修撰。不知何原因，去了三次均未见到，只好作罢，晚上住在韩畏之家中。

韩畏之告诉他说，周墀已出任华州刺史。

李商隐很感激周墀，他也明白周墀去华州为官，是因为他是先帝文宗的近臣。听说文宗得知仇士良要废掉自己而未得逞时，整日里提心吊胆，以酒浇愁。有一天，他在思政殿里召见值班学士周墀陪他一起饮酒，他突然问周墀："朕可与前代何主相比？"

周墀答道："陛下乃当代贤君，可比古时尧舜。"

文宗叹了口气，说道："朕岂敢与尧舜相比？但拟与周赧王、汉献帝比，如何？"

周墀一听，大吃一惊，连忙说道："彼乃亡国之君，怎能与陛下相比？"

文宗流着泪说："周赧王、汉献帝不过受强臣挟制，而朕却受家奴挟制，所以，我还不如他们呢！"

周墀连忙劝慰，他又怕被仇士良的耳目窥见，便告退出殿了。

开成五年九月，李商隐忽然收到了一封令狐绚寄来的信，信中提到湖南观察使杨嗣复十分赏识李商隐的文才，欲聘李商隐入幕，他建议李商隐去湖南。

李商隐一听到杨嗣复这个名字，就想起了开成三年吏部释褐试时被他抹去名字之事，心中便觉得不快。可是一想，他既然不录用自己，却又十分欣赏自己的文才，这不是难以自圆其说吗？抹去名字一事，是否是他的所为？至今不了解内情，他很想当面去问一问。不过，既然是令狐绚推荐了自己，若不去，便会得罪令狐绚。于是，他决定去一趟湖南。他将此事说给七妹听了，七妹劝他去湖南看看，好，便留下；不好，回来便是了。

走了一个多月，李商隐过了长江，乘船进入湖南，又入洞庭，到了岳阳。谁知碰上连续大雨，又由于水土不服，李商隐便病倒了，滞留在城东一家名叫"仙客来"的客栈里。

有一天，他去一家药铺求医抓药，见药铺里有一位中年男子，正与店主谈论什么，见他进去了，便不再言语了。那店主是位郎中，一边为李商隐把脉，一边问症状。把完脉，对他说道："先生好像不是本地人吧？请问尊姓大名？"

李商隐说："敝人来自长安，姓李名商隐。"

坐在一旁的那位中年汉子听到了，连忙转过身来，问道："是李公义山吗？"

李商隐一听，连忙回头，但见那人有些面熟，但一时又记不起来了。

那汉子笑着说道："怎么，不记得了？"他见李商隐正在思索、回忆，又接着说："我是昌平刘蕡呀。"

经他一提，李商隐猛然记起来了，是他是他！他是自己心目中的老师、诤友和稀世之才，不过，他怎么变得这么憔悴了？额头上布满了深深的皱纹，魁梧的身材怎么显得这样瘦弱？两鬓已有星星点点的白发，唯那双眼睛，依旧那么炯炯有神，一如往昔。

李商隐连忙上前施礼，兴奋地说道："天下谁人不知君？能在这里遇见刘公，实在是太好了。"

刘蕡问他："你到此何干？"

李商隐连忙说道："我是去湖南节度使幕府，路过这里——"

没等李商隐说完，刘蕡连忙打断了他的话："义山贤弟，去我的栈房小叙。"说完，便连忙帮他取了药，拉着李商隐去了他住的"悦来"客栈。走在路上时，他低声地说："义山贤弟可是去杨嗣复大人的幕府？"

李商隐点了点头。

"幸亏尚未到达长沙，就此打转吧。"

"为什么？"

刘蕡说："这里说话不方便。"

李商隐从他的脸色和语气中，已经察觉到一定发生了什么大事，便不再问，随他一直进了"悦来"客栈。

刘蕡告诉他说，枢密使刘弘逸、薛季棱过去一向为文宗所信任，故而遭到了仇士良的憎恨。看到仇士良开始迫害文宗的近臣时，他们担心仇士良会对他们下毒手，不能坐以待毙，不如寻机先杀掉仇士良，一是为朝廷除害，二可自救自保。于是，他们利用葬文宗于章陵，二人率禁军护灵的机会，打算利用护卫士兵杀死仇士良。谁知事泄被捕，二人遭到了杀身之祸。

这次，仇士良又找到了杀戮大臣的借口，他在武宗面前多次谗言，说刘弘逸、薛季棱二人，都依附于杨嗣复、李珏，反对武宗登基为帝。今既外调，恐有异图，应早早除掉。

武宗本来就是个很残忍的人，听了仇士良的话之后，即刻派遣中官，到湖南和桂林，去杀杨、李二人。此事被新任宰相李德裕知道后，立即邀约崔洪、崔郸、陈夷行等人联名上奏。李德裕面对武宗，流泪谏道：以往错杀大臣，后悔莫及，请求圣上开恩，赦免杨、李二臣，以免后悔。

武宗听了，连说"不悔"。

李德裕等仍然跪地不起，为杨、李请命。

武宗最后终于改变了主意，说道："朕为卿等免此二人。"李德裕等人才起身下阶，颂扬武宗。

武宗赐座他们，说道："朕嗣位时，杨、李等何曾心服？李珏、薛季棱志在陈王，杨嗣复、刘弘逸志在安王。陈王尚是文宗之遗意，而安王则专附杨贤妃，杨嗣复又与杨贤妃同宗，他曾致书杨贤妃，谓姑何不效则天临朝？若是安王得志，朕何得有今日？但'免死'二字，朕已出口，便不食言。卿等可退听后命。"

当天，武宗即令诏回去杀杨、李的中官，将杨嗣复贬为潮州刺史，李珏贬为昭州刺史。杨、李二臣在李德裕的竭力解救下，终于免遭屠杀。

刘蕡说完，长长地叹了一口气。

李商隐听了刘蕡说的这些话之后，他虽然并未见过李德裕，却心中对他肃然起敬。他是李党首领，而杨嗣复却是牛党中人。他心胸宽宏，为社稷着想，甘冒得罪阉党的风险救下了两位重臣，其品格实在难能可贵！他把自己的这一想法告诉了刘蕡。

刘蕡听了，点头赞同。他说道："我虽敬崇令狐大人，又受僧儒大人所遇，但我亦崇敬李公德裕大人。阉党不除，国家将危；朋党不息，朝中不宁。武宗欲杀杨、李二臣，实及出自私意。所谓杨嗣复致书杨贤妃，对其效法武周神圣皇帝，亦难相信，难道阉党不会捏造？"

李商隐听了刘蕡的这番话以后，心潮难平，总有相见恨晚之感。当天，李商隐便把行李从"仙客来"客栈，搬到了"悦来"客栈。二人一起谈古论今，饮酒吟诗，直至午夜。第二日，二人又相携游览了黄陵山和湘江，十分投机。半个月后，李商隐听从了刘蕡的忠告，又从原路返回了长安。

3

会昌元年（841年），李商隐回京之后，先应华州刺史周墀所聘，去了华州幕府。后来因岳丈调任忠武军节度使、陈许观察使，召李商隐前往入幕。李商隐只好将七妹安顿在韩畏之家中，自己只身去了陈州（今河南许昌），加入了陈许幕府。

他在陈许幕府虽然时间不长，但他发现，岳丈虽说是李党中人，但并非像令狐绹那样，有极强的朋党之心。他给李宗闵、周墀等人的信札，都是交由李商隐代笔的。他与他们的交往都密切，并无朋党的亲疏之嫌。

会昌二年的春天，李商隐由陈州返回长安，参加吏部的春试，以书判拔萃，授秘书省正字。

李商隐虽然重新为官,但他心中却是有苦难言。当年第一次授官,是秘书省校书郎,九品上阶,那年他才二十七岁。到了三十岁再次授官时,却成了正字,也就是九品下阶了!不但未升,反而下降!他只能在心中疾呼:老天对义山为何如此不公呢?

为上早朝方便,李商隐和七妹住在丰邑坊的韩畏之家中。七妹见丈夫成天闷闷不乐,深知其中原因,便常常劝导丈夫。为了丈夫能仕途顺利,她不但劝丈夫去看望令狐绹,向他解释清楚,清除误会,言归于好,而且还亲自陪他去令狐绹的府第。结果都未如愿。所以,七妹总觉得心中内疚。她想,若自己不是王茂元之女,可能就不会得罪令狐绹了,丈夫的仕途也许就会顺利多了。

这一年,宫中的形势也开始发生了新的变化。

李德裕为相之后,大力支持武宗重振朝纲,削弱宦官的势力,深得武宗的信任。仇士良一是嫉妒李德裕的才干,二是心中有些恐慌,便又故技重演,多次在武宗面前谗言,大讲李德裕的坏话,以疏远武宗和宰相的关系。无奈武宗已铁了心肠,更加信任李德裕了。其实,武宗也有他自己的心思:用李德裕来制约仇士良。虽然仇士良拥立自己为帝有功,但每值朝会时,他都高视阔步,叱咤百官,并不把皇上放在眼里。武宗对他早已持有戒心了。但因为仇士良树大根深,宫中太监多受仇士良调遣,所以一直不好对他下手。

仇士良想排挤李德裕,武宗想打击仇十良,双方都在等待机会。

机会终于来了。

就在武宗拟在丹凤楼接受皇帝尊号、宣读赦书之前,仇士良便在左右神策军中煽动说:宰相正在起草赦书,要削减禁军的衣粮马料,并降低已享之待遇,要他们在武宗受尊号时,去丹凤楼争钱粮。左右神策军便开始骚动起来。

李德裕得知此事后,连忙奏知武宗。武宗大怒,立即派官去左右神策军平息了事态,并当众宣布:"下赦令削减开支,本无此事,此乃谣言。"

仇士良见此举已经失败,知道大势已去,便向武宗上表,以年老为由,请求回乡养老。

武宗皇帝便来了个顺水推舟,准了他的请求。

仇十良走了,李德裕更受武宗的信任,辅政卓有成效。李商隐和韩畏之都认为时机对李商隐的仕途非常有利。李商隐过去遭到牛党的排挤,此次一定会受到李党的重用。

谁知一件意外之事，让李商隐的这次机遇又被耽误了。

李商隐接到洛阳送来的急信：母亲病逝。

母亲的去世，不但对李商隐的精神是个极大的打击，也使他失去了一次大好机会。

按照唐代法制，父母去世，子女必须辞官服丧；三年期满后，才能除丧复官。

李商隐只好偕七妹连夜赶往洛阳。

4

李商隐在服丧的三年中，先将母亲的灵枢送回荥阳，李氏的祖坟上有他父亲李嗣的坟茔，他将母亲埋在了父亲的坟旁。不久，他把五服之内的先辈，也都迁葬到祖坟山上，虽然花费了不少积蓄，但心中感到了莫大的慰藉。

在荥阳守孝将近一年，李商隐才和七妹回到了长安樊南。

韩畏之夫妇听说李商隐回来了，便去看望他们，并告诉他们说，岳丈王茂元在奉命去讨伐叛乱的刘稹时，在途中病逝。因当时战事紧迫，离荥阳又远，故未来得及告诉他们。

李商隐和七妹听了，极度悲痛。尤其是七妹，哭得死去活来，幸亏有六妹在场，用心安慰，七妹才算停止了哭泣，但却病倒了。六妹和韩畏之便留他们多住几天。

因李商隐离开长安较久，对京都的情势十分闭塞，韩畏之便简要地向他说了一些：

令狐绹已诏为户部员外郎。大诗人刘禹锡去世不久，刘蕡也去世了，听说是死在浔阳。

李商隐以为是种讹传，又问了一遍。韩畏之说：刘蕡之名，天下皆知，不可能会有讹传。

李商隐不再作声，他面朝南方，默默无言。

当天夜里，月色皎皎，他独自走到院子里，望着满地的银辉，回忆起了自己与刘蕡的相逢与相知。他从刘蕡想到了自己的不幸遭遇：刘蕡遭到宦官怨恨，自己受到朋党制约；刘蕡受宦官所诬，常年流沛于幕府，自己为朋党所挤，亦长期寄身幕府；刘蕡怀才不遇，终于客死异乡，那么自己会有一个怎样的结局呢？想着想着，眼前已经模糊不清了，泪水无声地滚落下来。他当即写下了《哭刘司户蕡》：

路有论冤谪，言皆在中兴。

空闻迁贾谊，不待相孙弘。

江阔惟回首，天高但抚膺。

去年相送地，春雪满黄陵。

写完这首之后，仍觉得如鲠在喉，接着又吟了一首《哭刘蕡》。

忽然，他听见身后有脚步之声，知道是韩畏之来了，便又接连吟了《哭刘司户二首》。韩畏之被他的诗所感动，也悄悄地流下泪来。

夜已深了，中天的一轮皓月已渐渐西移，李商隐仍无睡意，他在心中遥祭着浔阳江畔的那个孤魂。

5

李商隐居家守孝三年中，很少去长安。会昌四年，他又迁往永乐县居住，他和七妹相依为命，以栽种花木为事，闲时便吟诗作赋，生活虽然清贫，但远离京城，少有是非，且不闻烦恼之事，自有一番乐趣。他还和村中农人结为好友，向村中老农请教种植桑麻粮棉的常识，有时也帮他们书写对联信札等。若遇端午、中秋等节日，还常常被村农邀去饮酒。到了服丧的最后一年，家中柴米油盐已经窘迫，为了补贴家用，七妹将仅有的一点细软都卖出去了。家中实在无米下锅时，七妹便背着丈夫到邻家去借，然后再将自己的首饰，托邻人去城里典当，以便偿还所借的米粮。每当此时，邻人不但不收，反而会送些米柴菜蔬等给他们。盛情难却，他们只好怀着感激之情收下。

会昌五年初秋，丁母忧期满，李商隐同七妹返回长安，官复秘书省正字职。

李商隐照例去相府老宅拜见老夫人，才知道令狐绪已去随州任刺史去了，不在京都。令狐绹去年任右司郎中，今年已出任湖州刺史去了。李商隐以为岳丈王茂元已经谢世，自己也未因是王茂元之婿而得到过重用，想用这一事实向令狐绹解释一下，以消除隔阂，重新言归于好。现在他不在京城，李商隐十分遗憾，为了向令狐绹陈述自己的心声，他写了一首七绝《寄令狐郎中》：

嵩去秦树久离居，双鲤迢迢一纸书。

休问梁园旧宾客，茂陵秋雨病相如。

韩畏之虽说官运平平，但乐得清闲自在。他把李商隐夫妇安置在新筑的三间东厢房中，并安排了一名女佣照料七妹。

有一天，温庭筠来丰邑坊拜访李商隐和韩畏之，一见到李商隐，他老远就喊起来了："义山兄，你怎么老了？"

李商隐笑着说道："一别经年，岂能不老？不过温贤弟却依旧春风得意，容颜如昨。"

"义山兄说得对，我确是'春风得意，容颜如昨'。要是不得意，不早就老了？要是容颜不如昨，谁还认得我这个丑八怪？"温庭筠依旧是当年不拘小节的样子，他的话引得大家都笑了起来。

韩畏之好客，他连忙命家人准备酒菜。温庭筠说道："酒，可要多备一些哟，多年没在一起饮酒了，今日得补上，非喝个一醉方休不可！"

其实，饮宴开始之后，一向贪杯的温庭筠，今日却喝酒不多议论多。他对李商隐和韩畏之说道："愚弟虽然不才，但南衙北司之密事，酒肆青楼之传闻，高官贵人之奢侈，民间百姓之疾苦，虽不敢说穷通，但也知道一二。不知二位愿听否？敢听否？"

这个温庭筠！他很想说，却在卖关子，不知道他又会说些什么。

"说吧，温公子，我等都在洗耳恭听。"韩畏之说道，"温公子敢说，我等当然敢听喽。"

温庭筠听了，放下了手中的酒杯，一改往日嬉笑的语调说道："愚弟今晚只说三句话：武宗皇帝像个皇帝，当朝宰相像个宰相，令狐——"他想了一会，大概想找个合适的词，"像个畜生！"

这句话确实让李商隐和韩畏之吃惊不小，因为前面两句涉及圣上和朝中重臣，一般人都回避不及，谁敢指名道姓地评论呢？尤其是身为朝廷命官的李、韩二人；第三句虽然说得太粗太野太直，但李商隐听了，却惴惴不安起来。

温庭筠显得十分激动，他把这三句话进行了解说。

原来，仇士良提出告老还乡，也是一种试探，他以为武宗会挽留他、安慰他。谁知武宗竟在满朝文武百官面前，一口应允了他的请求。这个在宫中经营了四十多年、侍奉过六位皇帝、杀了二王一妃和千余名朝臣的阉党头子，终于离开了长安，不久，便在原籍病死。

第二年，武宗命人揭发他的恶行，抄了他的老巢，除抄出了大量金银古玩之外，还抄出了数千件兵器。武宗则下诏免了他的左卫上将军、内侍监知省的官爵。这才叫大快人心呢！

仇士良死后，李德裕上奏武宗皇帝说，仇士良离开长安前夕，宫中有头有脸的宦官们，都去为他送行，并向他讨教如何敬奉皇上的经验。仇士良终于说出了他心中的秘诀：太监不可让皇上有空闲，否则，皇上就会去读史看书，就会召见儒臣，并采纳他们的规劝，就会疏远太监；要让皇上信任太监，就要想方设法让他吃喝玩乐，少问或不问朝事，太监才会得到皇上的宠信。李德裕将此事上奏武宗的目的，就是让他能借鉴前朝，好自为之，做一个青史留名的明君。

不知这位贤相的良苦用心，能否有报？

说到令狐绹时，温庭筠的脸上没有一丝笑容，他的双眼好像要冒出火花。他说，像令狐绹这样缺德疏才的人，因为沾了朋党的光，竟然平步青云！这还不说，最可恨的是，他以朋党的门户之见，一直对忠厚老实的李商隐耿耿于怀，还多次在他人面前说李商隐忘恩负义、不可重用等语，是可忍，孰不可忍！有一次，在令狐绹家中举办的宴席上，令狐绹又出此语，温庭筠当场顶撞他说："义山失意，大人得志，却不知有七步之诗！"此语一出，令狐绹面红耳赤。

李商隐听了，深为温庭筠重义气的举动所感，但又担心令狐绹怨恨温庭筠，便说道："令狐绹说说也就罢了，何必跟他计较呢？况且，恩师待我不薄，他又推荐我中进士第，我感恩戴德。"

温庭筠显然对李商隐的话并不满意，他气呼呼地说道："你感恩戴德，他却以怨报德，这且不论，你知道他是如何折磨寄奴儿的吗？"

一提到寄奴儿，李商隐的心中一惊。

"算了算了，不提这件事了。来，为义山兄的复官共饮一杯！"

李商隐听了温庭筠这没头没脑的话，哪里还有心思饮酒？他焦急地问道："温贤弟，寄奴儿到底怎么啦？"

"寄奴儿被令狐绹纳妾以后，有的宾朋常羡寄奴儿的精湛技艺和无双的容貌，便常常在席间请令狐绹让寄奴儿出来一见，令狐绹总是以病为由拒绝。宴席散后，令狐绹便去后宅大声辱骂，并不许她出卧房一步，近似软禁。寄奴儿再一次请求以自己原有的首饰细软赎身，去玄云观出家为道，令狐绹不许。寄

珠箔飘灯独自归——李商隐传

奴儿几次欲寻短见，皆被人发现解救过来，真是欲活不能，求死不成！"温庭筠说到这里，猛然端起杯子，一饮而尽，愤愤地问道："你们说，令狐绹是不是人面兽心？"

六妹和七妹在旁边听了，也都红了眼圈。六妹问道："是不是因为令狐绹特别爱她，才有此种自私举动？"

温庭筠说："非也，寄奴儿纳为妾以后，令狐绹又连着纳妾三人，皆不足十八岁，这样，就更不把寄奴儿放在眼里了。前不久，他出任湖州刺史，寄奴儿请求留下侍奉老夫人，不肯去湖州，令狐绹硬是命人把她拖上车去的。现在，尚不知她是死是活呢！"

说到伤心处，温庭筠以袖掩面，小声地哭了起来。

一次本该十分高兴的久别重逢宴饮，却被温庭筠搅得不欢而散。

6

有一天，李商隐陪七妹去西郊的送子观音寺烧香，到了观音寺之后，发现寺庙的大门已被贴了封条，封条上有京兆尹的朱红大印。大殿和围墙均已被拆毁。李商隐觉得奇怪，便去寺旁问一个正在浇菜园的老叟。那老叟朝眼前这对夫妇打量了一会，才摇着头说道："造孽呀，寺已被当今圣上下诏封了。"

正在此时，有一少年提了只陶罐，为老叟送来茶水解凉，老叟便将李商隐夫妇领到树荫下，并讲述了封寺之事。

原来，唐代自高祖立老子庙，尊他为太上玄元皇帝以来，后世子孙奉为成例，待遇方士，特别丰厚，故而道教盛行一时。

唐太宗时，派玄奘去西域，取回佛典六百五十余部，译成汉文，辗转流行，佛教就开始盛行。加之回教、景教、摩尼教、拜火教、耶稣教、犹太教等在京都、陪都和全国各地都纷纷建起庙宇殿堂，全国佛教寺已有六万多所，僧尼达四十余万人。但武宗却专信道教，不许异教流行。他下诏外域传入之教的寺院一律拆毁！许多外域教徒回国时，多半死在途中。京城摩尼教七十余名女教徒，无处栖身，统皆自尽。佛教只留京都和东都佛寺二座，每寺留僧人三十名；各教只留一寺，余皆毁去。并勒令僧尼还俗，田产归官，铜像熔化制钱。已毁寺庙四千六百余所，还俗僧尼二十六万五百人，收良田数千万顷，奴婢十五万人。

这座送子观音寺的命运就可想而知了。

李商隐谢了老叟之后，又和七妹从原路回长安了。

回到丰邑坊之后，七妹将西郊所见所闻向六妹讲了一遍。六妹说道："他们拆了寺庙，赶了僧尼，却赶不了送子观音。"

晚上，六妹去了东市的瓷器店，瓷器店里不仅有三彩马、三彩骆驼，还有上了釉彩的送子观音。她当即"请"了一尊，回家后，供在神案上。姐妹俩又备好香烛和供品，到了夜深人静时，六妹领着七妹烧香叩拜，因七妹已有女儿，求观音菩萨保佑，让七妹早生贵子。

送子观音果然灵验，过了不久，七妹悄悄告诉丈夫说，她已有身孕了。

李商隐听了，心中无比欢喜。

珠箔飘灯独自归——李商隐传

第十六章

是一片无根的浮萍，在风浪中飘忽不定，就连他的诗稿，也在洞庭湖里随波而去了。

> 君恩如水向东流，得宠忧移失宠愁。
> 莫向尊前奏《花落》，凉风只在殿西头。

——《宫辞》

1

李商隐身为秘书省正字，官阶虽低，但也要列班早朝。虽说奔波辛苦，却和文武百官多有接触，对朝廷中的一些事情，再也不仅仅是听人传说，而是亲眼所见，亲耳所听了。有些宫中消息，虽不能耳闻目睹，但从一些接近皇上的官吏那里听来，也都确有其事。李商隐平时善于观察，他发现，虽然仇士良已死，但其阴魂不散，他所传授的侍帝术，已在后宫太监们的身上显露出来了，他们为了控制武宗，在酒、色、道上，下了一番苦功。

首先是酒和色。因为武宗对朝廷之事，不论大小，皆亲自管理，很是劳累，但他又酷爱杯中之物，太监们便千方百计地收罗天下名酒。幽州刺史苏元中，不但送来了十二坛好酒，还献来了专司劝酒的美女翠儿。武宗常常在好酒美女前烂醉如泥，朝政自然也就荒疏了。

再者是道。自古以来，排佛的帝王共有三人，一是魏太武帝，二是周武帝，三是唐武宗。释家称之为"三武之祸"。

太监们都知道武宗排佛而尊道，所以就四处寻访道人方士，一有合适者，便引至宫中。武宗即位初年，召方士赵归真入宫，称他为道门教授先生，并在宫中筑一"望仙观"，供他居住。早朝退殿以后，武宗便去观中听他讲经。

赵归真说，他可炼制长生不老金丹。武宗听了，便命他在宫中的密室中炼制，并按照赵归真的要求，命太监四十九人，日夜守候于密室之外，不论是谁，一概不许接近。

炼丹的密室中摆有炉、鼎、罐、筛、坩锅、蒸馏和研磨器物，用汞、硫黄、铅、砒霜、硝石、云丹砂、紫石英和白石英等矿物和一些药材，炼上七七四十九天，便炼制成了红色的丹丸，当时称之为灵丹妙药。

赵归真为武宗炼制了两种丹丸，一是快乐仙丹，二是不老神药。武宗服食之后，陡觉精神倍长，春兴甚浓，通宵达旦地在后宫寻乐。

有位深得武宗宠爱的王才人，见他只图一时快乐，弄得容颜憔悴，形体枯瘦，将身子都掏空了，便劝他再不要服食仙药了。开始，武宗尚说无妨，以为此乃换骨，应该消瘦，所以，越服越病，越病越服，性更烦躁，喜怒无常。最后病入膏肓，一病不起了。

会昌六年（846年）三月甲子日，武宗皇帝在大明宫中驾崩。

在武宗弥留之际，王才人见他悲切难舍，便哭着说道："陛下万岁后，妾愿以身相殉！"待武宗闭上双眼之后，王才人果然守诺，她解下衣带，自缢于榻下。

李商隐虽说也信奉道教，还去过玉阳山学仙，但对方士能炼制长生不老药之说，却不相信。秦始皇、汉武帝都曾去山东，还派方士入海，寻求长生不老的仙药，都未长生。李唐自开国以来，已有太宗、宪宗、穆宗、敬宗四位皇帝，因服食丹药而崩了。没想到武宗又步了先帝们的后尘，他死时才三十三岁！

李商隐根据自己的所见所闻和所思，用汉武帝迷恋神仙的典故，来暗示武宗的执迷不悟，写了一首《汉宫词》：

> 青雀西飞竟无回，君王长在集灵台。
> 侍臣最有相如渴，不赐金茎露一杯。

就在写这首诗后的第三天，北司又生祸端，宫中烽烟再起。
这又应了"一朝天子一朝臣"的民谣。

珠箔飘灯独自归——李商隐传

会昌六年八月，李商隐的儿子衮师出生了。

这对李商隐来说，是莫大的欢欣和安慰，他每日早朝回来之后，第一件事就去抱衮师，明明衮师还不能语，但他仍咿咿呀呀地同他说话，向他吟诵自己的诗句，好像儿子能够听懂似的。有时，去吻儿子又白又嫩的脸蛋儿，惹得儿子不是哭就是笑，直到七妹嗔怪，他才会很不情愿地将儿子放回被窝中。

李商隐虽然沉浸在难得的天伦之乐中，但他仍密切地注视着朝政的风云变幻。

武宗驾崩之前，在继承皇位一事上，又与武宗登基之时一样，由宦官把持，导演了一场偷梁换柱的大骗局。

原来武宗病倒之后，连来年的正旦朝会都未进行。正月期间，亦未视朝。宰相李德裕因忙于朝廷政务，无暇顾及宫禁，这便让太监们有隙可乘了。左神策中尉马之赘和太监们密谋，伪造一道诏旨：立光王怡为皇太叔，处理军国政事。

武宗本有五个儿子：李峻、李岘、李岐、李峄、李嵯，虽都已封王，但皆幼弱。当从宫中传出立光王为皇太叔的诏旨后，李德裕等大臣都还蒙在鼓中，还以为是武宗的旨意呢！武宗驾崩后，光王怡即位，改名为忱，也就是宣宗皇帝。

宣宗原是宪宗的第十三子，自幼便有几分呆气，且生性十分残酷，在宫中不与诸王子相亲，平时极少言语，有时皇上问他话，他也只知摇头，大家都以为他痴呆。太监们也是看中了他的痴呆，才拥立他为皇上的。谁知这位皇帝登基以后，便显露了他的本来面目。他当朝理政，处理得体，并井井有条，又十分果断，文武百官都极为惊奇和信服。

即位礼仪完毕之后，宣宗对李德裕十分冷淡，甚至当着文武百官的面斥责他。

凭着多年宦海的经验，李德裕也好，其他文武大臣也好，都已预感到朝廷将会有大的变故了。

不久，宣宗首先罢免了李德裕的朝职，贬为荆南节度使，继而又将李让夷等李党中的官员罢职，任用了牛党的白敏中为宰相，其他牛党中的官员，又都从各地进京复职了。

李商隐亲自经历了这次政局的变迁，他感慨颇多。皇帝像走马灯一样，换了一个又一个，朋党之争如冰炭一般，谁也灭不了谁。阉党势力又乘机在悄悄抬头。这种局面，要到何时才会了结？李唐社稷，还能维系多久？但他自己也毫无作为，牛党不信任他，李党也未用他，他何时才有出头之日？他的这种苦闷心境，除了回家向七妹诉说之外，只能寄情于诗了。他在这一些日子里写了不少诗。

武宗在端陵下葬以后，李商隐把他和自己曾经经历过的宪宗、穆宗、敬宗、文宗、武宗和在皇位上的宣宗共六朝，做了一个比较，他觉得唯有武宗时的朝政有些起色，如削弱宦官仇士良的势力，抗击回鹘贵族的侵扰，平定泽潞藩镇等方面，均有成绩。他便吟了一首《茂陵》。

他用汉武帝之事来暗喻本朝之事，颂扬武宗皇帝，把咏史和咏怀合二为一，又借苏武之典故，表述了自己痛失机遇的心绪。

七妹见丈夫又在吟诗，便笑着说道："夫君吟的何诗？也吟给我们的衮师听听。"

李商隐便从七妹怀中抱过衮师，一面逗他，一面说道："好吧，我再吟一首吧。"说完，便吟了一首七绝：

> 瑶池阿母绮窗开，黄竹歌声动地哀。
> 八骏日行三万里，穆王何事不重来？

"瑶池不是西王母住的地方吗？不是说，只要吃了她的仙桃，就可以长生不老吗？为何又会动地哀呢？"七妹对西王母的故事很熟悉，但对此诗的含意一时解不出来，所以，便好奇地问李商隐。

李商隐告诉七妹，周穆王周游天下时，在西游昆仑时遇到仙人西王母。据《穆天子传》记载，西王母在瑶池设宴招待他。周穆王临别时，西母王作歌相送："将（愿）子毋死，尚能复来。"周穆王作歌相答："比及三年，将复而汝野。"是说三年之内，一定再来相会。

有一次，周穆王在黄竹路上，天气奇寒，又有雨雪，路上有冻死之人，"天子作诗三章以哀民"。诗的字面意思很明白：西王母与周穆王在瑶池相会以后，打开雕有花纹的窗户，等待周穆王前来赴约，但听到的却是从黄竹传来的动地的哀歌。周穆王有八匹可日行三万里的骏马，如果不死，为何还不来赴约呢？

七妹听了，又说道："夫君作诗，多不直说，妾以为这首诗也必有所托，对吗？"

李商隐朝七妹点了点头，说出了他的本意：他经历的五个皇帝，都妄求长生不死，却都因此而误命。他们难道不知道吗？连西王母都不能挽救周穆王不死，那些人间方士的丹药，就更靠不住了。他是以此诗来讽刺服食丹药、妄求长生不老反而短命的武宗等李唐皇帝的。

七妹听了，点头称是。

就在夫妻二人吟诗论诗的时候，衮师已经睡着了。李商隐望着儿子天真的睡态，笑了，他轻轻地在儿子的面颊上亲了一下，才恋恋不舍地交给了七妹。

3

随着李唐天子的频繁交替，不但累及朝中大臣的更换，也累及佛、道两教的命运变化。

会昌六年，宣宗皇帝在把李德裕贬为荆南节度使之后，又将李浪罢相，为淮南节度使，郑肃也相继被罢相。在贬掉一批朝臣的同时，又将牛僧儒、李宗闵、崔珙、杨嗣复、李珏五位被武宗所贬的宰相，由贬所北迁。可惜，李宗闵在启程前已经病死封州了！

到了次年的二月，宣宗下了一道震惊朝野的诏令：恢复佛教、修复各地佛寺，京都长安再增佛寺八座。同时，对受宠于武宗皇帝的赵归真，下诏处死。这位红极一时的道门教授先生，未使皇帝长生，自己却做了刀下之鬼。

在大中元年二月的一次朝会上，李商隐列班时，听到宣宗下诏：再贬李德裕为太子少保、分司东部。诏命给事中郑亚为桂州刺史、桂管防御观察史。

回到丰邑坊时，李商隐见韩畏之坐在客厅中，正在听儿子韩冬郎背诵《诗经》。韩冬郎今年只有五岁，长得胖乎乎的，非常逗人喜欢。他已连续背诵了十多首诗，见两只麻雀在院子里"喳喳"地打架，便欲跑出客厅，韩畏之一把抓住了他，用戒尺打他的手心。此时，李商隐刚好走到院子里，韩冬郎挣脱了父亲的大手，哭喊着扑到了姨父李商隐的身上。

李商隐把他抱起来，笑着说道："小冬郎不哭，姨父吟诗给你听，好不好？"

见韩冬郎点了头，李商隐先吟了孟浩然的那首《春晓》诗，然后又一句一句地讲给他听，让他反复背诵。那冬郎很快就背熟了。李商隐摸着他的头说道："小冬郎长大后一定会有出息，诗写得一定比你表弟衮师好，也一定比你姨父好。"

"写诗比你好有何用处！要紧的是官职比你大，才能光宗耀祖。"七妹抱着衮师走过来，笑着把韩冬郎领开了。

"义山贤弟，今日早朝为何散得这么迟啊？"韩畏之问道。

李商隐进了客厅后，把早朝的情况说了一遍，韩畏之听了，半天无语。

李商隐觉得奇怪，过去，韩畏之总是乐呵呵的，性格旷达、直率，不知今日为何这么消沉？便问了一句："畏之兄有何心事？"

韩畏之说："我总觉得朝中反复无常，并非良兆。今日之事，我以为尚是开端，后头定然还有大事。我这几日思前想后，以为我等还是离开这是非之地稳妥些啊！"韩畏之说到这里，情绪十分沮丧，他接着说道："现在似是牛党得势，而你我虽不参与朋党中，但牛党早已把我等划为李党了。今后会有好日子过吗？"

"我想当面向令狐绹解释清楚，请他——"

韩畏之打断了他的话："是想请他向牛党解释？义山啊，依我之管见，牛党中的重臣们，并未拿你当李党人看，真正怨你者、恨你者、让你仕途受挫者，也正是这位令狐绹。令狐绹的心胸狭窄，你不要不信。我原先是不相信的，但后来从李肱、郑亚、杨嗣复等人那里，听到了一些内情，才知道是令狐绹从中所为。"

李商隐知道，韩畏之是轻易不谈令狐家族的，今天的这番话，是他经过了深思熟虑之后才说出的，这自然是他的肺腑之言。

可是，自己又能到哪里去呢？想在秘书省升迁？希望极为渺茫。久待京都？早已吃够了置身朋党夹缝中的苦头。他痛苦地摇了摇头，一时理不出个头绪来。

这天晚上，羲叟来了。前些日子他来京都住了几天，参加了吏部的会试，明天要放金榜，他是来看榜的。

第二天一大早，李商隐和韩畏之陪他去看了金榜，羲叟竟然高中了。李商隐真的为弟弟高兴，这多年来，自己不在家中，家中的大小事情，全是他担负起来的。母亲病时，是他照料左右，耽误了不少学习的机会，但他自强不息，终于有了今日的成就。同时，李商隐自己也感到内疚：在家中，父亲去世以后，自己没尽到长子之责，对于弟弟，亦未尽到兄长之责。好在韩畏之夫妇，对羲叟如对自家弟弟。七妹知道丈夫的心事，她很感激和尊重羲叟，才使李商隐的愧疚情绪冲淡了不少。

当天，韩畏之如那次李商隐中了进士第一样，以庆贺羲叟金榜题名，在曲江的兰桂轩设宴。唯一不同的是，那一次曲江之宴，是为七妹相亲，而今再来，七妹已成了羲叟的嫂嫂了。

真是无巧不成书，正当李商隐等人陷入何去何从的苦恼时，忽然接到了郑亚的一封信，聘他入桂州（今广西桂林）幕府。

李商隐十分高兴。

郑亚并非因李商隐是王茂元之婿才聘他加入自己的幕府的，原因有三：一是郑亚自己是怀州河内人，有同乡关系；二是郑亚在任给事中时，已认识了在秘书省任职的李商隐，很是赏识李商隐的文才和厚道本分的操行；三是他同情李商隐因令狐绹的原因所处的境地。

李商隐将自己的想法告诉了七妹和韩畏之夫妇，他们都认为去桂州实属上策。

李商隐便于大中元年（847年）三月，从长安出发，经湖北、湖南，到了桂州。

郑亚是李党中人，他虽因李德裕被贬而受连累，放为地方官吏，但并无消沉之意。他为人坦然，办事干练，且对诗文颇有造诣，有时还与李商隐唱和。他对李商隐亦十分信任，先后任他为判官、掌书记、专使等职，以辅助他处理事务。

李商隐见郑亚对自己十分知己，所以，幕府中的公事他办理得有条不紊。加上因观察使的治所就在桂林，李商隐领略了"甲天下"的桂林山水，又有温和的南方气候，所以，他心情特别舒畅。他修订了四六文《樊南甲集》，还写了不少诗歌，其中一首《晚晴》，充分表达了他当时的心境：

> 深居俯夹城，春去夏犹清。
> 天意怜幽草，人间重晚晴。
> 并添高阁迥，微注小窗明。
> 越鸟巢干后，归飞体更轻。

十月，郑亚派李商隐为专使，北上江陵，去谒见荆南节度使郑肃，并办理一些公务。

郑肃是郑亚的叔父。李商隐在江陵住了两个多月，在办理公务的同时，又为《樊南甲集》写了序。谁知在往返桂林的途中，李商隐乘坐的船只，在长江进入洞庭湖的汇合处，遇到了大风，船只被风掀翻。他虽然被人救起，但他的一些诗稿，却随波而去了。他心痛极了，因为这些诗篇都是他的心血凝成的。

他望着茫茫的水面，心里寻思：江湖上的风波，真是难以预料啊！

4

江湖上的风波难以预料，宦海中的风波更是难以捉摸。

李商隐回到桂州，郑亚又擢升他为昭平郡（今广西平乐）守事。李商隐匆匆去了昭平郡，因自己远离桂州幕主，又是首次管理一郡之事，所以，到任之初，便兢兢业业，勤于公事，想做出一番政绩来。

谁知上任不到半月，郑亚忽然派人送来急信：要李商隐立即赶往桂州。

李商隐到了桂州之后，郑亚将他领到自己的书房里，告诉他说，宣宗已再度贬他为循州刺史了。

李商隐听了大为吃惊，虽说郑亚是李党中人，但他为人正派，从未听见他说过批评牛党的话语，且已被贬出京，为何还要再贬呢？

"郑大人，我不明白，皇上他——"李商隐刚刚说到这里，郑亚就对他摆了摆手，说道："此诏虽出自皇上，但实属白敏中、令狐绹从中操纵。"

令狐绹？令狐绹虽然随牛党得势而受宠，但他与郑亚过去并无摩擦啊，是否因为自己入了郑亚幕府而得罪了令狐绹？若是这样，幕主的再贬，就是因为自己而受连累的。他感到十分内疚，便将自己的想法告诉了郑亚。

郑亚听了李商隐的这番自责后，笑了；不过，他笑得很苦涩。他说道："义山啊，不是因你连累了我，而是因我连累了你。因为有许多事，局外之人是不清楚的。"接着，他向李商隐讲了京都的一些情况。

原来，白敏中当年是经李德裕的推荐，才步入仕途的。李德裕失势，他不但不帮着说些公道话，反而来了个墙倒众人推。他迎合牛党的心意，在李德裕被贬为太子少保后，又接着被贬为潮州司马，很快再被贬到崖州，去做司户参军去了。

令狐绹的得宠，不但因为他是牛党中的中坚人物，还因为令狐楚生前的忠君楷模受到宣宗的赏识，又庇荫令狐绹步入青云。有一次，宣宗问白敏中："朕昔时送宪宗安葬景陵时，在蒲城金炽山突遇大雨，百官皆散，唯一身长多髯之朝臣，攀住灵舆，冒雨不避。卿知此臣是何人？"

白敏中答道："那是令狐楚，现在已经去世了。"

宣宗又问："令狐楚有无子嗣？"

白敏中答道："有三子，中子令狐绹，颇为才干。"

第二天，宣宗召见了令狐绹，并问及了元和年间的一些朝中之事，令狐绹对答得十分详尽。宣宗听了，十分高兴，便将他由考试郎中擢升为知制诰，不久又诏为翰林学士，是朝廷中负责起草诏令的重要官员。

这一晚上，他们谈到了深夜。因王命难违，郑亚很快就要前往循州赴任，他本想请李商隐同往循州，但又担心会因自己而加深令狐绹对李商隐的怨恨，便建议他去投奔李回，可暂时入湖南观察使幕府。

送郑亚去循州任所之后，李商隐觉得十分孤独，阳朔的春山春水，桂州城外盛开的杜鹃花，都引不起他的兴趣。他望着天空中飘浮的白云，心中涌起了一阵悲酸，自己多像天上的白云啊，随风飘零，难以自主，今日离桂州，不知明日将会浮到何处？

李商隐觉得，自己求功名不成，得道成仙又不可能，冥冥之中，似乎有两只手死死地扼住自己的咽喉，一只手是自己朝思暮想的明君贤主，死死地掌握着自己的命运；另一只手是看不见摸不着的鬼神，不肯放自己去海阔天空中遨游。心比天高，命比纸薄的贾谊，怀才不遇，落得个早死早投胎的结果。自己呢，却求死不能，求生不幸。

在离开桂州的途中，他写了一首《贾生》：

宣室求贤访逐臣，贾生才调更无伦。

可怜夜半虚前席，不问苍生问鬼神。

到了长沙，他去拜见了观察使李回，在李回府中住了半个月。他看到李回也受到了牛党的打击，由宰相贬到长沙，已自顾不暇，更无力帮助他。于是，他继续北行，到了岳阳之后，放眼洞庭，水天一色，他触景生情，写了《岳阳楼二首》。

他想去投奔自己的远房表兄杜宗——四川节度使。于是，便逆江而上，经荆州，进三峡，过巫山，由巴东入蜀。

到了夔州以后，正值汛期，川水入江，江水猛涨，江上船只皆都泊岸系缆。李商隐只好在一家小客栈里暂住。闲来无事，白日里在江岸边观景，晚上，在烛光下看书。

有一夜，他睡不着，听见淅淅沥沥的秋雨敲打树叶，忽然想起在桂州时，曾接到过七妹一信，问他何时返回长安。由于自己当时太忙，尚未回信，紧接着就是郑亚被贬，他自己北行，现在又半路改道入川，孤零零地留在这家小客店里。

窗外的雨下个不停，落在窗外的芭蕉树下和门口的堰塘里，一声一声地滴在他的心上，他的心，像门口堰塘里的水在暴涨，虽然是雨天，巴蜀女子还在约会，山歌一声一声地穿过雨帘，破窗而入："我早上起来煨鸡汤，望一下柴火望一眼郎……你赔我的睡赔我的床……"一声一声的断断续续的歌，让李商隐几欲落泪。蒿秆做的烛心，不时发出"哔剥哔剥"声，每一声都让李商隐心惊肉跳。他拿起双耳烛剪，一边剪烛，一边想着与七妹在烛下窗前巧笑言语的情形，回想自己漂泊一生，万千感慨随秋雨而下。

今夜，有谁能与我抵足相拥，风雨同床？

今夜，有谁与我把杯共盏？

今夜，有谁与我秉烛夜谈？

端着砚，李商隐在屋檐下接了雨水，磨了墨，浓浓的离情与浓浓的诗意，一起涌上来：

> 君问归期未有期，巴山夜雨涨秋池。
>
> 何当共剪西窗烛，却话巴山夜雨时。

一想起七妹，就想到了衮师。衮师今年已经有三岁了，长得胖吗？会说话了吗？自己离开长安以后，他病没病过？自己辞别娇妻幼子，奔波天涯，一无所成，岂不枉做人父？越想，就越眷恋七妹和子女，越眷恋就越觉得孤单难耐。于是，他改变了主意，不再去杜宗幕府，毅然乘舟东行。

天色似知李商隐的心情，在第二天早晨，雨过天晴了。李商隐乘舟顺江而下，亲自体验了"两岸猿声啼不住，轻舟已过万重山"的诗意。

李商隐风尘仆仆地回到了长安。

七妹双眼一眨不眨地望着丈夫，脸上笑着，眼泪却"吧嗒吧嗒"地滴落下来。衮师跑在姐妹们的前头，迈着小腿跑到跟前，仰头望着父亲，喊着："爷，爷，我想你！"那童声娇嫩，句句如和煦春风，抚摸着李商隐的心。沉浸在天伦之乐中的李商隐，禁不住流下了两行热泪。

韩畏之夫妇听到动静，连忙迎了出来，一边问寒问暖问路上的情况，一边帮李商隐提着行李进了客厅。

两家人其实是一家人。晚上，韩畏之设家宴为李商隐接风，席间，韩畏之向他说了一些他离京后朝廷中的变化。

自宣宗即位后，改元期届，在南郊祭天，改元大中，百官朝贺，大赦天下。不久，因天旱无雨，宣宗俭殿减膳，将宫中教坊乐工一并遣散，放出宫女五百余人。这些善举，朝野称颂。

但宣宗又是一位很残忍的皇帝，宣宗的母亲郑太后在入宫之初，便和太皇太后郭氏结下了仇。这位太皇太后是郭子仪的孙女，历经穆宗、敬宗、文宗、武宗等朝，年近八十，在兴庆宫颐养多年，很受宫人尊重。

母以子贵，郑氏见儿子登上了皇位，便乘机报复太皇太后：她先是放出谣言，说宪宗的暴死，是郭氏放的毒药；接着，郑氏又指使兴庆宫的太监们，断了皇太后的饮食，撤走了宫中的宫女。这位太皇太后孤零零地守在兴庆宫中，又饥又饿，几次都想爬上楼去，从楼台上跳楼自尽，但年迈体弱，已爬不上楼梯，想死亦不容易。又住了几天，有宫人发现太皇太后已服毒自尽。毒从何来？人人明白，却不敢议论。

太皇太后郭氏死后，宣宗不许将她与宪宗合葬，葬到了景陵外园。有位太常官上奏："太皇太后系汾阳王孙女，事宪宗为妇，历五朝，母仪天下，万不可废正嫡大礼！"

宣宗不但不听，反而将他贬到句容做县令去了。

李商隐告诉韩畏之，他想再去向令狐绹解释一下：既然牛僧孺已不在人世多年，李德裕又远贬天涯，再不可以朋党用人论事了，应以李唐社稷为重，干一番轰轰烈烈的大业，以造福天下，青史留名。

韩畏之听了，笑着说道："义山啊，你还不知道吧？令狐绹现在已是牛党的砥柱，他的心中根本就容不下李党中人。你去桂州后，他曾对人讲过'李义山入郑亚幕府，乃背师忘恩，不得有好结局！'结局你已看到了，你还向他陈什么情呢？"

"牛党不用我，又不许李党用我，总不能置我于死地吧？"李商隐心中陡生愤慨：你令狐绹春风得意，是你的命好。可我李商隐要有安身立命之地啊！要养活妻儿一家啊！我向你陈情多次你不听，剖开心胸让你看，你又不理，为何要如此薄情寡义呢？难道朋党之利比社稷之利还重吗？朋党之情比父子之情、比手足之情、比挚友之情还浓吗？想到这里，他端起酒杯一饮而尽，又被呛得咳嗽起来。

"夫君，酒不可猛饮。"七妹在一旁劝了一句。

"爷，我背诗你听。"衮师偎在李商隐的怀中，一边撒娇，一边背诗："鹅，鹅，鹅……"

韩畏之劝李商隐去参加吏部的考试，看有无授官的希望。

李商隐也觉此举可行。果然，在吏部考试后，他录取了，授为一个小县的县尉，又是一个九品下阶！真是令他哭笑不得。十年以前，他任县尉，十年以后，又任县尉！可自己曾任过昭州守事，那可是正四品的官阶啊！不去，是违王命，去，又不甘心。正在左右为难之时，七妹劝他去看看，权当散散心。

李商隐只好前往上任。不久，他进京见京兆尹，京兆尹留他在京兆衙门中，专司章奏。李商隐发现这位京兆尹是牛僧孺的本家，他虽不学无术，但很看重朋党之势，还常常在各种场合讽刺、谩骂李党，并把李商隐看作李党中人。李商隐不愿昧着良心附和他咒骂李德裕，所以，到了十月，便以养病为由，写了辞呈，和七妹一道，又回到了南郊的樊南家中了。

珠箔飘灯独自归——李商隐传

第十七章

七妹走了，诗人的心也死了。

> 君问归期未有期，巴山夜雨涨秋池。
> 何当共剪西窗烛，却话巴山夜雨时。
>
> ——《夜雨寄北》

1

李商隐离开京兆尹，正如三闾大夫写《离骚》时的心境。他和七妹住在樊南，过着与世无争的生活。与世无争固然心境淡泊，但不能与肚子无争。每天开门上七件事：油盐柴米酱醋茶，哪一样都缺不得。一年三百六十五天，日子怎么过？七妹虽然会勤俭持家，但巧妇难为无米之炊，她的私房钱早就贴补光了，几件像样的首饰也早就当出去了。他们从长安回樊南时，韩畏之夫妇为他们准备的米、面和几十两银子，也早已用尽了。原先还指望弟弟羲叟帮上一把，现在羲叟先是释褐试后授秘书省校书郎，现在已改授河南府参军了，远水救不了近火。李商隐欲哭无泪，借贷无门，心境十分消沉，唯一能使他得到安慰的，便是儿子衮师。

衮师聪慧，又很听话，常常坐在李商隐的膝上，听李商隐吟古诗，讲故事，有时还能模仿大人的各种动作。李商隐受杜甫在《北征》诗中对小女儿娇痴情态描写的影响，也在左思的《娇女诗》启发下，写了一首《娇儿诗》。

七妹读了这首《娇儿诗》后，非常兴奋，她也不管弄懂了没有，便一句一句地解给衮师听，听着听着，衮师便偎依在母亲的怀里睡着了。

有一天，七妹领着衮师去邻家磨面了，李商隐在窗下整理诗稿，忽闻窗外有马蹄之声，待抬头看时，见一锦衣男子牵一匹白马，正朝自家走来，边走边喊着问道："此处是李义山家吗？"

李商隐一听，就知道是温庭筠来了。他连忙出门迎接。

温庭筠依然是原先的那个温庭筠，他虽屡次会试，却屡次不中，到今仍无功名，但却不减往年的浪荡不羁。

李商隐笑着说道："啊哟哟，原来是飞卿贤弟光临。快，快请屋里坐。"

"义山兄，你这是想学陶公采菊呢，还是贫困到如此地步？"温庭筠朝屋中四周看了看，马上皱起了眉头。

李商隐听了，感到极为尴尬，他连忙转换了话题，说道："飞卿贤弟的两首《梦江南》，是词中佳品，绝妙好词。愚兄吟哦再三，品味词中所寄，以为与世人评解不尽相似。贤弟对词中思妇之同情，实乃是寄寓了贤弟怀才不遇，遭人排挤之悲凉。不知愚兄见解对否？"

"知我者，李义山也！"温庭筠听了李商隐的这番评解之后，极为高兴；他接着说道："世人皆以为飞卿只能写一些绮丽香艳之词，其实，我何尝不想报国报君呢？我写的《侠客行》，不知义山兄读过否？我来吟唱一遍，请义山兄赐教：'谷出鸿都门，阴云蔽城阙。宝剑黯如水，微红显馀血。白马夜频嘶，三更灞陵雪。'"

李商隐听了，连声赞许。

温庭筠告诉李商隐说，他去丰邑坊找他时，才听韩畏之说他已经搬回樊南了，所以，匆匆地找来了。

李商隐问道："有何急要之事吗？"

温庭筠说："我曾去过令狐绹的新造府第，其气派远远胜过开化坊的相府老宅。府中楼厦堆绣，房舍成排，仅后花园中的太湖石，就有数万斤之多！假山之上，又建有楼台亭榭，四周遍植天下奇花异草。宴饮时，乐伎上百，美姬如云。我曾去过不少天下豪富之家，从未见过如此豪华的府第！再与义山兄的茅庐相比，就似长安的大明宫比南郊的看瓜棚了。"

李商隐对令狐绹新居的气势无甚兴趣，他听说温庭筠去过令狐绹的府第，便急于想知道寄奴儿的情况。

"论才学，论人品，你义山兄胜过他几筹，他无非是吉星高照罢了。二月，先拜中书舍人，五月，又迁御史中丞，九月，再充翰林学士承旨、兵部侍郎、知制诰。而你我，则是灾星常悬，你是仕途不顺，我是屡试不中。"温庭筠说到这里，好像忽然想起了什么，连忙问道："嫂夫人及侄儿呢？"

李商隐说道："去邻家串门去了，我去唤她回来。"他想去唤七妹回来，将家中的鸡宰了，再去路边酒肆中赊些酒回来，因为那家酒肆曾托李商隐写过族谱。温庭筠来了，无酒是万万不能的。

七妹恰好这时回来了，她与温庭筠见礼之后，连忙去院中捉鸡，去菜畦拔菜。

温庭筠说："义山兄，请不要让嫂夫人忙活了，只管坐下来叙叙话。至于饭食，至于菜肴，到时候，自会有人送来的。"

李商隐知道他常有突发异想之举，正待要问他，他却先问起了李商隐："义山兄，你是否知道寄奴儿被卖之事？"

李商隐听了，简直如受雷击，只感到头顶上"嗡"地响了一声，他全身一震。他以为自己听错了，嚅嚅地问道："寄奴儿她，她被卖了？卖到哪里去了？"

"是啊，她被令狐绹卖了。"说到这里，温庭筠已经气得满面通红，他接着告诉李商隐，"令狐绹把寄奴儿卖给一位绍兴籍的蚕丝商人了，身价三千两银子。"

"令狐绹还缺那三千两银子？"李商隐问道。

"他的银子，少说也有千万两。他不是为了银子，他是为了气我。"接着，温庭筠把他与令狐绹争执之事说了一遍。

有一天，令狐绹邀客去他新竣工的府第饮宴，温庭筠也是被邀的客人。席间，有乐伎助酒，有的客人要求主人让寄奴儿出来献技，得到了在座宾客的一致赞同。令狐绹推说寄奴儿因害眼疾，不能表演。温庭筠知道这是他的推脱之辞，便说道："我愿为寄奴儿填词一阕，请即送去。"说完，便吟了一首《更漏子》："柳丝长，春雨细，花外漏声迢递。惊塞雁，起城乌，画屏金鹧鸪。香雾薄，透帘幕，惆怅谢家池阁。红烛背，绣帘垂，梦长君不知。"吟完后，众宾客皆发出赞叹之声。温庭筠当即就将此词抄在一把纸扇之上，让一乐伎送到了后院。过了不久，忽闻有琴声传来，俄而寄奴儿走出来，以手抚琴，独奏独唱，将这首《更漏子》唱了一遍。那歌词凄凉，那歌声更凄凉。唱到最后，泪珠滚落，更为感人，令众宾客倾倒。

令狐绹自觉扫了面子，便当场责难寄奴儿，寄奴儿掩面退出。

温庭筠实在看不过眼了，便说了一句公道话：令狐大人何必如此小肚量呢？说完，也拂袖而去。第二天，温庭筠就听说令狐绹将寄奴儿卖给了绍兴客商，用所得的三千两白银，又买进了四名江南乐伎。

这时，有一辆马车从大路上驶到了李商隐家门口，从车上跳下来两名伙子，将几袋米面、两罐米酒和一些鱼肉菜蔬等，从车上搬到院子里。七妹刚要开口询问，温庭筠笑着说道："有酒就喝，有肴就吃，嫂嫂只管收下就是了。"

原来，温庭筠虽说是生长在富贵乡里，长在乐伎堆中，但对朋友却是一片真心。当他从韩畏之那里听说了李商隐的生活窘迫之后，便在城里买下了这些应急食物，又雇了一辆马车，自己骑马先出了城，让马车随后将食物送到了樊南。

就在他们叙谈的时候，七妹已经做好了几样下酒的菜。温庭筠的酒量本来就大，此刻正是酒逢知己千杯少的时候，他十分兴奋，直到太阳偏西，他才放下杯子。

临别时，他略带酒意地说道："义山兄，你虽入仕途，但捉襟见肘，又寄人篱下，可惜可叹可怜。我虽放荡，又我行我素，有毁有誉，今后，有难处，就带个信给我，我别的本事没有，就是有用不完的银子。"

李商隐一直把温庭筠送到了大路上，温庭筠上了马之后，又对李商隐说："我这几天就去打听寄奴儿的消息，我想把她赎回来，嫁人也可，出家也可，由她自便。"说完，朝那匹白马抽了一鞭，坐骑便猛地奔跑起来。

李商隐望着他的背影，心中叹道：这是位侠义之士，又是位天才诗人，只是没有用武之地罢了。

2

送走温庭筠之后，李商隐总是为寄奴儿的命运放心不下，便进城去了开化坊，想从老夫人和岳山管家那里打听些寄奴儿的下落。

岳山管家听见李商隐问起了寄奴儿，便连声叹起气来。他说，老夫人听说寄奴儿被卖，都被气病了。还听令狐绹的家人说过，寄奴儿在离开府第之前，寻死寻活地要来见上老夫人一面，可令狐绹就是不许。寄奴儿哭得晕过去了，是几个仆人把她抱上车的。"真是造孽呀，一个通情达理、多才多艺的好女子，却被令狐绹说成是不守妇道，竟然卖给外乡的商贾了。"

岳山管家说的与温庭筠所述大致相同。

"寄奴儿离开长安了吗？"李商隐问道。

岳山管家说："没有，听说她病得很重，那位绍兴客商正在为她治病，病愈后就要东行。"

李商隐听了，久久无语。

进城自然要去看望韩畏之夫妇，他一走进韩宅大门，适逢韩畏之在家，见李商隐来了，便笑着说道："你真是不请自到啊，义山，卢公弘正大人已被牛党排挤出京了，也为徐州刺史、武宁军节度使，他的幕府中正缺判官，我便推荐了你。卢弘正当即答应了，还应诺你安排好家眷之后，直接去徐州幕府即可。"

李商隐听了，真是喜出望外。

卢弘正为何答应李商隐去自己的幕府，并担任判官一职呢？他并没有考虑到李商隐是王茂元之婿才任用他，而是爱他才华，慕他诗名。

大中三年十月（849 年），李商隐去开化坊向老夫人和岳山管家告别之后，又去与韩畏之辞行，再将七妹和儿女们安顿在洛阳崇让坊住下，并吩咐七妹在令狐楚忌日时，一定携衮师代他去恩师墓前烧些香纸。一切都安排妥了，才骑马向徐州出发。

路上，风起尘扬，寂寞孤单。李商隐边走边想，自己东行，是去投奔被贬放的朝臣，而被贬放的朝臣，如郑亚、李回、李德裕，此时此刻又在做些什么，想些什么呢？尤其是李党党魁李德裕，他为政六年，内制阉宦，外复幽燕，定回鹘，平泽潞，不但是位难得的名相，而且诗也写得十分好。可是结果呢？都落得一样的下场！

到了徐州之后，卢弘正非常器重李商隐，先是任他为判官，不久，又由他推荐朝廷，授为侍御史，官阶六品下。侍御史属台院，殿中侍御史属殿院，监察侍御史属监院，三者并列。李商隐的侍御史，是可支该职俸禄的虚职头衔。

卢弘正已经年迈，但耿直不阿。他有时与李商隐灯下论诗，有时约幕府中的属僚们去城外巡视，其豪气丝毫不减当年。有一天夜里，他与李商隐坐在客厅里品茶时，谈到了朋党之争。他说，牛党任人唯亲，实为私利；李德裕在为相期间，虽政绩超然，但排挤牛党官员亦不可取。总之，朋党之争，害国害人害己，我等受其连累不说，就是闵宗、德裕、僧儒等，不也都是自食其果吗？好在宣宗皇帝，除了对太皇太后失德以外，对于朝政，胜于前朝；对于皇子公主，也教导颇严。他举了一个例子：宣宗长女万寿公主，下嫁起居郎郑颢时，宣宗一改公主出嫁用银叶装点车辆的惯例，而是用黄铜做装点，并嘱咐她谨守妇道，孝敬长辈，不得轻视夫族，不得干预朝政。

有一天，郑颢得了急病，宣宗派中使去驸马府探视，回宫后，宣宗问及公主在家否？中使答称：公主在慈恩寺中观戏。

宣宗大怒，立即派中使到慈恩寺中召回公主，并当面训斥道："小郎有病，汝应不离左右，侍奉汤药，何得自去看戏，且入寺观戏，亦非好道！"

公主谢罪而出，自此不敢慢待夫家。

宣宗次女永福公主，本原拟下嫁于宗的，有一天，她在吃饭时忽发小脾气，把桌上筷子折断。宣宗大怒道："如此性情，岂可为士大夫妻耶？"便以四女广德公主下嫁于宗为妻。

卢弘正说到这里，轻轻叹了一口气，又接着说道："眼下天下尚算太平，但祈圣上能记住文宗、武宗的前车之鉴。"

有一天，李商隐正在衙门里起草一份奏章，忽见府主匆匆进来，还没待他起身让座，卢弘正便对他说道："李公德裕大人，在崖州仙逝了。"说着，眼泪竟禁不住淌了下来。

当晚，卢弘正在书房门前的庭院中，设香案遥祭李德裕。李商隐把事先写的一首《李卫公》，抄在一张素纸上，低声吟唱了一遍，便焚在香案前了：

绛纱弟子音尘绝，鸾镜佳人旧会稀。
今日致身歌舞地，木棉花暖鹧鸪飞。

李商隐虽然未与李德裕谋面过，但却像敬重恩师令狐楚那样敬重着他，也把李德裕视为自己的师长、长辈。没想到这位曾经名噪一时的名相，竟然一再被贬，终于亡于荒凉的崖州，实在是可悲至极。

卢弘正拜祭之后，忽然有些愤愤然地说道："白敏中、令狐绹当国，排除异己，嫉贤害能，无所不用其极，李卫公贬死异乡，意料中之事。"祭后，卢弘正突感胸闷不适，李商隐连忙扶起他歇息去了。

3

也许是因为李德裕之死而受了刺激，卢弘正连续数日，总觉得胸闷不适，有时还伴有疼痛之症，所以，幕府中的公务，除副使以外，大都落在了李商隐身上。李商隐也不辜负府主的厚望，日夜不得空闲，将府主交办的事务，办得件件得体。他期待着卢弘正能入朝为相，以便继续推荐自己。

除了忙于幕府公事之外，李商隐忙里偷闲，写了不少新作，其中五律《蝉》，写得极有新意：

> 本以高难饱，徒劳恨费声。
>
> 五更疏欲断，一树碧无情。
>
> 薄宦梗犹泛，故园芜已平。
>
> 烦君最相警，我亦举家清。

李商隐是以咏蝉来抒发自己的愤激之情的，诗中之蝉，亦是他自己的影子。

到了入秋，卢弘正的病情未见好转，此时却从京城传来了一个消息：令狐绹已经拜相。

过了新年之后，卢弘正的病情越加恶化了，且伴有头昏，起床和行走已是十分困难。李商隐日夜守候在他的身边。夜深人静之时，李商隐望着这位头发花白的老人，一面在想：自己的命运为何这样不幸？先是入恩师令狐楚的幕府，恩师病逝于任上；再入华州幕府，后转兖州幕府，崔戎又卒于任所；后入泾原幕府，岳父病死在出征的军旅之中；继而是受杨嗣复之召，欲去湖南府，他还没到，府主已被贬他处了；复去华州周墀幕府和桂州郑亚幕府，府主皆有劫难。难道自己是丧门星吗？他非常担心卢弘正的病情，还暗暗去城郊的如来寺为他许愿、舍施。到了三月，卢弘正终于卧床不起。有一天，卢弘正接到了一封来信，便让李商隐念给他听，原来此信是郑亚的家人写来的，信上说：郑亚已病逝于循州了。卢弘正听了无声地流了一会泪，便睡着了。

自此，便再也没有醒过来。

李商隐含着眼泪，帮助办完了府主的后事之后，便独自一人回到了洛阳，然后携七妹和子女们，回到了樊南的旧宅居住。

此时的李商隐，已经陷入了贫病交加的地步，自己积蓄的一点俸禄，早已所剩无几了，而子女们尚都年幼，需要抚育。妻子七妹由于劳累过度，已病倒了。李商隐本来就不善于料理子女和家务之事，此刻又要照料病中的妻子，日夜忙碌，终于也病倒了。七妹见丈夫瘦得只剩下一把骨头，风一吹就似要被刮走一般，心中实在不忍，便咬着牙下了床，带着病去照料丈夫和一群孩子。夫妻二人真可谓相依为命了。

在此期间，李商隐曾多次向令狐绹呈诗陈情，恳求当朝宰相能够来帮自己一把，他先后写了《无题四首》，其中第一首是这样写的：

> 来是空言去绝踪，月斜楼上五更钟。
> 梦为远别啼难唤，书被催成墨未浓。
> 蜡照半笼金翡翠，麝熏微度绣芙蓉。
> 刘郎早恨蓬山远，更隔蓬山一万重。

这些向令狐绹陈情的诗稿，李商隐都托人送到了令狐辅宰的新建府第。

有一日，岳山管家忽然驾车来到了樊南，他说是奉老夫人之命，来接李商隐一家去长安住些日子，因为令狐绪和令狐纶都不在京城，令狐绹身为宰相，位在一人之下万人之上，天天都要忙于朝政大事，极少回到老宅，老夫人就更想念李商隐一家了。

在去长安的路上，岳山管家指着路边的青青麦苗说道："这樊南地方真好啊，满眼的绿色，呢喃的燕子，还有笼在炊烟中的村舍，多有生机！住在这里，准能长寿。"

七妹笑着说道："岳山叔，我和义山早就商量过了，要是我们安顿好了，就接你来家里长住，你老了，有义山和衮师给你——"

李商隐怕七妹说出不吉利的话来，连忙打断了她的话："衮师，岳山爷爷是个老寿星，快叫老寿星爷爷。"

衮师甜甜地叫了一句"老寿星爷爷！"岳山管家笑得眼里含着泪花，连忙把衮师揽在自己的怀中，喃喃地说道："等老夫人百年之后，我一定来这里，和你们住在一起，也享几日天伦之乐。"

当天晚上，老夫人在客厅里设宴招待李商隐一家。席间，她对李商隐说了一件往事：在令狐楚忌日那天，她让岳山管家备了车，去丈夫的墓前拜祭时，发现有人在她去之前，已在墓前焚过了纸钱，墓碑前的石桌上，还整整齐齐地摆着几碟菜肴和一些枣、核桃、柿饼之类的瓜果。将要燃尽的三炷香，还在袅袅冒着青烟。老夫人一见，大吃一惊，是谁人如此隆重地来祭奠过自己的丈夫呢？

她向守护祖坟墓地的老人打听，老人说，是樊南的一位中年妇人，带着一位男孩来墓前拜祭过。老夫人听了，竟俯在墓上哭出声来。回来之后，她命家人去将令狐绹叫回老宅，手指着他的脸说："尔对义山无义，能对得起坟山之亡灵否？义山屡屡徙迁，家小难顾，尔于心能忍否？不义，则不孝，不孝，何以忠君？何以恤民？"说着说着，已泪流满面。

接着，老夫人说出了把李商隐一家接来京都的目的：原来在她的一再催促下，加上李商隐写了不少陈情之诗，令狐绹已答应为李商隐补太学博士，正六品官阶，这几天就可上任了。

李商隐上任之后，始知太学博士实际上是个教书匠，所教的学生，无非是有进国子监读书资格的贵胄子弟，且课程刻板，一日到晚讲解不停，十分辛苦。而俸禄不高，养活六口之家，实属不易。

七妹和儿女们住在开化坊的相府老宅，白天，她陪老夫人说些闲话，晚上，盼丈夫归来后，便亲亲热热地厮守在一起，问他在外边的情况，为他泡茶、捶腰，脸上总是挂着笑容。其实，她把病情瞒过了丈夫：她的右下腹部，经常隐隐作痛，近来疼痛加剧，她不得不时时用手按着，才能减轻些疼痛。当丈夫回来时，她便装作没事一样，问寒问暖，关怀备至。

有一天，六妹来看七妹时，说到河南尹柳仲郢，最近诏为梓州刺史、剑南东川节度使。他与令狐楚交往颇深，知道令狐楚有个极有文采的门生，叫李商隐，好想请他入自己的幕府，聘他为节度书记。七妹怕失去这样一个好机会，便替丈夫答应下来了。

李商隐知道这件事情以后，虽觉入蜀比在长安要好，但七妹的病情，不但不见起色，而且双眼、脸上都已出现了黄疸，若下腹疼痛起来，黄豆大的汗珠，便不断地往上滚落。但每次见到丈夫，她总是强作欢笑，与丈夫又说又笑。李商隐看在眼里，痛在心里。他常常背着妻子，去院中的树下烧香，请卜卦算命的先生，悄悄为妻子算命。他总觉得是自己对不住妻子，这些年来，自己天南地北飘忽不定，妻子含辛茹苦地抚养着儿女们，没过上几天安稳舒坦的日子，他心里难受极了。

柳仲郢去了四川以后，七妹曾多次催促李商隐入川。又住了些日子，柳仲郢派人送来了进川的盘缠和安家的费用。七妹这次也急了，劝说李商隐早早启程，否则会失信于柳仲郢大人，也会误了丈夫的前程。

李商隐过去曾多次与妻子告别，去赴外地幕府，可这次尚未出发，心中便生出了一种莫名的恐惧感，好像这次挥手一别，便是诀别！所以，便以种种理由来拖延入川日期。

过了八月中秋，七妹开始出现昏迷，滴水不进，只字不语，唯有李商隐为她擦拭眼角的泪水时，她才勉强睁开眼，用双手紧紧抱住丈夫，生怕丈夫会从她身边飞走，永远都不会再回来一般。

八月十六酉时许，七妹终于在李商隐的怀中睡着了。她睡得似乎不太安稳，双眉紧锁，还轻轻地咬着自己的下唇，睫毛上挂着两颗晶莹的泪珠……

待发现七妹已离开了人世，离开了自己和四个儿女，李商隐昏倒过去了。当他再度醒来时，见老夫人、岳山管家、韩畏之夫妇、羲叟夫妇，都守在自己的身边。不远处设有灵堂，灵堂前燃着香。

见李商隐醒了，岳山管家长长地出了一口气。他告诉李商隐，这已经是第三天了，也就是说，李商隐整整昏睡了三天三夜。

安葬妻子那一天，岳山管家怕李商隐过度悲痛，再度发病，便命人把他安顿在一辆马车上，让马车停在离坟茔有二里多远的山坡下。安葬了七妹之后，亲朋好友们开始往回走时，李商隐突然像疯了一般，牵着衮师和几个儿女，奔向了亡妻的坟前，他双膝跪地，以头击坟，额头上都撞出了血斑。幸亏韩畏之和羲叟连忙赶去，将他搀到车上，才匆匆驾车回到了长安。

回来之后，李商隐又病了半个多月，直到九月中旬，才渐渐能下床走动。他能做的第一件事，就是写了一首悼亡诗《房中曲》。

柳仲郢并不知道李商隐新近丧妻，又来信催他启程入川，亲朋们为了让他摆脱触景生情、见物思人的环境，也都劝他尽早启程。老夫人还安排了一名女仆，专门照料孩子们，让孩子们留在老宅中多住些日子，然后再派车，将他们送到洛阳崇让坊中去。毕竟是姊妹，六妹和韩畏之也都满口应承了下来。

十月初二，李商隐再一次踏上了投奔幕府的旅途。韩畏之夫妇一直将他送出城门十多里。临分别时，李商隐下了马，向韩畏之和六妹深深一拜，托他们照料好孩子们。韩畏之夫妇连忙把他扶起来，劝慰他说：你放心去吧，孩子们由六妹照料，他们会像待在亲娘身边一样。

挥手相别时，泪眼对泪眼。

第十八章

他用无形的凤首箜篌，弹奏了一曲千古绝唱。

锦瑟无端五十弦，一弦一柱思华年。

庄生晓梦迷蝴蝶，望帝春心托杜鹃。

沧海月明珠有泪，蓝田日暖玉生烟。

此情可待成追忆，只是当时已惘然。

——《锦瑟》

1

从长安出发，李商隐在路上走了将近一月，才到达东川节度使的治所梓州（今四川三台）。

柳仲郢待他十分真诚，当天晚上，设宴为他洗尘，并在席间对幕僚们宣布：李商隐为判官。

入川之前，柳仲郢原打算聘李商隐为节度书记的，没想到刚到幕府，便改任判官了，官阶和薪俸都比节度书记好得多。当他站起来刚要致谢时，府主又大声宣布：加校工部郎中，官阶五品上。这一宣布，不但令幕府中的官员们吃惊，连李商隐也感到十分意外。

大家都知道李商隐是名闻天下的大诗人，今日能在东川相会，自然都很高兴。于是，有的官员便请李商隐吟诗。

柳仲郢本来也有此意，想让幕僚们当面见识一下新任判官的才华，但又担心他没有准备，便说道："义山初来乍到，途中劳累，是否改日聚饮时再吟？义山，你说呢？"

李商隐连忙站起来，向席间的宾客施礼之后说道："在下李义山，今日能与诸位同席，十分荣幸，我在来东川途中，写了几首拙作，一是乞求指正，二是抛砖引玉。"说完，吟唱了一首《十一月中旬至扶风界见梅花》。

他刚刚吟唱完了，就博得了一片喝彩之声。

府主的器重，环境的变化，有利于医治李商隐因亡妻造成的心灵创伤。他的为人、才能，和在幕府中的业绩，受到了幕府上下一致的好评。

大中五年（851年）冬，西川节度使（治所今成都）辖境之内，发生了一件斗殴案件，其中有一方已将状纸送到了京都的御史台，京都十分重视这个案子，便下诏东川节度使，派员前去成都协助处理。柳仲郢便派李商隐去成都会审。

原来，西川节度使杜宗，是个饱食终日的庸官，他断案不清，又久断不决，狱中犯人渐满。这件斗殴案的双方，已在狱中关了近半年之久，若及时处理，亦不会惊动朝廷。

李商隐提审了斗殴双方之后，认定是因口角引起斗殴，双方皆有错，应责打四十大板销案。但考虑到他们已在狱中关押了半年之久，便把责打免掉，宣布当庭无罪释放。

斗殴的双方都十分满意，还特意去向东川节度判官表示了谢意。杜宗也十分满意，觉得李商隐办事干练，熟知律法，处理得当。在处理完了这件案子之后，节度使衙门还专门置酒感谢李商隐。

办完了公事，李商隐利用回梓州前的空余时间，去瞻仰了成都城中的武侯庙和薛涛井，还买了一些薛涛笺，准备回梓州分赠给同僚。

薛涛是位才华横溢的女诗人，精通书法、丹青和音律，世人便以讹传讹，把她与一位名叫薛陶、且也写诗的乐伎，混同一人了。更有甚者，有人还杜撰了奉使东蜀的元稹，和薛涛有段姻缘关系的故事。李商隐最后去了城郊的浣花溪，寻到了前辈诗人杜甫在这里筑下的草堂。他以杜甫的口吻，吟了一首《杜工部蜀中离席》：

人生何处不离群，世路干戈惜暂分。

雪岭未归天外使，松州犹驻殿前军。

座中醉客延醒客，江上晴云杂雨云。

美酒城都堪送老，当垆乃是卓文君。

李商隐回到梓州以后，听说白敏中离开了长安，出任西川节度使，杜宗迁为淮南节度使。

李商隐发现：虽然府主柳仲郢，因属牛党中人而受到排挤，但他为人很坦直，光明磊落，从不参与任何一党的活动。

有一天晚上，柳仲郢把李商隐召到他的书房中，要他去渝州再往江陵，为李德裕的灵柩送还洛阳，并代他祭奠、凭吊。

李商隐爽快地答应了，第二天就启程去了渝州，办完此事后，又速回到了梓州。

柳仲郢不但器重李商隐，而且很同情他大半生的不幸遭遇，同情他丧偶之后的痛苦和悲哀，他很想为李商隐再物色一位女子，来侍候李商隐，以减轻他的痛苦。有一天，他指着一位弹唱助酒的女乐说道："此女天赋极高，人品亦佳。老夫之意是——"

李商隐知道他下面是要说什么，早就明白一番心意，便连忙说道："大人之情意，我自感激不尽，唯此事万万不可。因荆妻虽去，然心中犹在。"说着，眼圈不由得红了。

柳仲郢听了，颇为感动。早年就听令狐楚说过，李义山唯勤学而不近女色。他也从其他人那里听说过，李商隐长年寄身幕府中，却从未染指过任何一位女子。

看来此话属真。

大中八年，李商隐又收到了韩畏之的一封信，信中提到，因"甘露之变"而被冤杀的王涯、贾餗等，已被昭雪。宰相令狐绹与宣宗皇帝秘密商定：欲杀揽权的宦官。

此事泄露后，北司与南衙的明争暗斗，日渐恶化。李商隐在府主柳仲郢那里，也听说过了此事，觉得令狐绹能明大局，除阉臣，可得朝野人心。但又为令狐绹担起心来：宦官在宫中无孔不入，若有疏忽，便会遭到杀身之祸的！当年的郑注和李训就是教训。李商隐把自己的想法向柳仲郢说了。柳仲郢笑着说道："义山呀，你大可不必为令狐宰相而担忧，他不同于你的恩师，他自有应付之策。"接着，他讲了李德裕托梦令狐绹的传说：

有一天夜里，令狐绹梦见了李德裕，李德裕就对他说："公幸哀我，使得归葬。"令狐绹在梦中答应了。第二天起床之后，与其子谈起此事，其子劝他不要理睬此事，他就犹豫起来。谁知到了晚上，又做了一梦，梦见李德裕指责他负约无信。令狐绹心中惧怕，此时忽闻鸡啼之声，令狐绹已惊醒。他对其子说："卫公精爽，确是可畏，我若无言，祸将及我。"于是，早朝时他上奏皇帝，请求允许李德裕归葬故里，所以才有了李商隐的渝州之行。

大中九年，京都来诏：命柳仲郢回京任吏部侍郎。梓州幕府在解散之前，少不了要聚饮告别，然后再各奔东西。李商隐在这次同僚的告别宴席上，连续吟唱了十多首诗。

诗是绝句。诗短字少，又平白易记。但他吟唱完了，竟止不住流下泪来，惹得席中的同僚们，也纷纷低声抽泣了起来。

2

大中九年（855年）冬，李商隐同府主柳仲郢动身回长安，直至次年初春，才抵达京都。

韩畏之听说李商隐将由东川回到长安，已提前派车去把六妹和衮师等四个孩子，从洛阳接到了丰邑坊，专候李商隐回来团聚。

柳仲郢去朝中谢恩去了，李商隐便径直到了韩宅。

当他刚刚走到大门口时，忽听一阵"爷，爷回来啦！"的喊声，接着便是四个孩子，小鸟依人般地扑了过来。

五年了，孩子们都长高了，尤其是衮师，虽说只有十岁，但长得很结实。他望着孩子们的笑脸，眼前已变得一片晶莹！说实在的，他在东川的每日每夜，都在思念自己的孩子，每当换季的时候，就在想着孩子们的换季衣物备齐了没有？冬季冷不冷？夏天热不热？尤其是逢年过节，他虽在宴席上应酬，心却早就飞到洛阳的崇让坊了，大约孩子们也正在烛光之下，想念千里之外的父亲了吧？想起这些，他便禁不住地又联想到了七妹，若七妹尚在人世，该有多么圆满！想着想着，他的心就要碎了。他忽然双膝跪在韩畏之夫妇跟前，边哭边说道："姐夫、姐姐之恩，义山将终身难报！我替在九泉之下的七妹拜谢！"说到这里，他又把孩子叫到身边："来，孩儿们，快来替你娘拜谢姨父姨母。"

几个孩子听话，都齐刷刷地随李商隐跪下，边叫着姨父姨母，边向他们磕头。

这一切来得这么急促，令韩畏之夫妇措手不及。韩畏之一边去拉李商隐，

珠箔飘灯独自归——李商隐传

一边说道:"义山呀,你这是做什么?大老远的回来团聚,应当高兴才是嘛。"

六妹把几个孩子拢到了自己身边,她早就成了一个泪人了,连一句话也说不出来。

李商隐进了客厅以后,发现韩畏之夫妇,早就备好了一桌酒菜,是专为他接风洗尘的。

家宴不比官宴,一家人,无拘无束,充满了人间的天伦之乐。李商隐忽然想起了什么,便问道:"冬郎呢?怎么没看到他?"

韩畏之告诉李商隐说,温庭筠如今已做了国子助教和方城尉。他听说李商隐将要从东川回京,已来打听数次了。他说,在本朝人中,他独敬李义山。有人问他:李义山乃当朝宰相令狐绹所荐,才中了进士第,后又授太学博士。无令狐绹,便无李义山之今日,这可是真的?

温庭筠听了,狂笑不已。他说:"此语妙极!试想,若无令狐绹屡屡关照,李义山绝不会是如此景况!"听者怕此语传至令狐绹耳中对己不利,遂不敢再言及此事。

韩畏之是打发韩冬郎去常乐坊寻找温庭筠去了。

正在这时,韩冬郎跑回来了,说是未寻找到温大人,又连忙拜见姨夫。李商隐看在眼里,喜在心中。他忽然想起当年他去梓州前,在韩家饯别时,冬郎当年也只有十岁,他即席赋诗相送,宾客皆为其才所惊。李商隐虽已不记得当年的诗句了,但对冬郎十分喜欢,他当即写了两首七绝,其一为:

> 十岁裁诗走马成,冷灰残烛动离情。
>
> 桐花万里丹山路,雏凤清于老凤声。

写完了,他又思忖了一会儿,写了一个很长的题记:韩冬郎即席为诗相送,一座尽惊。

他日,余方追吟"连宵侍坐徘徊久"之句,有老成之风,因成二绝寄酬,兼呈畏之员外。

李商隐这次回京,总觉得心里空荡荡的,好似少了什么、忘了什么似的,精神有些恍惚。他知道这是因思念七妹的缘故。韩畏之已看出了他的心绪,因自己身为命官，不能像以前那样闲散了，所以，便指派了一名管家，安排了一辆马车，陪他出去散散心。

李商隐先去拜望了岳山管家和老夫人，又去了令狐绹的府第，因宰相未归，只好留下了事先已备好的一封信，交与了门房。然后出城，去祭奠了七妹的坟茔和令狐楚的墓地。由于连续几天的劳累，尤其是触景生情，睹物思人，心中总是淤积着一团悲凉。

有一天午后，李商隐觉得心中的孤独之感难以排解，便乘车去了长安东南的乐游原。

这乐游原，因是京城的游览胜地之一，可俯视长安全貌，故每逢正月三十日、三月三十日、九月九日，长安的人们，都纷纷前来登临游赏。李商隐过去来过多次，还写了一首七绝。今日再次登临，便将自己对朝政之感慨，官场之险恶，对一生之坎坷，对亡妻追悼的心绪，都化为了一首《登乐游原》：

> 向晚意不适，驱车登古原。
>
> 夕阳无限好，只是近黄昏。

"义山兄！"

忽然听到有人在喊自己的名字，待抬头看时，见一枣红色的蒙古马，已朝自己奔驰而来，马到跟前，骑马人跳下了马背。李商隐这时才认出是温庭筠来了。

李商隐大喜过望，他一把拉起了温庭筠的双手，说道："啊哟哟，你来无影，去无踪的，简直成了一匹行空的天马了。"

"义山兄啊，你知道吗？寄奴儿已经去了。"

李商隐一时尚未听明白，追问道："寄奴儿？她去了何处？"

当他看到温庭筠一脸的悲哀之色时，心中已经明白了，连忙摆手说道："飞卿贤弟，不必说下去了，不必说下去了……"说着，目视远山，双眼如注。

温庭筠愤愤地说："是令狐绹害了她啊！要是当年她……"说到这里，温庭筠已跟着流下泪来。

李商隐觉得自己好像被人猛击了一下，有些头晕目眩，有些站立不稳。温庭筠连忙扶住了他，焦急地问他："义山兄，怎么啦？是不是病了？"

李商隐摇了摇头，喃喃地说道："我想写首诗，我想写首诗……"说到这里，便昏过去了。温庭筠连忙和管家一道，把他扶上车去，又驾车急急地回城去了。

李商隐病了几日，稍微好些之后，便坐起来，总想试着把那首诗写下来，可就是落不下笔，只好摇头作罢。

柳仲郢回京之后，尚未去吏部上任，便又改为了兵部侍郎，充诸道盐铁转运使。他又派人去告知李商隐，仍聘李商隐入盐铁幕府，任盐铁推官。

正在犹豫不决时，诗人崔珏来访。崔珏与李商隐同在桂州幕府共过事，二人交情很深，曾多次吟诗唱和。幕府解散后，崔珏滞留荆州；李商隐与他分别后，他去了四川。李商隐后来由夔州回到了长安。崔珏问明了李商隐的近况之后，劝他随府主东去，因为一生能遇有三两知己，也就足矣。

韩畏之夫妇也倾向于李商隐入盐铁幕府，因孩子们已渐大懂事了，他们视六妹如生母，一刻也离不开他们的姨母。李商隐觉得柳仲郢为人忠诚、守信，对自己不薄，随他去苏杭一带看看，也可大开眼界、增添阅历，于是，就答应了入盐铁幕府。

离开长安前，李商隐曾经做了一个梦，他梦见柳枝姑娘立在灞桥旁边，折了一枝长长的柳枝。待李商隐走过去看时，她却转头而去。李商隐大声喊她，追她，她就是不回头。再一急，就醒了，出了身汗。

第二日，他心血来潮，匆匆去了玄云观。观门口当值的，已换成了年轻的道姑。那道姑告诉李商隐说，双木子随公主自去了玉阳山之后，再也没有来过。李商隐听了，便不再问了，又默默回到了城里。

晚上，温庭筠来了，他是来辞行的，他说他已写了辞呈，不愿在令狐绹眼皮底下，做一个可怜官。

李商隐问及他以后的打算时，他说他不会做官，但会填词。令狐绹能当李唐的宰相，他温庭筠便是词国的天子。最后，他又提到了寄奴儿。他说，寄奴儿随那个商贾东去之前，曾经去过开化坊，向老夫人辞行。她在老夫人面前没说令狐绹半句怨言，只是长跪不起。最后，她流着泪，为老夫人弹唱了一曲《柳》；第二天，她就离开了长安，谁知才走了三天，就传来了噩耗……

送走温庭筠之后，李商隐忽觉得心中似有许多话想说，不说出来，憋得难受。他忽然想起了自己在乐游原想写而未写出来的诗。现在好了，似乎那些恨，那些怨，以及对柳枝姑娘和寄奴儿姑娘的同情，对亡妻的怀念，和沉积在心底里的那些情感，都争着喷涌出来了。他连忙找来了纸和笔，先在纸上写下了一个题目：《锦瑟》，接着便一气呵成了一首七律：

> 锦瑟无端五十弦，一弦一柱思华年。
> 庄生晓梦迷蝴蝶，望帝春心托杜鹃。
> 沧海月明珠有泪，蓝田日暖玉生烟。
> 此情可待成追忆，只是当时已惘然。

回首往事，李商隐想起了自己的四十几个春秋，有如五十根琴弦，一生漂泊无着，终未奏出一曲人生绝唱，人生有如白驹过隙，过去的事，有如庄生梦蝶，缥缥缈缈。命运也罢，奋争也罢，恰似河滩上聚沙，终敌不过风吹浪打。

这首诗，似乎成了李商隐的咒语和箴言，也是他在长安的最后一首诗，一首带省略号的诗，他用这些诗意的省略号，像流星一样划过了天空，划过了他自己的人生。

这首诗，成了千古绝唱，给后人留下了一个千古不解之谜。

3

大中十一年（857 年）二月，李商隐随柳仲郢由长江东下，抵达盐铁转运使的治所扬州。

李商隐的盐铁推官，本来就是个颇为轻松的差职，又加上府主事事都照顾他，为了使他心情开朗，每每出巡，都让他随行，以便让他在游历名山秀川和历代遗迹时，增长见识，多写好诗。他遍游了苏、杭、金陵和无锡、镇江等地。

到了大和十二年二月，京都去诏：罢柳仲郢盐铁转运使职。

李商隐随府主一起回到了长安。因他想找一个清静的地方养病，便携儿女们去了老家荥阳。

本来是回原籍养病的，谁知他去了李家坟山，祭扫了父母和堂叔的坟墓回来之后，便一病不起了！不但心闷，而且不时会有绞痛之感，每当绞痛，便大汗淋漓，脸色苍白。

不久，羲叟和韩畏之匆匆赶来，为他请医治病，精心料理。又住了几天，岳山管家驾着一辆马车也赶来了，车上还装了不少行李。李商隐听说岳山管家来了，便想挣扎着起来施礼，却被韩畏之按住了。本来，岳山管家是来投奔李商隐的，因为老夫人已经去世，他没有一个亲人了，且已无处可去，便想和李商隐一家住在一起。好在他一生还积攒了不少银子，供养衮师他们读书，还是绰绰有余的。谁知一到荥阳，就看到李商隐已经病重。他不敢将老夫人谢世的消息告诉李商隐，怕他听后受不住刺激而加重了病情。

李商隐似乎知道自己将不久于人世，他在半迷半醒的状态中，还颠三倒四地念叨令狐楚、崔戎、王茂元、郑亚、柳仲郢、岳山管家等长辈们和令狐氏三兄弟、温庭筠、柳枝、寄奴儿、永道士等同辈人的名字，还吟了一些断断续续的诗句。无奈，大家都听不清。

崔珏去东都洛阳交涉一件公事时，听说李商隐病重，便连夜向荥阳赶来。他进门一看，就已预感到李商隐弥留之日无多，便强忍着悲痛，装出一副笑脸说道："义山兄，你好啊，我写了几十首诗，今日是专来和兄论诗的。"

李商隐听了，睁开了眼，呆呆地看着他，他已不认识崔珏了。

"还有件事，我想问问义山兄，你曾去过芜名观吗？"

李商隐已经听懂了，他微微地点了点头。

"你还记得芜名道人吗？"

李商隐的眼中，忽然露出了一丝光亮，脸上泛出了一丝笑容，他的嘴唇动了一会，竟然能开口说话："认……识，当年去……汴州行……卷……"说着，他伸出双手，想让大家把他扶起来。羲叟和韩畏之轻轻地将他的后背托起，又垫上了一床被子。

衮师见父亲能够坐起来了，连忙端来一碗红枣米汤。李商隐竟然喝下了小半碗。

这真是个奇迹！全家人都十分高兴。

喝下了米汤之后，李商隐又服了些药汁，脸上的痛苦之状不见了。他用极低弱的声调问道："你去……去过芜名……观？芜名道……人好吗？"

崔珏大声告诉李商隐说，芜名道人已经羽化成仙了，芜名观也已修葺一新，新道长就是玉阳山的那位永道士！崔珏这次路过那里，曾在观中借宿过。永道士遵芜名道人之嘱，要在观中树立碑林，现已刻石百余方，皆为诗文大家之作。芜名道长临终之时，还嘱咐永道士去求李商隐的诗，以便刻石传世。听说崔珏与李商隐是"九原知己"，便委托他见到李商隐时，一定代他求诗。

李商隐听了，脸上露出了极为少见的笑容，说话时字句也连贯了。衮师他们见了，高兴地在院子里笑着，说着："爷能吃饭了，爷刚才笑了！""爷的病快好了！"那童声稚气，充满了活力和希望。

"义山兄，你说说看，哪一首诗给芜名观更合适？"

李商隐已经完全听明白了，他的眼里有了光泽，面颊上浸出了红润，他指了指条案，案头上摆着他在病前刚刚整理好的一叠诗稿。接着又指了指崔珏。不知道他是想让崔珏帮着选一首，还是请崔珏也写一首。

然后把头一歪，合上了双眼。

岳山管家和羲叟、韩畏之等人见状，连忙大声喊他，见他不再回应，便知道他已经走了，永远也不会再回来.

衮师他们一听见屋子里发出了喊声，都一齐跑到病榻旁，大声哭着："爷，爷，你醒醒！爷，你别吓着我们呀！"那喊声，像针锥一般，扎在人们的心尖上……

唐大中十二年（858年）五月，一个伟大的诗人，终于走完了他的人生之旅。

四十六岁的李商隐，带着疲倦，带着遗憾，匆匆忙忙地离开了纷争的人世，离开了使他屈辱浮沉的人世。

一个浪漫而忧郁的诗人，终于可以结束他青莲幕府、青烛孤灯、因人向食的生活。再也不用担心牛、李两党争执的是是非非了。一生浪迹江湖，终于可以找个地方，永远地歇息了。

爱也好，恨也好，悲也好，喜也好，李商隐总是以婉曲的诡词，抒发难以言说的情怀。现在，他长叹而去，留给后人一大堆难解的谜。

在五月的凄风苦雨中，李商隐的好友——"九原知己"崔珏，面对参加葬礼的人，长歌当哭，悲吟了他为李商隐写的悼词。

崔珏的诗，是李商隐一生最好的注脚：

> 成纪星郎字义山，适归高壤抢长叹。
>
> 词林枝叶三春尽，学海波澜一夜干。
>
> 风雨已吹灯烛灭，姓名长留齿牙寒。
>
> 只应物外攀琪树，便著霓裳上绛坛。

珠箔飘灯独自归——李商隐传

虚负凌云万丈才，一生襟抱未曾开。

鸟啼花落人何在，竹死桐枯凤不来。

良马足因无主踠，旧交心为绝弦哀。

九泉莫叹三光隔，又送文星入夜台。

后记

　　看到朋友们都在电脑上写作、修改、校对，甚至在电脑上查找资料，不但快捷、轻松，也节省了不少时间，十分羡慕。笔者知道自己已经落伍，难能与时代同步，只好一笔一画地将每个字写在纸上，初稿修改后另抄纸上，再次进行修改、校对，既费时间又耗费精力，且效果不佳，算是一种自我折磨。此书修正再版时，警察诗人余丁未十分热情，帮我们打印了书稿，女作家余凤兰，又对全书进行过两次认真校对，值此书再版之际，特向他们及给予我们支持的朋友们，致以真诚的感谢。

刘敬堂

2016 年 9 月于青岛

珠箔飘灯独自归——李商隐传